Intersection

Mathématique
Sciences naturelles

2e cycle du secondaire

2e année

Manuel de l'élève B

Claude Boucher
Michel Coupal
Martine Jacques
Lynn Marotte

Avec la collaboration de
Roberto Déraps
Brahim Miloudi

GRAFICOR

CHENELIÈRE ÉDUCATION

Intersection
Mathématique, 2e cycle du secondaire, 2e année
Sciences naturelles

Claude Boucher, Michel Coupal, Martine Jacques, Lynn Marotte

© 2009 Chenelière Éducation inc.

Édition : Christiane Odeh, Guylaine Cloutier
Coordination : Marie-Noëlle Hamar, Marie Hébert, Carolina Navarrete
Révision linguistique : Nicole Blanchette, Yvan Dupuis
Correction d'épreuves : André Duchemin, François Morin
Conception graphique et couverture : Matteau Parent graphisme
  et communication inc.
Infographie : Matteau Parent graphisme et communication inc.,
  Linda Szefer, Henry Szefer et Josée Brunelle
Illustrations techniques : Jacques Perrault, Serge Rousseau,
  Bertrand Lachance, Michel Rouleau
Impression : Imprimeries Transcontinental

Remerciements

Nous tenons à remercier Hassane Squalli, professeur au département de didactique de l'Université de Sherbrooke, qui a agi à titre de consultant pour la réalisation de cet ouvrage.

Un merci tout spécial à Emmanuel Duran pour sa collaboration à la partie *Outils technologiques*.

Pour leur contribution à cet ouvrage, nous tenons également à remercier Karine Desautels, enseignante, C.S. des Patriotes, Robert Laforest, enseignant, C.S. de l'Énergie et Eugen Pascu, enseignant, C.S. Marguerite-Bourgeoys.

Pour le soin qu'ils ont porté à leur travail d'évaluation et pour les commentaires avisés sur la collection, nous tenons à remercier Mélanie Boucher, enseignante, C.S. Marie-Victorin ; Serge de l'Église, enseignant, C.S. des Affluents ; Pauline Genest, enseignante, C.S. des Rives-du-Saguenay ; Marie-Claude Lalande, enseignante, Collège Saint-Sacrement ; Stéphanie Massé, enseignante, C.S. des Patriotes ; Danick Valiquette, enseignant, C.S. Rivière-du-Nord.

GRAFICOR

CHENELIÈRE ÉDUCATION

5800, rue Saint-Denis, bureau 900
Montréal (Québec) H2S 3L5 Canada
Téléphone : 514 273-1066
Télécopieur : 450 461-3834 ou 1 888 460-3834
info@cheneliere.ca

ISBN 978-2-7652-1042-9

Dépôt légal : 1er trimestre 2009
Bibliothèque et Archives nationales du Québec
Bibliothèque et Archives Canada

Imprimé au Canada

3 4 5 6 7 ITIB 14 13 12 11

Nous reconnaissons l'aide financière du gouvernement du Canada par l'entremise du Programme d'aide au développement de l'industrie de l'édition (PADIÉ) pour nos activités d'édition.

Gouvernement du Québec – Programme de crédit d'impôt pour l'édition de livres – Gestion SODEC.

Membre du CERC

Membre de
l'Association nationale
des éditeurs de livres

ASSOCIATION
NATIONALE
DES ÉDITEURS
DE LIVRES

Table des matières

Organisation du manuel

Le début d'un chapitre

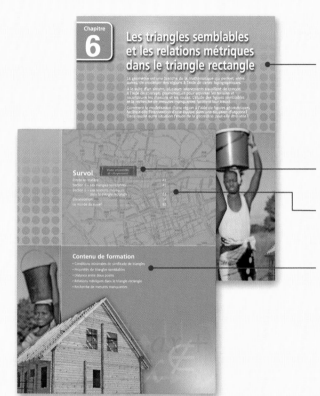

L'ouverture du chapitre te propose un court texte d'introduction qui porte sur le sujet à l'étude du chapitre et qui établit un lien avec un domaine général de formation.

Le domaine général de formation abordé dans le chapitre est précisé dans le survol.

Le survol te présente le contenu du chapitre en un coup d'œil.

L'ouverture du chapitre te présente aussi le contenu de formation à l'étude dans le chapitre.

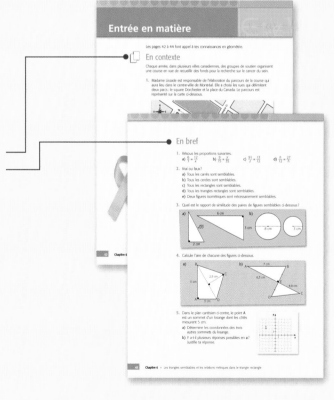

L'*Entrée en matière* fait appel à tes connaissances au moyen des situations et des questions de réactivation des rubriques *En contexte* et *En bref*. Ces connaissances te seront utiles pour aborder les concepts du chapitre.

Les sections

Chaque chapitre est composé de plusieurs sections qui portent sur le sujet à l'étude. L'ensemble des activités d'exploration proposées dans ces sections te permettent de développer tes compétences.

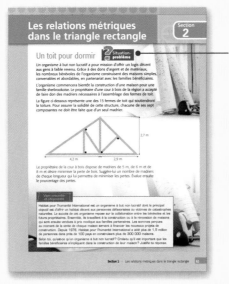

La situation de compétence t'amène à découvrir les concepts et les processus mathématiques qui seront approfondis dans la section, ainsi qu'à développer différentes stratégies de résolution de problèmes.

Les concepts et les processus à l'étude sont inscrits dans un encadré, au début de chaque activité d'exploration.

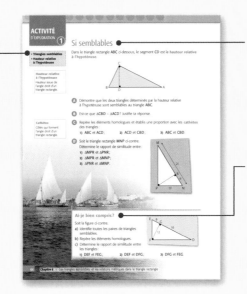

Chaque activité d'exploration te permet d'aborder certains concepts et processus à l'étude.

La rubrique *Ai-je bien compris ?* te donne l'occasion de vérifier ta compréhension des concepts abordés au cours de l'activité d'exploration.

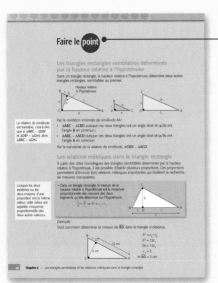

Les pages intitulées *Faire le point* présentent la synthèse des concepts et des processus abordés dans la section, avec des exemples clairs. Facilement repérables, ces pages peuvent t'être utiles lorsque tu veux te rappeler un sujet bien précis.

La *Mise en pratique* réunit un grand nombre d'exercices et de problèmes qui te permettent de réinvestir les concepts et les processus abordés dans la section.

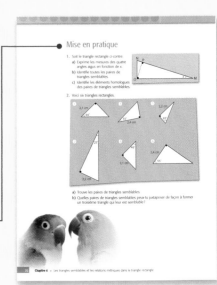

La fin d'un chapitre

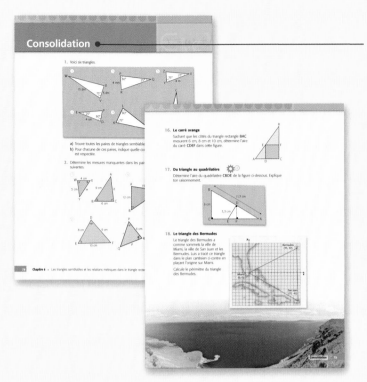

La *Consolidation* te propose une banque d'exercices et de problèmes supplémentaires qui te permettent de réinvestir les concepts et les processus abordés dans l'ensemble des sections du chapitre et de continuer à développer tes compétences.

Le dernier problème de la *Consolidation* met en contexte un métier et permet de développer une compétence liée à un domaine général de formation.

Dans *Le monde du travail*, on trouve une courte description d'un domaine d'emploi lié à la séquence *Sciences naturelles*.

L'*Intersection*

L'*Intersection* te permet de réinvestir les apprentissages des chapitres précédents au moyen de situations riches, qui ciblent plus d'un champ mathématique à la fois.

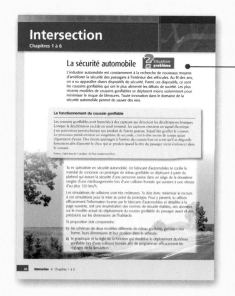

La situation d'apprentissage et d'évaluation te permet de réinvestir certains concepts et processus abordés au cours des chapitres précédents.

Une banque de problèmes te permet de réinvestir les concepts et les processus des chapitres précédents et de continuer à développer tes compétences.

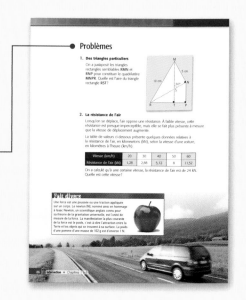

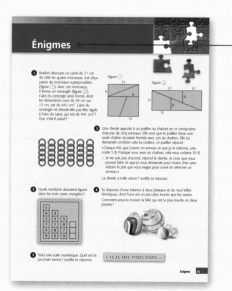

La page *Énigmes* présente des énigmes et des jeux mathématiques pour t'aider à développer ta logique mathématique.

Les *Outils technologiques*

Ces pages te présentent les fonctions de base de certains outils technologiques.

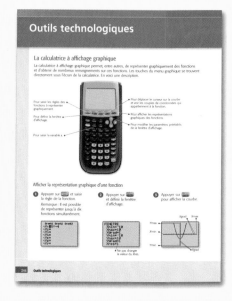

Les rubriques

Pièges et astuces

Pour effectuer une double mise en évidence sur un polynôme à quatre termes, les coefficients des termes doivent être

Te présente une méthode de travail, des erreurs courantes et des stratégies de résolution de problèmes.

Fait divers

L'industrie canadienne du disque récompense les artistes en leur remettant un disque d'or lorsque 50 000 exemplaires d'un album ont été vendus, un

Relate une anecdote ou un fait intéressant lié au sujet à l'étude.

Point de repère

Al-Khawarizmi

Au IXᵉ siècle, le mathématicien arabe Al-Khawarizmi faisait déjà réfé à

Te présente des personnages et des faits historiques liés à l'étude de la mathématique.

Médias

Autrefois, une personne qui assistait à un événement exceptionnel ne pouvait que rapporter l'événem

Te propose de l'information et des questions relatives à l'un des domaines généraux de formation suivants : santé et bien-être, orientation et entrepreneuriat, environnement et consommation, médias, vivre-ensemble et citoyenneté.

TIC

La calculatrice à affichage graphique permet, entre autres, de vérifier si deux expressions algébriques sont équivalentes.

Pour en savoir plus sur la

T'invite à mieux connaître l'une des technologies de l'information et de la communication (TIC) ou à l'utiliser dans la résolution d'un problème.

Double mise en évidence

Procédé qui permet de factoriser un polynôme en effectuant, d'abord, une simple mise en évidence sur des groupes de termes

Te donne une définition qui vise à préciser un concept ou à faire un retour sur des savoirs à l'étude dans les années précédentes. Le mot défini est en bleu dans le texte courant pour en faciliter le repérage.

Les pictogrammes

Situation-problème

Résoudre une situation-problème.

Situation d'application

Déployer un raisonnement mathématique.

Situation de communication

Communiquer à l'aide du langage mathématique.

Au besoin, utiliser la fiche reproductible disponible.

Les concepts et les processus à l'étude

Le tableau suivant présente les concepts et les processus abordés dans les deux manuels de la séquence Sciences naturelles pour la 2e année du 2e cycle. Il facilite le repérage des concepts et des processus à l'étude par domaine mathématique, tant dans les activités d'exploration que dans les sections Faire le point.

Concepts et processus	Manuel A	Manuel B	Pages
Arithmétique et algèbre			
Propriétés d'une fonction : domaine et image	✓		AE : p. 8 et 9 FLP : p. 14 à 17
Notation fonctionnelle	✓		AE : p. 8 et 9 FLP : p. 14 à 17
Propriétés d'une fonction : coordonnées à l'origine	✓		AE : p. 10 et 11 FLP : p. 14 à 17
Propriétés d'une fonction : signe	✓		AE : p. 10 et 11 FLP : p. 14 à 17
Propriétés d'une fonction : variation	✓		AE : p. 12 et 13 FLP : p. 14 à 17
Propriétés d'une fonction : extremums	✓		AE : p. 12 et 13 FLP : p. 14 à 17
Modèles mathématiques : fonctions de base	✓		AE : p. 24 et 25 FLP : p. 31 à 33
Transformation des graphiques	✓		AE : p. 26 et 27 FLP : p. 31 à 33
Rôle des paramètres	✓		AE : p. 28 à 30 FLP : p. 31 à 33
Fonction en escalier	✓		AE : p. 38 et 39 FLP : p. 46 et 47
Fonction partie entière de la forme $f(x) = a[bx]$	✓		AE : p. 40 à 42 FLP : p. 46 et 47
Fonction partie entière de la forme $f(x) = a[b(x - h)] + k$	✓		AE : p. 43 à 45 FLP : p. 46 et 47
Identités algébriques remarquables du second degré	✓		AE : p. 70 et 71 FLP : p. 74 et 75
Multiplication de polynômes	✓		AE : p. 72 FLP : p. 74 et 75
Division d'un polynôme par un binôme	✓		AE : p. 73 FLP : p. 74 et 75
Double mise en évidence	✓		AE : p. 80 et 81 FLP : p. 85 à 87
Factorisation de trinômes	✓		AE : p. 80 et 81 FLP : p. 85 à 87
Factorisation d'un trinôme carré parfait	✓		AE : p. 82 et 83 FLP : p. 85 à 87
Factorisation d'une différence de carrés	✓		AE : p. 82 et 83 FLP : p. 85 à 87
Factorisation d'un trinôme par complétion du carré	✓		AE : p. 84 FLP : p. 85 à 87
Simplification d'expressions rationnelles	✓		AE : p. 92 et 93 FLP : p. 97 à 99
Addition et soustraction d'expressions rationnelles	✓		AE : p. 94 et 95 FLP : p. 97 à 99
Multiplication et division d'expressions rationnelles	✓		AE : p. 96 FLP : p. 97 à 99
Résolution d'équations quadratiques par factorisation	✓		AE : p. 104 et 105 FLP : p. 108 et 109

Concepts et processus	Manuel A	Manuel B	Pages
Résolution d'équations quadratiques par complétion du carré	✓		AE : p. 106 et 107 FLP : p. 108 et 109
Observation de régularités : les accroissements	✓		AE : p. 136 et 137 FLP : p. 143 à 146
Fonction quadratique : rôle des paramètres a, h et k dans la forme canonique de la règle	✓		AE : p. 138 à 140 FLP : p. 143 à 146
Propriétés de la fonction quadratique dont la règle est $f(x) = a(x - h)^2 + k$	✓		AE : p. 141 FLP : p. 143 à 146
Inéquation du second degré à une variable	✓		AE : p. 141 FLP : p. 143 à 146
Passage d'une forme de règle à une autre : forme générale, forme canonique, forme factorisée	✓		AE : p. 152 et 153 FLP : p. 156 à 158
Propriétés de la fonction quadratique dont la règle est $f(x) = ax^2 + bx + c$	✓		AE : p. 154 et 155 FLP : p. 156 à 158
Fonction quadratique : recherche de la règle à partir du sommet et d'un autre point	✓		AE : p. 164 et 165 FLP : p. 168 à 169
Fonction quadratique : recherche de la règle à partir des zéros et d'un autre point	✓		AE : p. 166 et 167 FLP : p. 168 à 169
Inéquation du premier degré à deux variables		✓	AE : p. 114 et 115 FLP : p. 123 à 126
Résolution graphique d'un système d'équations du premier degré à deux variables		✓	AE : p. 116 et 117 FLP : p. 123 à 126
Résolution algébrique d'un système d'équations du premier degré à deux variables : méthode de comparaison		✓	AE : p. 116 et 117 FLP : p. 123 à 126
Résolution algébrique d'un système d'équations du premier degré à deux variables : méthode de substitution		✓	AE : p. 118 et 119 FLP : p. 123 à 126
Résolution algébrique d'un système d'équations du premier degré à deux variables : méthode de réduction		✓	AE : p. 120 à 122 FLP : p. 123 à 126
Nombre de solutions d'un système d'équations composé d'une équation du premier degré et d'une équation du second degré à deux variables		✓	AE : p. 134 à 135 FLP : p. 140 à 142
Résolution graphique d'un système d'équations composé d'une équation du premier degré et d'une équation du second degré à deux variables		✓	AE : p. 134 à 135 FLP : p. 140 à 142

Concepts et processus	Manuel A	Manuel B	Pages
Résolution algébrique d'un système d'équations composé d'une équation du premier degré et d'une équation du second degré à deux variables : méthode de comparaison		✓	AE : p. 136 et 137 FLP : p. 140 à 142
Interprétation des solutions d'un système d'équations composé d'une équation du premier degré et d'une équation du second degré à deux variables		✓	AE : p. 136 et 137 FLP : p. 140 à 142
Résolution algébrique d'un système d'équations composé d'une équation du premier degré et d'une équation du second degré à deux variables : méthode de substitution		✓	AE : p. 138 et 139 FLP : p. 140 à 142

Probabilités et statistique

Concepts et processus	Manuel A	Manuel B	Pages
Distribution à deux caractères et modes de représentation	✓		AE : p. 190 à 192 FLP : p. 196 à 198
Corrélation linéaire : sens de la corrélation	✓		AE : p. 190 à 192 FLP : p. 196 à 198
Corrélation linéaire : intensité de la corrélation	✓		AE : p. 193 à 195 FLP : p. 196 à 198
Nature du lien entre deux variables	✓		AE : p. 193 à 195 FLP : p. 196 à 198
Coefficient de corrélation linéaire : approximation et interprétation	✓		AE : p. 204 et 205 FLP : p. 208 et 209
Coefficient de corrélation linéaire : limites de l'interprétation	✓		AE : p. 204 et 205 FLP : p. 208 et 209
Droite de régression : droite de Mayer et prédictions	✓		AE : p. 214 et 215 FLP : p. 218 à 220
Droite de régression : droite médiane-médiane et prédictions	✓		AE : p. 216 et 217 FLP : p. 218 à 220

Géométrie

Concepts et processus	Manuel A	Manuel B	Pages
Triangles isométriques		✓	AE : p. 8, 9 et 10 FLP : p. 13 à 15
Conditions minimales d'isométrie de triangles		✓	AE : p. 8, 9 et 10 FLP : p. 13 à 15
Triangles isométriques : recherche de mesures manquantes		✓	AE : p. 11 et 12 FLP : p. 13 à 15
Figures planes équivalentes		✓	AE : p. 22 et 23 FLP : p. 26 et 27
Figures planes équivalentes : recherche de mesures manquantes		✓	AE : p. 22 et 23 FLP : p. 26 et 27
Solides équivalents		✓	AE : p. 24 et 25 FLP : p. 26 et 27
Solides équivalents : recherche de mesures manquantes		✓	AE : p. 24 et 25 FLP : p. 26 et 27

Concepts et processus	Manuel A	Manuel B	Pages
Triangles semblables		✓	AE : p. 46 et 47, 48 et 49 FLP : p. 53 à 55
Conditions minimales de similitude de triangles		✓	AE : p. 46 et 47, 48 et 49 FLP : p. 53 à 55
Distance entre deux points		✓	AE : p. 50 à 52 FLP : p. 53 à 55
Triangles semblables : recherche de mesures manquantes		✓	AE : p. 50 à 52 FLP : p. 53 à 55
Triangles rectangles semblables		✓	AE : p. 64 FLP : p. 68 et 69
Hauteur relative à l'hypoténuse		✓	AE : p. 64 FLP : p. 68 et 69
Relations métriques dans le triangle rectangle		✓	AE : p. 65 à 67 FLP : p. 68 et 69
Pente		✓	AE : p. 98 et 99 FLP : p. 104 à 106
Équation d'une droite sous la forme fonctionnelle		✓	AE : p. 98 et 99 FLP : p. 104 à 106
Équation d'une droite sous la forme symétrique		✓	AE : p. 98 et 99 FLP : p. 104 à 106
Équation d'une droite sous la forme générale		✓	AE : p. 100 et 101 FLP : p. 104 à 106
Droites parallèles		✓	AE : p. 102 et 103 FLP : p. 104 à 106
Droites perpendiculaires		✓	AE : p. 102 et 103 FLP : p. 104 à 106
Rapports trigonométriques dans le triangle rectangle : sinus, cosinus et tangente		✓	AE : p. 164 et 165 FLP : p. 171 à 173
Triangle rectangle : recherche de mesures manquantes		✓	AE : p. 166 à 168 FLP : p. 171 à 173
Valeurs trigonométriques remarquables		✓	AE : p. 169 et 170 FLP : p. 171 à 173
Loi des sinus		✓	AE : p. 180 et 181 FLP : p. 185 et 186
Triangle quelconque : recherche de mesures manquantes		✓	AE : p. 180 et 181 FLP : p. 185 et 186
Triangle quelconque : recherche de mesures d'angles		✓	AE : p. 182 FLP : p. 185 et 186
Loi des cosinus		✓	AE : p. 183 et 184 FLP : p. 185 et 186
Aire de triangles		✓	AE : p. 192 et 193 FLP : p. 196
Formule de Héron		✓	AE : p. 194 et 195 FLP : p. 196
Aire de quadrilatères		✓	AE : p. 194 et 195 FLP : p. 196

Abréviations :   AE : Activité d'exploration   FLP : Faire le point

Les triangles isométriques et les figures équivalentes

On trouve des figures géométriques partout dans notre environnement. Les propriétés de ces figures nourrissent d'ailleurs l'imagination lorsque vient le temps de créer toutes sortes d'objets. Comme tous les polygones peuvent se décomposer en triangles, l'étude des triangles est d'une grande importance.

De nos jours, l'utilisation des propriétés des figures géométriques par les médias permet à l'adage «une image vaut mille mots» de prendre tout son sens. Ces médias exploitent également les dimensions de façon à présenter des images susceptibles d'être jugées belles, attrayantes ou inoubliables.

Selon toi, comment la mathématique permet-elle de créer ce qui est beau, attrayant ou inoubliable? Pourquoi les spécialistes de l'image ont-ils intérêt à connaître les propriétés des figures géométriques?

Survol

Médias

Contenu de formation

- Propriétés de triangles isométriques
- Conditions minimales pour obtenir des triangles isométriques
- Figures équivalentes
- Recherche de mesures manquantes

Entrée en matière

Les pages 4 à 6 font appel à tes connaissances en géométrie.

En contexte

Vincent travaille pour une entreprise spécialisée dans l'affichage publicitaire sur véhicules.

Ce matin, il commence le lettrage d'une fourgonnette de l'entreprise V'là le bon vent !, qui conçoit et vend des cerfs-volants et des produits dérivés. Vincent doit reproduire le logo de l'entreprise sur la fourgonnette. Pour s'aider, il fait un dessin du cerf-volant en posant ses sommets sur trois droites bleues parallèles entre elles.

> Le même nombre de traits sur des côtés ou des angles signifie que les côtés ou les angles en question sont isométriques.

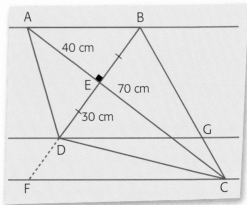

1. Observe le dessin de Vincent.
   a) Identifie une paire d'angles :
      1) opposés par le sommet ; **2)** alternes-internes ; **3)** supplémentaires.
   b) Est-ce que les paires d'angles identifiées en **a** sont nécessairement **isométriques** ? Justifie ta réponse.
   c) Identifie deux paires de segments isométriques. Justifie ta réponse.

> **Isométriques**
> De même mesure.

Avant de dessiner le logo sur la fourgonnette, Vincent commence par fixer ses repères : trois bandes de ruban adhésif bleu. Il applique ensuite les diagonales du cerf-volant en se servant de ses repères. Puis, il délimite le contour du cerf-volant à l'aide de ruban adhésif rouge.

2. a) Quelle est la longueur de ruban adhésif rouge qu'il utilise ?
   b) Quelle est l'aire du cerf-volant reproduit sur la fourgonnette ?

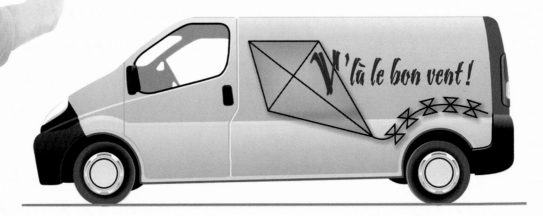

3. Voici d'autres articles en toile produits par l'entreprise V'là le bon vent !.

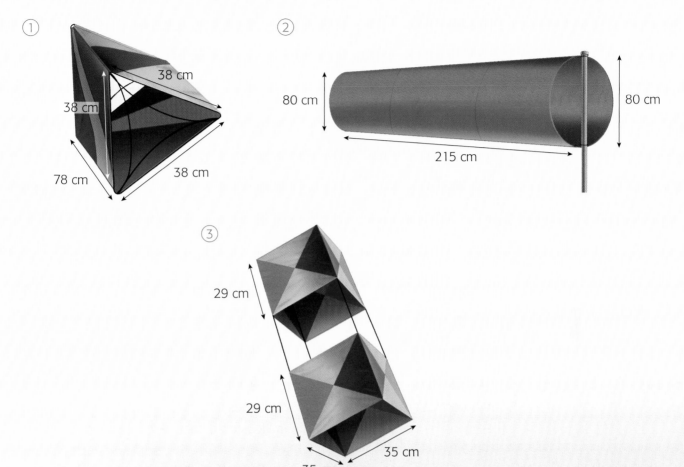

a) Détermine l'aire latérale du solide qui peut être associé à chacun de ces articles.

b) Détermine le volume du solide qui peut être associé à chacun de ces articles.

En bref

1. Voici une droite sécante à une paire de droites parallèles.

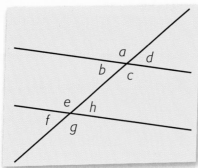

a) Trouve deux paires d'angles :

   1) alternes-internes ;

   2) correspondants ;

   3) alternes-externes ;

   4) opposés par le sommet ;

   5) supplémentaires.

b) Quelles paires d'angles sont isométriques ?

2. Détermine l'aire des polygones réguliers ci-dessous.

a)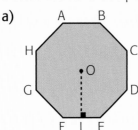

m $\overline{EF}$ = 3 cm
m $\overline{OI}$ = 3,6 cm

b)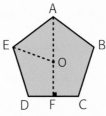

m $\overline{EO}$ = 2,7 cm
m $\overline{AF}$ = 4,9 cm

c)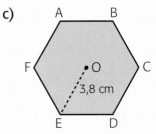

3. Voici trois polyèdres.

①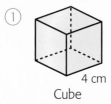
Cube

②
Prisme droit à base triangulaire

③
Pyramide droite régulière à base carrée

a) Quels polyèdres ont la même aire totale ?

b) Quels polyèdres ont le même volume ?

4. Voici trois corps ronds.

①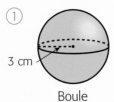
Boule

②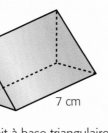
Cylindre droit

③
Cône droit

a) Quels corps ronds ont la même aire totale ?

b) Quels corps ronds ont le même volume ?

Les triangles isométriques

Radio mystère  Situation de communication

Tous les midis de la semaine des enseignants, l'animateur d'une station de radio invite une enseignante ou un enseignant à soumettre aux auditeurs un problème en lien avec sa spécialité.

Aujourd'hui, l'invitée est madame Major, enseignante de mathématique. Entre les chansons que l'animateur fait jouer, elle donne un indice : une mesure d'angle ou de côté d'un triangle qu'elle a tracé sur un carton. Les auditeurs sont invités à télécopier une reproduction exacte du triangle dès qu'il n'existe plus d'ambiguïté. Ils doivent également expliquer à madame Major pourquoi leur triangle est nécessairement identique au sien.

Voici dans l'ordre les indices qu'elle fournit.

① Un des côtés mesure 59 mm.

② Un des angles mesure 42°.

③ Un des côtés mesure 48 mm.

④ Un des côtés mesure 85 mm.

⑤ Un des angles mesure 105°.

⑥ Un des angles mesure 33°.

Après quel indice pourrait-on télécopier une reproduction du triangle qui est nécessairement exacte ? Quelle explication pourrait accompagner la reproduction du triangle pour convaincre madame Major qu'il s'agit du seul triangle possible ?

Médias

Les stations de radio organisent souvent des concours où l'on peut gagner des billets de spectacle, des disques compacts, des voyages, etc. Pour être en mesure d'offrir des prix à leur auditoire, les stations vendent du temps d'antenne à des commanditaires qui s'en servent pour faire de la publicité. Plus les cotes d'écoute d'une émission de radio sont élevées, plus le temps d'antenne coûte cher.

Selon toi, les concours peuvent-ils contribuer à augmenter les cotes d'écoute d'une émission de radio ? Quels autres facteurs influencent les cotes d'écoute d'une émission de radio ?

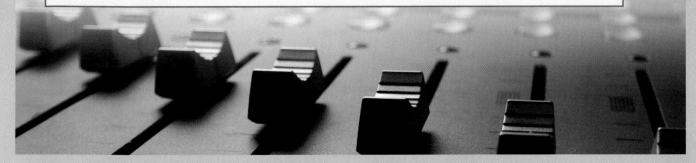

- **Triangles isométriques**
- **Conditions minimales d'isométrie de triangles**

Superposable

Marie-Claude, une enseignante de mathématique, a divisé son groupe en trois équipes. Elle a ensuite distribué des bâtonnets à chaque élève des équipes.

Équipe 1	Équipe 2	Équipe 3

Chaque élève doit construire un triangle à l'aide de trois bâtonnets.

A Identifie les équipes où tous les élèves ont nécessairement construit des triangles isométriques. Justifie ta réponse.

B Combien de mesures d'angles et de côtés sont nécessairement les mêmes si deux triangles sont isométriques?

Homologues

Éléments de deux figures géométriques qui correspondent entre eux par une certaine relation.

C Soit deux triangles dont les côtés **homologues** ont les mêmes mesures.
1) Les triangles ont-ils nécessairement les mêmes mesures d'angles? Justifie ta réponse.
2) Les triangles sont-ils nécessairement isométriques? Justifie ta réponse.

D Soit deux triangles dont les angles homologues ont les mêmes mesures.
1) Les triangles ont-ils nécessairement les mêmes mesures de côtés? Justifie ta réponse.
2) Les triangles sont-ils nécessairement isométriques? Justifie ta réponse.

E Est-il suffisant de comparer les mesures de deux côtés homologues pour pouvoir affirmer que deux triangles sont isométriques? Justifie ta réponse.

Ai-je bien compris?

1. Détermine si chacune des paires suivantes est constituée de triangles isométriques.
   a) Deux triangles dont les côtés mesurent 7 cm, 8 cm et 9 cm.
   b) Deux triangles dont les angles mesurent 50°, 60° et 70°.
   c) Deux triangles dont deux côtés mesurent 7 cm et 8 cm.

2. Trouve les paires de triangles isométriques.

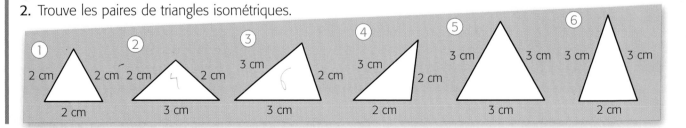

Bologo

Le conseil d'administration d'une entreprise qui fournit un service de connexion sans fil à Internet vient d'approuver un logo formé de trois triangles isométriques. Les triangles représentent les trois aspects de l'engagement de l'entreprise envers sa clientèle : rapidité, fiabilité et sécurité.

- **Triangles isométriques**
- **Conditions minimales d'isométrie de triangles**

Charles est chargé d'intégrer ce logo à la page Web de l'entreprise. Il veut tracer les triangles en se basant sur les mesures de leurs côtés, qui sont de 15 mm, de 45 mm et de 55 mm. Toutefois, les deux procédés que le logiciel utilise pour tracer des triangles requièrent au moins une mesure d'angle.

Charles mesure les deux plus petits angles d'un triangle (13° et 43°), puis il fait deux essais avec le logiciel.

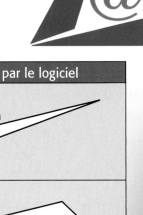

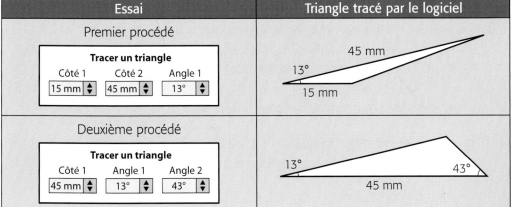

Essai	Triangle tracé par le logiciel
Premier procédé	
Tracer un triangle Côté 1 Côté 2 Angle 1 [15 mm ⬍] [45 mm ⬍] [13° ⬍]	45 mm 13° 15 mm
Deuxième procédé	
Tracer un triangle Côté 1 Angle 1 Angle 2 [45 mm ⬍] [13° ⬍] [43° ⬍]	13° 43° 45 mm

A Peut-il y avoir un côté de 55 mm dans un des triangles tracés par le logiciel ? Justifie ta réponse.

B Charles a-t-il réussi à tracer un triangle isométrique aux triangles du logo ?

Médias

Le logo d'une entreprise est en quelque sorte une carte professionnelle susceptible d'être présentée dans les journaux, sur des affiches, dans Internet, etc. Le logo peut représenter un certain nombre de traits distinctifs d'une entreprise ou d'un événement. Des formes simples ou régulières, par exemple, évoqueraient le sérieux, la rigueur et le savoir-faire, tandis que des formes plus éclatées suggéreraient plutôt le plaisir et la spontanéité.

Quel est le premier logo d'une entreprise qui te vient à l'esprit ? Quelles sont les caractéristiques particulières de ce logo qui font que c'est lui et non un autre qui te vient spontanément à l'esprit ?

C Explique comment le logiciel tient compte des mesures qu'on lui fournit pour tracer un triangle.

D Selon la réponse que tu as donnée en **C**, est-il possible que le logiciel trace deux triangles différents à partir des mesures qu'on lui fournit ? Justifie ta réponse.

E Quelles mesures Charles peut-il entrer dans le logiciel pour tracer un triangle isométrique à ceux du logo :

1) selon le premier procédé ?

2) selon le deuxième procédé ?

Condition minimale d'isométrie

Ensemble minimal de mesures qu'il suffit de comparer pour pouvoir affirmer que deux triangles sont isométriques.

F Si la **condition minimale d'isométrie** de triangles dont les côtés homologues sont isométriques s'écrit CCC, comment écrirais-tu la condition minimale :

1) associée au premier procédé ?

2) associée au deuxième procédé ?

G Comment t'y prendrais-tu pour convaincre quelqu'un :

1) que la position de l'angle dans le premier procédé est un élément déterminant pour construire le triangle ?

2) que la position du côté dans le deuxième procédé est un élément déterminant pour construire le triangle ?

Ai-je bien compris ?

Trouve les paires de triangles qui sont nécessairement isométriques et indique la condition minimale d'isométrie qui te permet d'affirmer qu'ils le sont.

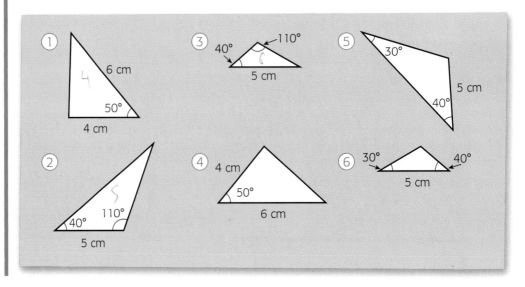

Viser la bouée

À son chalet, Clémence lance des galets en les faisant ricocher sur l'eau. Le dernier galet qu'elle a lancé a touché une bouée indiquant la limite de la zone de baignade.

Clémence entreprend alors de calculer à quelle distance elle a lancé le galet. Elle n'a qu'à déterminer la distance entre le bord de la plage et la bouée.

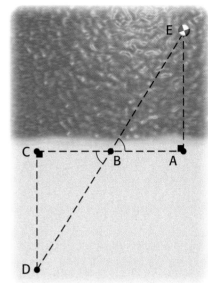

Elle plante donc un piquet (**A**) à l'endroit où elle se trouvait lorsqu'elle a lancé le galet, vis-à-vis de la bouée, puis elle marche en suivant le bord de l'eau. Elle plante un deuxième piquet (**B**) après 10 pas et un troisième (**C**) après 10 autres pas. Elle recule ensuite perpendiculairement au bord de la plage en prenant soin de compter ses pas jusqu'à ce qu'elle voie la bouée alignée avec son deuxième piquet. Après 34 pas, elle plante le piquet **D**.

A Quel côté du triangle **DCB** est homologue au côté **EA** du triangle **EAB**?

B Est-il nécessaire de s'assurer que les triangles sont isométriques avant de déduire que le côté **EA** du triangle **EAB** est isométrique au côté **DC** du triangle **DCB**? Justifie ta réponse.

C Relève, à partir des données de la situation, les éléments homologues isométriques dans ces deux triangles.

D À partir des éléments relevés en **C**, quelle condition minimale permettrait de démontrer que les triangles formés par Clémence sont isométriques?

Voici une façon de démontrer que les triangles formés par Clémence sont isométriques.

Affirmation	Justification
$\angle A \cong \angle C$	Par hypothèse
$\overline{AB} \cong \overline{BC}$	Par hypothèse
$\angle EBA \cong \angle DBC$	Deux angles opposés par le sommet sont nécessairement isométriques.
$\triangle EAB \cong \triangle DCB$	Deux triangles ayant un côté isométrique compris entre des angles homologues isométriques sont nécessairement isométriques (condition minimale ACA).

E Selon toi, que signifie *Par hypothèse* dans la colonne Justification?

F Nomme un avantage qu'il y a à utiliser un tableau comme celui ci-dessus.

G Selon toi, est-ce que l'ordre dans lequel on présente les éléments homologues est important?

H Est-ce que le côté **EA** du triangle **EAB** est nécessairement isométrique au côté **DC** du triangle **DCB**? Justifie ta réponse.

I À quelle distance Clémence a-t-elle lancé le galet si elle a fait des pas de 80 cm?

Ai-je bien compris?

Pour chacune des paires de triangles ci-dessous:
a) démontre que les triangles sont isométriques en t'appuyant sur une condition minimale d'isométrie;
b) trouve la ou les mesures manquantes.

①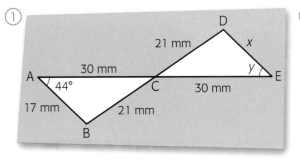

②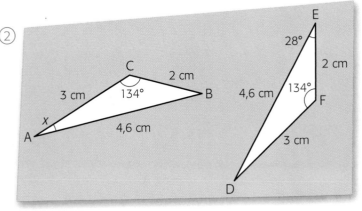

Faire le point

Les triangles isométriques

Deux triangles isométriques ont leurs éléments homologues (trois angles et trois côtés) isométriques.

Exemple :

Les triangles **ABC** et **DEF** sont isométriques, car leurs angles homologues sont isométriques et leurs côtés homologues sont isométriques.

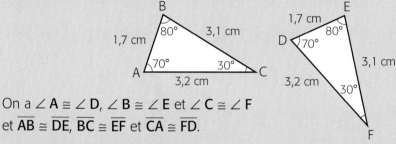

On a $\angle$ **A** $\cong$ $\angle$ **D**, $\angle$ **B** $\cong$ $\angle$ **E** et $\angle$ **C** $\cong$ $\angle$ **F** et $\overline{AB} \cong \overline{DE}$, $\overline{BC} \cong \overline{EF}$ et $\overline{CA} \cong \overline{FD}$.

On écrit alors $\triangle$**ABC** $\cong$ $\triangle$**DEF**.

> Le symbole d'égalité concerne des nombres alors que le symbole d'isométrie ($\cong$) concerne des objets géométriques. On a donc m $\overline{AB}$ = m $\overline{DE}$, mais $\overline{AB} \cong \overline{DE}$.

Remarques :

– Le symbole «$\cong$» se lit «est isométrique à».

– Habituellement, on nomme des triangles isométriques selon leurs sommets homologues. Donc, si $\triangle$**ABC** $\cong$ $\triangle$**DEF**, on peut affirmer que l'angle **A** est homologue à l'angle **D**, que l'angle **B** est homologue à l'angle **E** et que l'angle **C** est homologue à l'angle **F**.

Les conditions minimales d'isométrie de triangles

Pour pouvoir affirmer que deux triangles sont isométriques, il n'est pas nécessaire de vérifier que tous leurs côtés homologues et tous leurs angles homologues sont isométriques. Il suffit de s'assurer que les triangles respectent une des trois conditions minimales suivantes.

La condition minimale d'isométrie CCC

Deux triangles ayant leurs côtés homologues isométriques sont nécessairement isométriques.

Exemple :

$\triangle$**ABC** $\cong$ $\triangle$**DEF**, car $\overline{AB} \cong \overline{DE}$, $\overline{BC} \cong \overline{EF}$ et $\overline{CA} \cong \overline{FD}$.

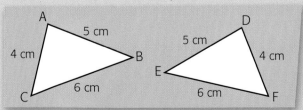

La condition minimale d'isométrie CAC

Deux triangles ayant un angle isométrique compris entre deux côtés homologues isométriques sont nécessairement isométriques.

Exemple :

ΔGHJ ≅ ΔKLM, car ∠ H ≅ ∠ L, $\overline{GH} \cong \overline{KL}$ et $\overline{JH} \cong \overline{ML}$.

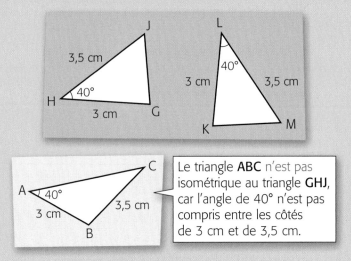

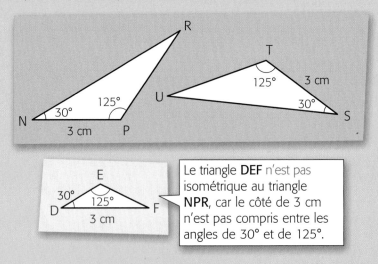

Le triangle **ABC** n'est pas isométrique au triangle **GHJ**, car l'angle de 40° n'est pas compris entre les côtés de 3 cm et de 3,5 cm.

La condition minimale d'isométrie ACA

Deux triangles ayant un côté isométrique compris entre deux angles homologues isométriques sont nécessairement isométriques.

Exemple :

ΔNPR ≅ ΔSTU, car ∠ N ≅ ∠ S, ∠ P ≅ ∠ T et $\overline{NP} \cong \overline{ST}$.

Le triangle **DEF** n'est pas isométrique au triangle **NPR**, car le côté de 3 cm n'est pas compris entre les angles de 30° et de 125°.

La recherche de mesures manquantes

Les relations entre les angles

L'observation de certaines relations entre les angles est une étape fondamentale de la recherche de mesures manquantes.

On trouve notamment plusieurs paires d'angles isométriques lorsqu'une sécante coupe deux droites parallèles.

Dans le schéma ci-dessous, les angles ombrés de couleurs différentes sont supplémentaires et les angles ombrés de la même couleur sont isométriques.

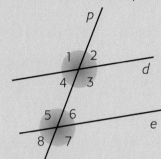

- Les angles 1 et 3, 2 et 4, 5 et 7, 6 et 8 sont opposés par le sommet.
- Les angles 1 et 5, 2 et 6, 3 et 7, 4 et 8 sont correspondants.
- Les angles 3 et 5, 4 et 6 sont alternes-internes.
- Les angles 1 et 7, 2 et 8 sont alternes-externes.

Le procédé de recherche de mesures manquantes s'appuie sur les relations qui existent entre les éléments homologues de triangles isométriques. C'est pourquoi il est essentiel de démontrer que les triangles en jeu sont isométriques avant de déduire la mesure en question.

Pièges et astuces

Pour trouver quelle condition minimale d'isométrie est respectée, il est utile de se baser sur le triangle pour lequel on connaît le moins de mesures.

Exemple :

Quelle est la mesure du segment **DE** et de l'angle **D** dans la figure ci-contre ?

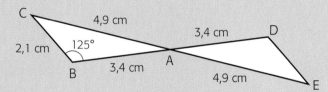

Étape	Affirmation	Justification
1. Démontrer que les triangles sont isométriques en s'assurant qu'une condition minimale d'isométrie est respectée.	m $\overline{AB}$ = m $\overline{AD}$	Par hypothèse
	∠ **CAB** ≅ ∠ **EAD**	Deux angles opposés par le sommet sont nécessairement isométriques.
	m $\overline{AC}$ = m $\overline{AE}$	Par hypothèse
	△ABC ≅ △ADE	Deux triangles ayant un angle isométrique compris entre deux côtés homologues isométriques sont nécessairement isométriques (condition minimale CAC).
2. Déduire les mesures manquantes à partir de celles des éléments homologues.	m $\overline{DE}$ = 2,1 cm	Dans les triangles isométriques, les côtés homologues sont isométriques.
	m ∠ **D** = 125°	Dans les triangles isométriques, les angles homologues sont isométriques.

Remarque : L'hypothèse est un énoncé du problème qui constitue une base de la démonstration.

Mise en pratique

1. Soit les triangles **ABC** et **DEF** ci-dessous.

   a) Ces triangles sont-ils isométriques?

   b) Formule six énoncés concernant les six paires d'éléments homologues de ces triangles.

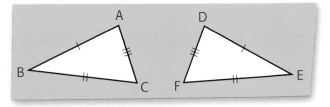

2. Sachant que △**ABC** ≅ △**DEF**, détermine leur périmètre.

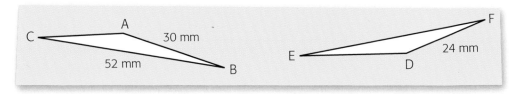

3. Justin et Benjamin ont chacun dessiné un triangle ayant un côté de 2 cm et un autre de 3 cm. Ils ont ensuite comparé leurs dessins et constaté qu'ils avaient dessiné des triangles isométriques.

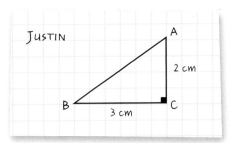
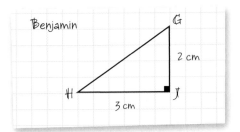

   Ils concluent donc que le fait d'avoir deux côtés isométriques est une condition suffisante pour que deux triangles soient isométriques. Ont-ils raison? Justifie ta réponse.

4. Dessine deux triangles qui ne sont pas isométriques, mais dont tous les angles homologues sont isométriques.

5. Dans la figure ci-contre, relève une paire de triangles isométriques et deux paires de triangles qui ne sont pas nécessairement isométriques.

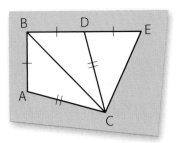

6. Parmi les triangles suivants, relève les paires de triangles isométriques. Indique ensuite la condition minimale d'isométrie qu'ils respectent.

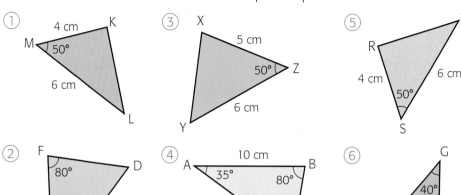

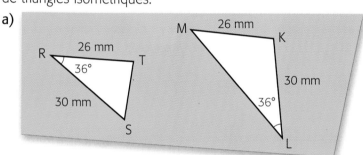

7. Explique pourquoi les paires de triangles suivantes ne sont pas constituées de triangles isométriques.

a)

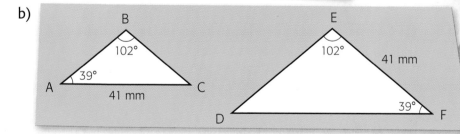

b)

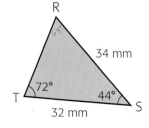

8. Quelle condition minimale d'isométrie permet d'affirmer que les triangles **GHJ** et **RST** sont isométriques ? Justifie ta réponse.

9. Si possible, trouve la mesure manquante dans la paire de triangles ci-dessous. Si c'est impossible, explique pourquoi.

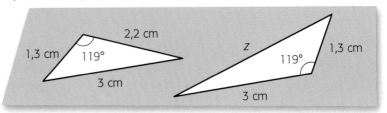

10. Quels triangles sont nécessairement isométriques au triangle **PQR**?

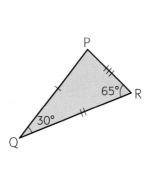

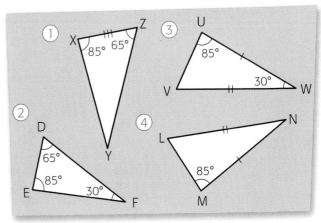

11. Pour déduire une mesure manquante dans une figure, il importe de procéder de façon structurée. Place les étapes suivantes dans l'ordre où elles doivent être réalisées.

① Déterminer la mesure manquante dans un triangle en se basant sur la mesure de l'élément homologue de l'autre triangle.

③ Constater ou déduire que certains éléments homologues sont isométriques.

⑤ Déterminer quels sont les éléments homologues des triangles en question.

② Relever la présence de triangles.

④ Conclure qu'une condition minimale d'isométrie est respectée.

12. Dans la figure ci-contre, les droites **AD** et **BE** coupent les droites parallèles **AB** et **DE**.

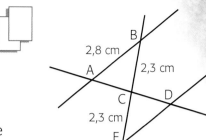

Reproduis le tableau suivant. Complète ensuite le raisonnement qui permet de déduire la mesure de $\overline{DE}$.

Affirmation	Justification
∠ ACB ▰▰▰ ∠ DCE	Deux angles ▰▰▰ sont isométriques.
	Par hypothèse
	Puisque les droites **AB** et **DE** sont ▰▰▰, les angles ▰▰▰ sont isométriques.
∆ABC ▰▰▰ ∆DEC	Deux triangles ayant un côté isométrique compris entre deux angles homologues isométriques sont nécessairement isométriques.
m $\overline{DE}$ = ▰▰▰	Dans des triangles isométriques, les côtés ▰▰▰ sont ▰▰▰.

13. Dans la figure ci-dessous, **PS** // **RQ** et $\overline{PS} \cong \overline{RQ}$.

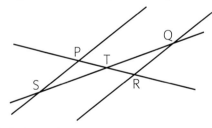

Reproduis le tableau suivant. Complète ensuite le raisonnement qui permet de déduire que le point **T** est le point milieu de $\overline{PR}$.

Affirmation	Justification
	Par hypothèse
∆PTS ≅ ∆RTQ	
$\overline{PT}$ ≅ ▰▰▰ Donc, le point **T** est le point milieu de **PR**.	Dans des triangles isométriques, les côtés homologues sont isométriques.

14. Voici un parallélogramme dans lequel on a tracé une diagonale.

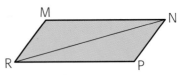

Démontre que △RMN ≅ △NPR.

15. Déduis la mesure de l'angle **E** dans la figure suivante.

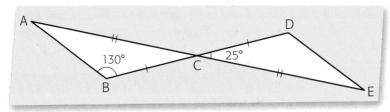

16. Démontre que :

a) les diagonales d'un rectangle se coupent en leur milieu ;

b) la hauteur issue d'un des sommets d'un triangle équilatéral partage le côté sur lequel elle est abaissée en deux segments isométriques.

17. L'octogone régulier **ABCDEFGH** est inscrit dans un cercle de centre **O**.

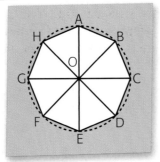

a) Démontre que △OAB ≅ △ODE.

b) Quelle isométrie permet d'associer ces triangles ?

Les figures équivalentes

Une pièce en souvenir

Situation de
communication

La monnaie commémorative est utilisée pour souligner un événement qui a marqué l'histoire d'un pays. Elle est conçue avec une attention particulière. Pour les artistes qui la conçoivent, c'est une façon de se faire connaître, d'autant plus qu'il s'agit d'une forme de publicité beaucoup plus durable que les publicités qu'on peut voir à la télévision ou dans le journal. En effet, au fil des années, la quasi-totalité des habitants du pays aura l'occasion de manipuler ces pièces de monnaie, puisque leur durée de vie est d'environ 20 ans.

Pour souligner l'événement d'importance que sont les Jeux olympiques d'hiver, le Comité olympique souhaite concevoir une pièce commémorative qui respecte les contraintes suivantes.

• La pièce aura la forme d'un prisme droit régulier à base hexagonale.

• La valeur de la pièce sera de 50 ¢, et elle sera fabriquée avec la même quantité du même alliage que la pièce de 50 ¢ présentement en circulation.

Soumets une fiche technique ainsi qu'un dessin à l'échelle d'une pièce commémorative qui respecte les contraintes du Comité olympique.

La Monnaie royale canadienne, Ottawa, Canada.

Pièce de 50 cents en circulation

Fiche technique

Alliage : 93,25 % d'acier
4,75 % de cuivre
2 % de nickel
Masse : 6,9 g
Diamètre : 27,13 mm
Épaisseur : 1,95 mm
Valeur nominale : 50 ¢

Médias

Les pièces de monnaie frappées par la Monnaie royale canadienne sont des œuvres d'art originales. Faune et flore canadiennes, événements spéciaux, occasions et lieux importants comptent parmi les thèmes choisis pour orner les pièces. Bien que le nom des créateurs ne figure pas directement sur la monnaie, la Monnaie royale canadienne rend public le nom des artistes ayant créé ses collections, contribuant ainsi à la diffusion de l'art canadien et à la reconnaissance du travail des artistes.

Décris une œuvre apparaissant sur une pièce de monnaie que tu as manipulée récemment. Selon toi, est-ce qu'une pièce de monnaie peut être considérée comme une œuvre d'art au même titre qu'une peinture ou qu'une sculpture ?

De même valeur

- **Figures planes équivalentes**
- **Recherche de mesures manquantes**

Voici quatre quadrilatères.

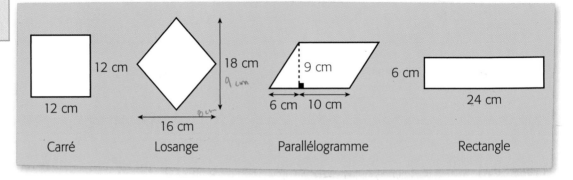

Carré 12 cm × 12 cm

Losange 16 cm, 18 cm, 9 cm

Parallélogramme 9 cm, 6 cm, 10 cm

Rectangle 6 cm, 24 cm

A Calcule l'aire de chacun des quadrilatères.

Figures planes équivalentes

Figures planes qui ont la même aire.

B À partir des réponses que tu as fournies en **A**, identifie les **figures planes équivalentes**.

C Détermine la hauteur d'un trapèze dont les bases mesurent 20 cm et 16 cm, et qui est équivalent au carré ci-dessus.

D À l'aide des quatre quadrilatères ci-dessus, commente l'affirmation suivante.

> De tous les quadrilatères équivalents, c'est le carré qui a le plus petit périmètre.

E En te basant sur l'affirmation en **D**, émets une conjecture qui concerne les triangles plutôt que les quadrilatères. Vérifie-la avec quelques triangles.

À l'aide d'un logiciel de géométrie dynamique, on trace des polygones réguliers ayant un périmètre de 60 cm.

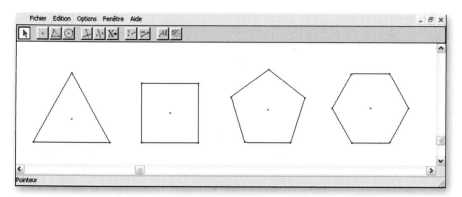

TIC

Le logiciel de géométrie dynamique permet de tracer des polygones réguliers et de calculer rapidement leur périmètre et leur aire. Pour en savoir plus, consulte la page 228 de ce manuel.

F Selon toi, ces quatre polygones sont-ils équivalents?

Le logiciel calcule une aire de 247,75 cm² pour le pentagone.

G Calcule l'aire des trois autres polygones.

H Émets une conjecture décrivant la relation entre l'aire de polygones réguliers ayant le même périmètre et le nombre de côtés qu'ils possèdent.

I Selon toi, quelle figure ayant un périmètre de 60 cm a la plus grande aire?

J Calcule l'aire de la figure que tu as proposée en **I**.

Ai-je bien compris?

1. Quelle est la mesure du côté d'un carré équivalent à un rectangle dont les dimensions sont de 4 m sur 9 m?

2. Détermine si les triangles suivants sont équivalents.

①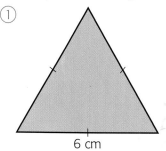
6 cm

②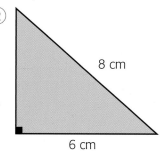
8 cm
6 cm

Emballé par l'emballage

- **Solides équivalents**
- **Recherche de mesures manquantes**

Pour mettre en marché un nouveau mélange de café, le propriétaire de la Brûlerie du coin, une maison de torréfaction artisanale, a consulté une entreprise spécialisée dans la fabrication d'emballages.

L'entreprise a proposé au propriétaire de la Brûlerie du coin trois formes de contenants en aluminium, notamment parce que ce métal est recyclable à 100 %, ce qui est de plus en plus important pour les consommateurs.

Forme cubique   Forme prismatique   Forme pyramidale

Cube   Prisme droit   Pyramide droite
à base rectangulaire   à base carrée

Compte tenu de la quantité du nouveau mélange de café qu'il veut mettre en marché, le propriétaire de la Brûlerie a déterminé que, s'il choisissait le contenant de forme cubique, son arête devrait mesurer 8 cm.

A Propose des dimensions pour un contenant de forme prismatique :
   1) qui aurait la même aire totale que le contenant de forme cubique ;
   2) qui aurait le même volume que le contenant de forme cubique.

B Si le propriétaire veut offrir un seul format de ce nouveau mélange de café, doit-il s'assurer que les contenants ont le même volume ou la même aire totale ? Justifie ta réponse.

Solides équivalents
Solides ayant le même volume.

C Parmi les dimensions que tu as proposées en **A**, lesquelles décrivent un **solide équivalent** au cube ?

D Détermine les dimensions de deux contenants de forme pyramidale différents qui ont le même volume que le cube.

Soit les solides suivants.

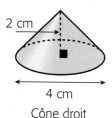

2 cm

4 cm

Cône droit

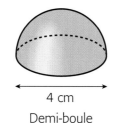

4 cm

Demi-boule

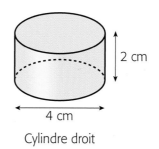

2 cm

4 cm

Cylindre droit

E Quel est le volume de chacun de ces solides?

F Si la hauteur du cône reste la même, quel doit être son diamètre pour que le cône soit équivalent à la demi-boule?

G Si le diamètre du cylindre reste le même, quelle doit être sa hauteur pour que le cylindre soit équivalent à la demi-boule?

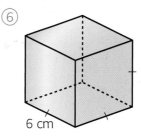

> **Médias**
>
> Lors de la mise en marché d'un produit, le choix de l'emballage revêt une grande importance. L'emballage, par ses couleurs et sa forme, permet de mettre en valeur un produit. Des études menées auprès des consommateurs ont montré qu'entre deux produits concurrents de même qualité, c'est celui dont l'emballage plaît davantage qui aura le plus de succès. Selon toi, qu'est-ce qui, dans l'emballage de ce produit, attire d'abord le regard des consommateurs?

Ai-je bien compris?

1. Parmi les solides suivants, lesquels sont équivalents?

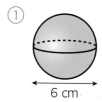

① 6 cm

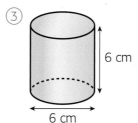

③ 6 cm

6 cm

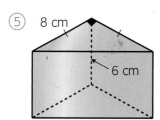

⑤ 8 cm

6 cm

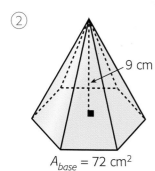

② 9 cm

A_{base} = 72 cm²

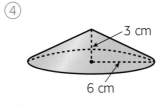

④ 3 cm

6 cm

⑥ 6 cm

2. Pour chacun des solides que tu n'as pas choisis en **1**, propose les dimensions d'une boule ou d'un cube qui lui est équivalent.

Faire le point

Les figures planes équivalentes

Des figures planes qui ont la même aire sont des figures équivalentes.

Exemple : Soit les trois figures suivantes.

Rectangle	Triangle rectangle	Carré
4 cm, 9 cm	6 cm, 12 cm	6 cm, 6 cm
$A_{rectangle} = b \cdot h$ $A_{rectangle} = 4 \cdot 9$ $A_{rectangle} = 36 \text{ cm}^2$	$A_{triangle} = \dfrac{b \cdot h}{2}$ $A_{triangle} = \dfrac{12 \cdot 6}{2}$ $A_{triangle} = 36 \text{ cm}^2$	$A_{carré} = c^2$ $A_{carré} = (6)^2$ $A_{carré} = 36 \text{ cm}^2$

Puisqu'elles ont la même aire, les trois figures planes sont équivalentes.

Les solides équivalents

Des solides qui ont le même volume sont des solides équivalents.

Exemple : Soit les trois solides suivants.

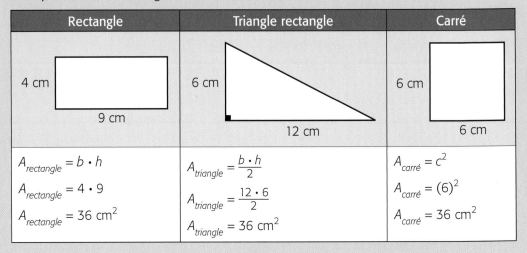

Cube	Prisme droit	Pyramide droite à base carrée
4 cm	5 cm $A_{base} = 12{,}8 \text{ cm}^2$	3 cm, 8 cm
$V_{cube} = c^3$ $V_{cube} = (4)^3$ $V_{cube} = 64 \text{ cm}^3$	$V_{prisme} = A_{base} \cdot h$ $V_{prisme} = 12{,}8 \cdot 5$ $V_{prisme} = 64 \text{ cm}^3$	$V_{pyramide} = \dfrac{A_{base} \cdot h}{3}$ $V_{pyramide} = \dfrac{64 \cdot 3}{3}$ $V_{pyramide} = 64 \text{ cm}^3$

Pièges et astuces

Il ne faut pas comparer l'aire des faces de deux solides pour déterminer s'ils sont équivalents.

Puisqu'ils ont le même volume, les solides sont équivalents.

Remarque : Deux solides semblables sont équivalents si et seulement si ils sont isométriques.

La recherche de mesures manquantes

Dans les figures planes équivalentes, le procédé de recherche de mesures manquantes s'appuie sur l'égalité des aires. Dans les solides équivalents, il s'appuie sur l'égalité des volumes.

Exemples :

1. Quelle est la mesure de la grande diagonale du losange **ABCD** si celui-ci est équivalent au trapèze **PQRS** ?

Étape	Démarche
1. Calculer l'aire de la figure pour laquelle on connaît toutes les dimensions.	$A_{trapèze} = \dfrac{(B + b) \cdot h}{2}$ $A_{trapèze} = \dfrac{(7 + 3) \cdot 4}{2}$ $A_{trapèze} = 20 \text{ cm}^2$
2. Utiliser la valeur de l'aire calculée en **1** comme étant l'aire de la figure pour laquelle on cherche la mesure manquante, puisque les figures sont équivalentes.	$A_{losange} = 20 \text{ cm}^2$ $\dfrac{D \cdot d}{2} = 20$
3. Isoler l'inconnue dans la formule pour déterminer la mesure manquante.	$\dfrac{D \cdot 4}{2} = 20$ $D = \dfrac{20 \cdot 2}{4}$ $D = 10 \text{ cm}$

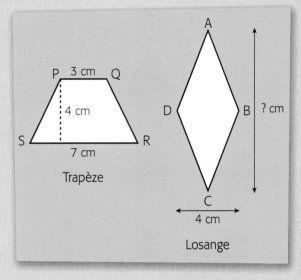

Trapèze

Losange

2. Quelle est la hauteur du cône si celui-ci est équivalent à la boule ?

Étape	Démarche
1. Calculer le volume du solide pour lequel on connaît toutes les dimensions.	$V_{boule} = \dfrac{4\pi r^3}{3}$ $V_{boule} = \dfrac{4\pi (3)^3}{3}$ $V_{boule} = \dfrac{4\pi \cdot 27}{3}$ $V_{boule} = 36\pi \text{ cm}^3$
2. Utiliser la valeur du volume calculé en **1** comme étant le volume du solide pour lequel on cherche la mesure manquante, puisque les solides sont équivalents.	$V_{cône} = 36\pi \text{ cm}^3$ $\dfrac{A_{base} \cdot h}{3} = 36\pi$
3. Isoler l'inconnue dans la formule pour déterminer la mesure manquante.	$\dfrac{\pi(6)^2 \cdot h}{3} = 36\pi$ $12\pi \cdot h = 36\pi$ $h = \dfrac{36\pi}{12\pi}$ $h = 3 \text{ cm}$

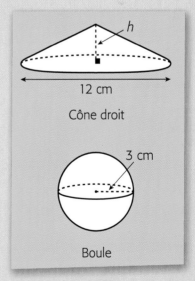

Cône droit

Boule

Mise en pratique

1. Détermine si les paires de figures planes suivantes sont équivalentes.

   a)

   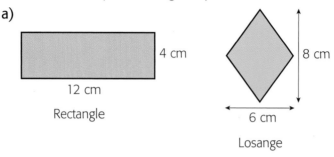

   Rectangle

   Losange

   b)

   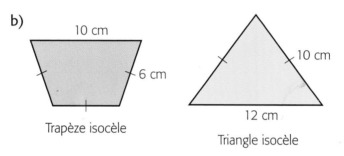

   Trapèze isocèle

   Triangle isocèle

2. Vrai ou faux? Si l'énoncé est faux, donne un contre-exemple.

   a) Dans un ensemble de polygones équivalents ayant le même nombre de côtés, c'est le polygone régulier qui a le plus grand périmètre.

   b) Si un triangle équilatéral et un octogone régulier ont le même périmètre, c'est l'octogone qui a la plus grande aire.

3. L'aire de la partie ombrée de l'octogone régulier ci-contre est de 36 cm². Trouve les dimensions d'un rectangle équivalent à cet octogone.

4. Détermine si les deux figures planes suivantes, formées de parallélogrammes, sont équivalentes. Justifie ta réponse.

   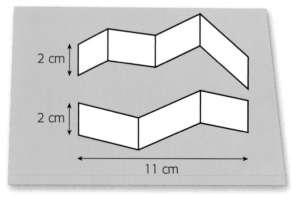

5. Un losange dont la petite diagonale mesure 15 cm est équivalent à un rectangle dont les dimensions sont de 30 cm sur 10 cm. Quel est le périmètre de ce losange?

6. Deux solides qui ont la même aire totale sont-ils nécessairement des solides équivalents? Justifie ta réponse.

7. Voici une boule.

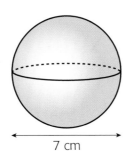

7 cm

a) Détermine les dimensions d'un cylindre qui lui est équivalent.

b) Détermine les dimensions d'un autre cylindre équivalent à la boule.

c) Selon toi, combien existe-t-il de cylindres différents qui sont équivalents à cette boule? Justifie ta réponse.

8. À quelle condition deux solides équivalents sont-ils aussi semblables?

9. Détermine le rayon d'une boule équivalente à chacun des solides décomposables suivants.

a)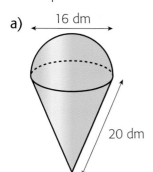
16 dm
20 dm

b)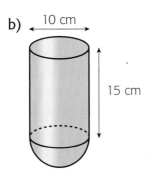
10 cm
15 cm

c)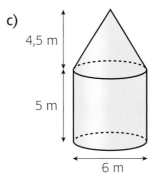
4,5 m
5 m
6 m

10. Soit le solide suivant.

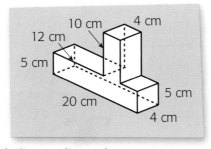

10 cm
12 cm
4 cm
5 cm
20 cm
5 cm
4 cm

Détermine la mesure de l'arête d'un cube:

a) dont l'aire totale est la même que celle du solide;

b) dont le volume est le même que celui du solide.

11. Parmi les solides suivants, lesquels sont équivalents?

① Un prisme droit régulier à base carrée dont la base a un périmètre de 160 mm et dont la hauteur est de 1 dm.

③ Une pyramide dont la base a une aire de 40 cm² et dont la hauteur est de 40 mm.

② Un cube dont l'aire totale est de 54 cm².

④ Un cylindre dont la base a une aire de 900 mm² et dont la hauteur est de 0,3 dm.

12. Une entreprise fabrique deux types d'équerres de menuisier. L'une a la forme d'un triangle rectangle isocèle, tandis que l'autre a la forme d'un triangle rectangle dont les angles mesurent 30° et 60°. Afin d'offrir les deux équerres au même prix, l'entreprise utilise la même quantité de métal pour les fabriquer. Les équerres ont la même épaisseur de 5 mm et un volume de 225 cm³. Détermine les dimensions de chacune des équerres.

13. Dans le cadre de la journée «portes ouvertes» de son école, Camille a comme tâche d'indiquer aux visiteurs le parcours qu'ils doivent suivre. Pour ce faire, elle a peint des affiches. Elle a utilisé la même quantité de peinture bleue que de peinture rouge pour colorer les flèches. Celles-ci sont formées d'un rectangle et d'un triangle isocèle. Les dimensions du rectangle sont de 30 cm sur 60 cm. La base du triangle est isométrique au plus long côté du rectangle.

Quelle est la longueur minimale que doit avoir l'affiche sur laquelle Camille a peint la flèche?

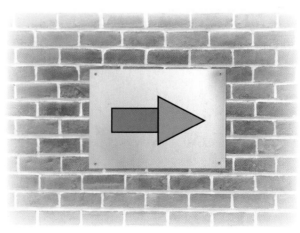

14. Un fromager produit trois sortes de fromages qu'il souhaite vendre sous forme de meules ayant un volume d'environ 300 cm³. Pour différencier ses fromages, il façonnera des meules équivalentes, mais de dimensions différentes.

   a) Propose les mesures des rayons et des hauteurs de trois meules équivalentes ayant un volume de 300 cm³.

   b) Sans faire de calculs, détermine laquelle des meules proposées en **a** possède la plus grande surface de croûte.

   c) Valide ta réponse en **b** à l'aide de calculs.

15. On a tracé des groupes de figures planes à partir des mêmes droites parallèles *d* et *e*.

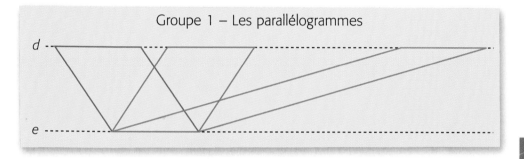

Groupe 1 – Les parallélogrammes

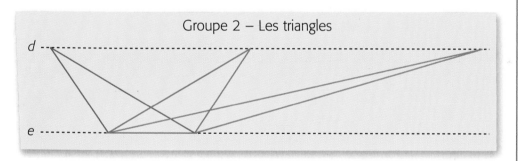

Groupe 2 – Les triangles

   a) Explique pourquoi les figures planes de chacun des groupes sont équivalentes.

   b) À partir du raisonnement que tu as utilisé en **a**, détermine si les cylindres suivants, formés de pièces de monnaie, sont équivalents.

Consolidation

1. Pour chaque ensemble de mesures, détermine si △ABC ≅ △DEF.
   a) m $\overline{AB}$ = m $\overline{DE}$, m $\overline{BC}$ = m $\overline{EF}$, m $\overline{CA}$ = m $\overline{FD}$
   b) $\overline{AB}$ ≅ $\overline{DE}$, $\overline{BC}$ ≅ $\overline{EF}$, ∠ A ≅ ∠ D
   c) ∠ A ≅ ∠ D, ∠ B ≅ ∠ E, m $\overline{AB}$ = m $\overline{DE}$

2. Valérie a vérifié que les triangles **FGH** et **TRS** sont isométriques, et que les triangles **TRS** et **KLM** le sont aussi. Que peut-on dire des triangles **FGH** et **KLM** ? Justifie ta réponse.

> Un triangle unique est un triangle dont on connaît un nombre suffisant de mesures pour pouvoir le reproduire.

3. Parmi les triangles suivants, lesquels sont uniques ?

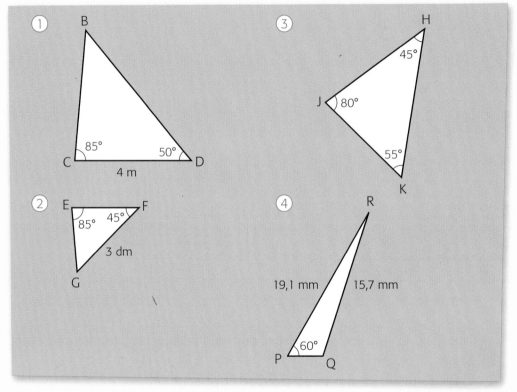

4. Voici une figure formée de trois triangles isocèles.
   a) Quels triangles sont nécessairement isométriques ? Justifie ta réponse.
   b) Quelle doit être la mesure de l'angle **BAE** pour que le triangle **ACD** soit isométrique au triangle **ADE** ?

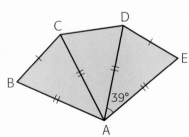

5. Détermine les mesures manquantes afin que les paires de figures ci-dessous soient équivalentes.

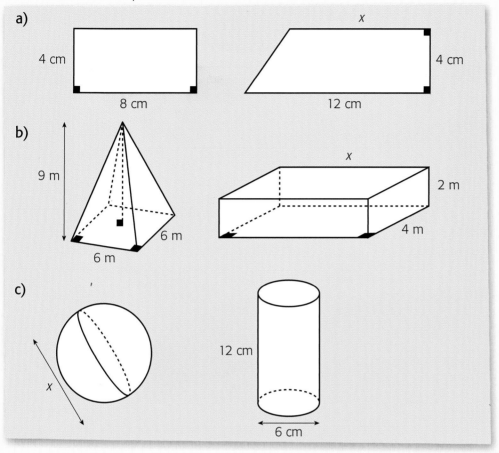

a)

4 cm
8 cm

x
4 cm
12 cm

b)

9 m
6 m
6 m

x
2 m
4 m

c)

x

12 cm
6 cm

6. Les triangles ci-contre sont-ils rectangles? Justifie ta réponse.

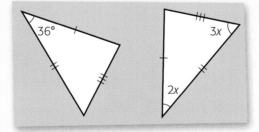

36°

3x
2x

7. Un disque et un carré peuvent-ils être équivalents? Justifie ta réponse.

8. Vrai ou faux? Si l'énoncé est faux, donne un contre-exemple.
   a) Deux carrés équivalents sont nécessairement isométriques.
   b) Deux triangles isométriques sont nécessairement équivalents.
   c) Deux rectangles équivalents sont nécessairement isométriques.

9. Les triangles ci-contre sont-ils nécessairement isométriques? Justifie ta réponse.

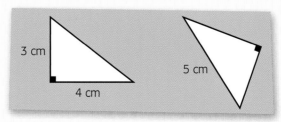

3 cm
4 cm
5 cm

10. Attention : sable mouvant !

Pour trouver la longueur d'une étendue de sable mouvant, Jean-Pierre et Stéphanie ont pris des mesures sur le terrain et tracé le schéma suivant à l'échelle.

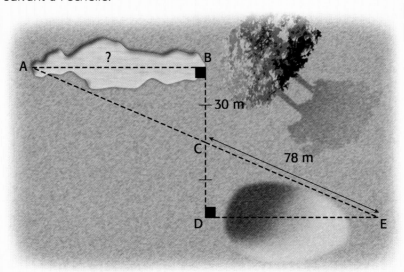

Quelle est la longueur de l'étendue de sable mouvant ?

11. Subtil

Brahim affirme que deux triangles rectangles ayant des hypoténuses isométriques et une paire de cathètes isométriques sont nécessairement isométriques. Démontre qu'il a raison.

12. Nécessairement ?

Deux triangles ayant la même base et la même hauteur relative à cette base :

a) sont-ils nécessairement équivalents ? Justifie ta réponse.

b) sont-ils nécessairement isométriques ? Justifie ta réponse.

13. Voisins en coin

Un entrepreneur immobilier souhaite diviser en deux un terrain en vue de construire sur chaque partie une maison unifamiliale.

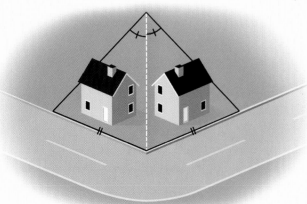

Afin de délimiter les terrains, une clôture sera érigée à l'endroit où se trouve la ligne blanche sur l'illustration ci-contre. Cette clôture partagera l'angle du fond des terrains en deux angles isométriques.

L'entrepreneur affirme que les deux terrains triangulaires seront nécessairement isométriques puisqu'ils auront deux côtés isométriques (la façade et la clôture) en plus des angles isométriques formés par la clôture et les côtés latéraux du terrain.

L'entrepreneur a-t-il raison ? Justifie ta réponse.

14. Toujours vrai

Démontre que tout point de la médiatrice d'un segment **AB** est situé à égale distance des extrémités de ce segment.

15. À démontrer

Démontre que, dans un trapèze isocèle, les diagonales sont isométriques.

16. Et tombe la pluie…

La maison illustrée ci-contre est équipée d'un récupérateur d'eau de pluie de forme cylindrique. Le diamètre de ce récupérateur est de 1,5 m. Si le récupérateur est vide avant une averse au cours de laquelle il tombe 15 mm de pluie, quel sera le niveau d'eau dans ce récipient après l'averse si toute l'eau est récupérée?

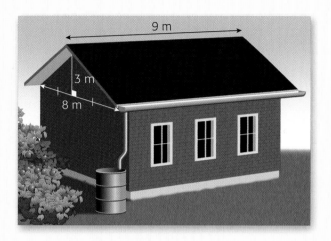

17. Origami

Un carton a la forme d'un triangle isocèle dont les côtés **AF** et **CF** sont isométriques. On le plie de façon à ce que le côté **DE** soit parallèle à la base **AC**. Détermine la mesure de l'angle **EHC** en justifiant toutes les étapes de ta démarche.

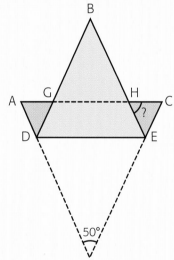

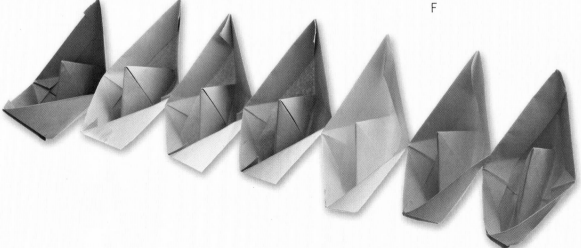

18. Dimensions cachées

Voici deux pyramides droites à base carrée et un prisme droit à base rectangulaire.

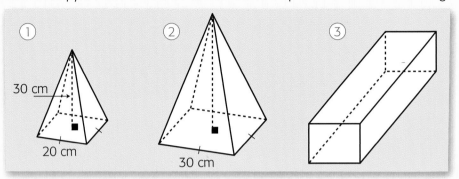

30 cm
20 cm
30 cm

Voici des affirmations qui concernent les solides ci-dessus.

- Les pyramides ① et ② sont semblables.
- Les solides ② et ③ sont équivalents.
- Les bases des solides ② et ③ sont des figures équivalentes.
- L'arête de la base de la pyramide ① est isométrique à une des arêtes de la base du prisme ③.

Détermine les dimensions du prisme ③.

19. Sans se mouiller

Jacob et Rose se sont entendus sur une façon de procéder pour mesurer la largeur d'une rivière à l'aide de la branche d'arbre à deux tiges ci-contre.

1) Rose plante un piquet (**A**) vis-à-vis d'un arbre (**B**) situé près de l'autre rive. Elle recule ensuite en longeant le bord de la rivière jusqu'à ce qu'une des tiges de la branche d'arbre (**C**) pointe vers le piquet (**A**) et que l'autre tige pointe vers l'arbre.

2) Elle fait ensuite pivoter la branche de 180° en maintenant la première tige pointée vers le piquet (**A**). La deuxième tige indique alors l'endroit où Jacob doit placer le deuxième piquet (**D**) sur la ligne formée par l'arbre (**B**) et le premier piquet (**A**).

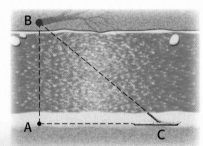

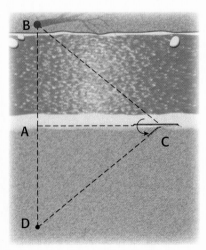

Comment, à l'aide de cet instrument rudimentaire, Jacob et Rose peuvent-ils déterminer la largeur de la rivière?

20. Séparer judicieusement

Dans la figure ci-contre, les points **M**, **N**, **O** et **P** sont situés au tiers de chacun des côtés du rectangle **ABCD**.

a) Démontre que les quatre triangles situés à l'extérieur du quadrilatère **MNOP** sont équivalents.

b) Démontre que les triangles **MNP** et **OPN** sont isométriques.

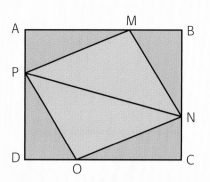

21. Réflexion

La figure ci-contre représente le triangle **ABC** et son image, obtenue à la suite d'une réflexion dont l'axe est la droite *d*. Détermine la mesure de :

a) ∠ BAD ;   b) ∠ ADB ;   c) ∠ BDE.

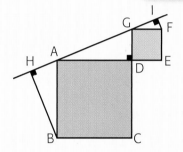

22. Même longueur

Dans la figure ci-contre, **ABCD** et **GDEF** sont des carrés.

Montre que m $\overline{BH}$ + m $\overline{FI}$ = m $\overline{AG}$.

23. Masse volumique

Le tableau ci-contre présente la masse volumique de différentes substances.

a) Détermine, parmi les objets suivants, ceux qui ont le même volume.

Objet	Masse (g)
1. Pièce de monnaie en nickel	29
2. Tasse en aluminium	150
3. Morceau de plomb	140
4. Chaîne en argent	35
5. Chandelle en paraffine	162

Substance	Masse volumique (g/cm³)
Or	18,9
Plomb	11,4
Argent	10,5
Cuivre	8,9
Nickel	8,7
Aluminium	2,7
Paraffine	0,9
Dioxyde de carbone (CO_2)	0,001 8
Dioxygène (O_2)	0,001 3

b) Peux-tu affirmer que les objets que tu as nommés en **a** sont des solides équivalents ? Justifie ta réponse.

c) En consultant le tableau de droite ci-dessus, propose deux objets équivalents et spécifie leur matériau et leur masse.

d) Combien mesure l'arête d'un cube de cuivre qui a la même masse qu'une bague en or de 10 g ?

> La masse volumique d'une substance est la mesure qui indique sa masse par unité de volume.

24. La perfection

Platon, un philosophe grec, croyait en l'existence de deux mondes : celui dans lequel nous vivons (le monde réel) et celui des idées (ou des formes). Selon Platon, la géométrie appartient essentiellement au monde des idées. Par exemple, le cercle parfait n'existe pas dans le monde réel, mais pourtant, grâce à la géométrie, on en connaît les propriétés.

Pour les Grecs, tout reposait sur la figure parfaite par excellence, la sphère. La Terre elle-même était vue comme une sphère placée au centre de l'Univers. Aussi, Platon considérait comme remarquable le fait qu'il existe seulement cinq polyèdres réguliers qui soient inscriptibles dans une sphère. Chacun de ces polyèdres a des faces qui sont des polygones réguliers isométriques. On les appelle aujourd'hui les «solides de Platon». Platon les associait aux quatre éléments de base : l'eau, la terre, l'air et le feu, et le cinquième, l'icosaèdre, à l'Univers.

Voici cinq solides de Platon et les formules permettant de calculer leur volume en fonction de la mesure de l'arête (*a*). Les mesures fournies sont arrondies au centième près.

> Un solide est inscriptible dans une sphère si tous ses sommets touchent à la sphère.

> φ (phi) est considéré comme le nombre d'or. Sa valeur est
> $$\varphi = \frac{1+\sqrt{5}}{2}.$$

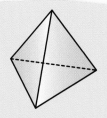

Tétraèdre régulier dont l'arête mesure 8,16 cm

$$V = \frac{1}{12}\sqrt{2}\,a^3$$

Cube dont le volume est de 64 cm³

$$V = a^3$$

Octaèdre régulier dont l'aire d'une face est de 11,25 cm²

$$V = \frac{1}{3}\sqrt{2}\,a^3$$

Dodécaèdre régulier dont l'arête mesure 1,80 cm et dont l'apothème mesure 1,24 cm

$$V = \frac{1}{4}(15 + 7\sqrt{5})\,a^3$$

Icosaèdre régulier dont le volume est de 100,1 cm³

$$V = \frac{5}{6}\varphi^2 a^3$$

Parmi ces cinq solides, deux sont équivalents et deux ont des faces équivalentes. Quel est le diamètre de la figure par excellence dans laquelle on pourrait inscrire le solide restant ?

> ### Médias
>
> Les œuvres de Platon et de plusieurs autres philosophes de l'Antiquité ont traversé l'histoire pour parvenir jusqu'à nous. Certaines de leurs connaissances nous ont été transmises de façon intégrale grâce à des documents écrits. Aujourd'hui, la transmission des connaissances se fait par des médias variés : livres, journaux, magazines, sites Internet, blogues, etc. Comment arrives-tu à cibler l'essentiel dans les nombreuses informations que te transmettent les différents médias ? Nomme un avantage et un inconvénient de la transmission des connaissances par les médias.

Le monde du travail

L'astronomie

Au XVIe siècle, l'astronome allemand Johannes Kepler essaya de trouver une relation entre les cinq planètes connues à l'époque, excluant la Terre, et les cinq solides de Platon. Bien que cette idée fût abandonnée, elle lui permit de découvrir que les orbites des planètes n'étaient pas circulaires. La loi du mouvement planétaire de Kepler naquit par la suite.

L'astronomie est une science qui s'intéresse à la formation et à l'évolution de l'Univers. Les astronomes étudient les étoiles, les planètes, les comètes et les galaxies. Ils s'intéressent également aux lois de la nature comme la force, l'énergie et la structure de la matière. Leurs observations leur permettent d'analyser et de vérifier certaines théories de la physique et, de pair avec d'autres professionnels, de trouver des applications industrielles à ces théories.

Pour devenir astronome, il faut faire des études avancées en physique. À l'heure actuelle, la plupart des astronomes professionnels sont astrophysiciens, c'est-à-dire qu'ils s'intéressent plus particulièrement aux propriétés des objets de l'Univers (étoiles, planètes, galaxies, milieu interstellaire, etc.) telles que leur luminosité, leur température et leur composition chimique.

Fondé sur l'observation scientifique et la recherche constante de nouvelles découvertes, le métier d'astronome exige un esprit d'analyse, une rigueur intellectuelle et une grande curiosité. De plus, les astronomes doivent avoir une bonne capacité de vulgarisation puisqu'ils sont souvent appelés à communiquer à un large public les résultats de leurs observations. Enfin, comme ils collaborent avec des scientifiques d'autres disciplines, les astronomes doivent avoir un bon esprit d'équipe.

Fait divers

Hubert Reeves est un astrophysicien montréalais de renommée internationale. Il a fait des études universitaires en physique, en physique atomique et en astrophysique nucléaire avant de devenir conseiller scientifique à la NASA, puis directeur de recherches au Centre National de la Recherche Scientifique, en France, dans les années 1960. Il est aujourd'hui professeur associé au département de physique de l'Université de Montréal et président de la Ligue ROC pour la préservation de la faune sauvage. Ce grand vulgarisateur scientifique a rédigé de nombreux ouvrages scientifiques teintés de philosophie qui ont connu la faveur d'un large public, dont *Patience dans l'azur*, *Sommes-nous seuls dans l'univers ?*, *Mal de Terre* et *Petite histoire de la matière et de l'univers*.

Les triangles semblables et les relations métriques dans le triangle rectangle

La géométrie est une branche de la mathématique qui permet, entre autres, de modéliser des régions à l'aide de cartes topographiques.

À la suite d'un sinistre, plusieurs intervenants travaillent de concert à l'aide de concepts géométriques pour arpenter les terrains et reconstruire les maisons et les routes. L'étude des figures semblables et la recherche de mesures manquantes facilitent leur travail.

Comment la modélisation d'une région à l'aide de figures géométriques facilite-t-elle l'intervention d'une équipe dans une situation d'urgence? Dans quelle autre situation l'étude de la géométrie peut-elle être utile?

Survol

Contenu de formation

- Conditions minimales de similitude de triangles
- Propriétés de triangles semblables
- Distance entre deux points
- Relations métriques dans le triangle rectangle
- Recherche de mesures manquantes

Les pages 42 à 44 font appel à tes connaissances en géométrie.

En contexte

Chaque année, dans plusieurs villes canadiennes, des groupes de soutien organisent une course en vue de recueillir des fonds pour la recherche sur le cancer du sein.

1. Madame Lissade est responsable de l'élaboration du parcours de la course qui aura lieu dans le centre-ville de Montréal. Elle a choisi les rues qui délimitent deux parcs : le square Dorchester et la place du Canada. Le parcours est représenté sur la carte ci-dessous.

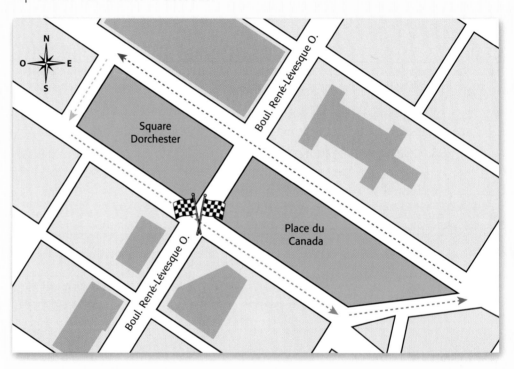

a) Sachant que le tronçon bleu du parcours mesure 440 m, détermine la longueur du tronçon :

    1) orange ;   **2)** vert.

b) Sans le mesurer sur la carte, détermine la longueur du tronçon rouge dans la réalité.

c) La figure qui représente le parcours de la course sur la carte est-elle semblable à la figure correspondant au parcours réel ?

d) À quelles conditions deux figures sont-elles semblables ?

e) Quel est le rapport de similitude entre la carte et la réalité ?

2. Madame Lissade a modélisé le parcours à l'aide du trapèze rectangle tracé dans le plan cartésien ci-dessous. Le plan est gradué en mètres et son origine correspond au point de départ de la course.

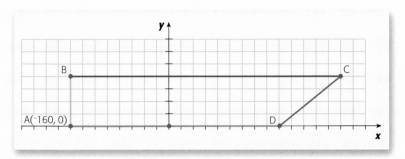

a) Quelles sont les coordonnées des points **B**, **C** et **D** dans le plan cartésien?

b) À l'aide des coordonnées déterminées en **a**, vérifie que les côtés du trapèze respectent les mesures réelles des tronçons du parcours.

c) Détermine l'aire de la région intérieure du parcours.

3. L'année dernière, les fonds recueillis ont servi à financer plusieurs projets de recherche ainsi que l'achat d'équipement médical pour les hôpitaux. Un hôpital a reçu 20 000 $ pour l'achat d'équipement médical.

a) Les 20 000 $ reçus par cet hôpital représentent 15 % du montant total des fonds recueillis. Détermine le montant total des fonds recueillis.

b) Si 3 % des fonds ayant servi à financer le projet de recherche ont été utilisés pour diverses dépenses administratives, quel montant a servi directement à la recherche?

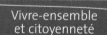

Vivre-ensemble et citoyenneté

Les activités visant à recueillir des fonds pour financer des projets de recherche et pour soutenir les personnes atteintes d'une maladie et leur famille sont de plus en plus populaires. En plus de sensibiliser le public, ces activités permettent aux personnes unies par une cause de se rencontrer.

Selon toi, pourquoi les organisations œuvrant pour des causes humanitaires doivent-elles régulièrement entreprendre des collectes de fonds? Pourquoi est-il avantageux de rencontrer et de discuter avec des gens qui sont dans la même situation que nous?

En bref

1. Résous les proportions suivantes.

   a) $\dfrac{6}{7} = \dfrac{12}{x}$ b) $\dfrac{9}{15} = \dfrac{y}{35}$ c) $\dfrac{91}{z} = \dfrac{13}{12}$ d) $\dfrac{h}{12} = \dfrac{27}{h}$

2. Vrai ou faux?

   a) Tous les carrés sont semblables.

   b) Tous les cercles sont semblables.

   c) Tous les rectangles sont semblables.

   d) Tous les triangles rectangles sont semblables.

   e) Deux figures isométriques sont nécessairement semblables.

3. Quel est le rapport de similitude des paires de figures semblables ci-dessous?

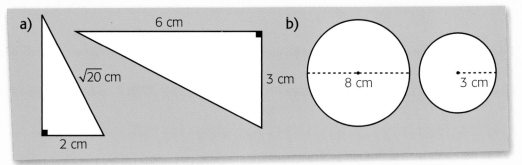

4. Calcule l'aire de chacune des figures ci-dessous.

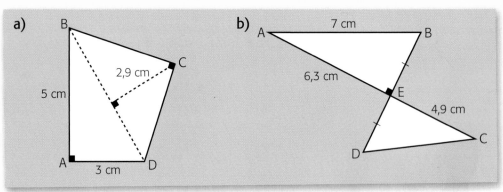

5. Dans le plan cartésien ci-contre, le point **A** est un sommet d'un losange dont les côtés mesurent 5 cm.

   a) Détermine les coordonnées des trois autres sommets du losange.

   b) Y a-t-il plusieurs réponses possibles en **a**? Justifie ta réponse.

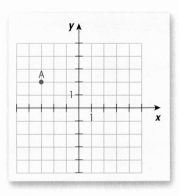

Les triangles semblables

L'eau ou l'école?

Situation
d'application

Dans certains pays en développement, de nombreuses familles n'ont pas accès à de l'eau potable à proximité de leur village. Ces familles confient à leurs enfants, et particulièrement à leurs filles, la tâche d'aller chercher de l'eau. Ces enfants consacrent donc plusieurs heures par jour à cette corvée.

Fatou, une enfant de neuf ans, va chercher de l'eau au ruisseau tous les jours. Un jour sur deux, en plus de rapporter de l'eau pour sa famille, elle en rapporte pour sa tante.

Voici un schéma qui montre le domicile de Fatou, celui de sa tante, le ruisseau où Fatou va chercher l'eau ainsi que les trajets qu'elle emprunte selon qu'elle se rend ou non chez sa tante. Au fil du temps, Fatou a fini par emprunter les trajets les plus courts possible, selon chaque situation.

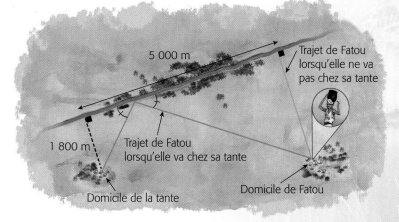

5 000 m

Trajet de Fatou lorsqu'elle ne va pas chez sa tante

1 800 m

Trajet de Fatou lorsqu'elle va chez sa tante

Domicile de Fatou

Domicile de la tante

Lorsqu'elle transporte un récipient vide, Fatou marche à une vitesse moyenne de 1,1 m/s. Quand le récipient est plein, elle marche à une vitesse moyenne de 0,4 m/s. Lorsqu'elle ne va pas chez sa tante, Fatou met deux heures pour s'acquitter de sa tâche. Les jours où elle va chez sa tante, combien de temps met-elle pour s'acquitter de sa tâche?

Vivre-ensemble et citoyenneté

Environ un milliard de personnes dans le monde n'ont pas accès à de l'eau potable. C'est en Afrique subsaharienne, la région la plus pauvre de la planète, que les gens sont le plus touchés par ce problème. Là-bas, on marche en moyenne 6 km par jour pour accéder à une eau bien souvent insalubre. Cette tâche, qui incombe la plupart du temps aux jeunes filles, demande plusieurs heures chaque jour. Cette situation est un facteur important de la sous-scolarisation des jeunes Africaines, qui doivent s'acquitter de cette tâche au lieu d'aller à l'école.

Nomme d'autres conséquences de l'accès difficile à l'eau potable dans les pays défavorisés. Selon toi, quels sont les autres facteurs responsables de la sous-scolarisation des jeunes Africaines?

- **Triangles semblables**
- **Conditions minimales de similitude de triangles**

Une règle en pouces

Originaire de Boston aux États-Unis, Guido suit un programme d'immersion linguistique. Pendant quatre semaines, il séjournera dans une famille québécoise et fréquentera une école francophone.

Dans le premier cours de mathématique de Guido, l'enseignant demande à tous les élèves de la classe de construire un triangle dont les côtés mesurent 2 cm, 3 cm et 4 cm.

Voici les triangles qu'ont tracés Guido et Gaëlle, une autre élève de la classe.

Le *pouce* est une mesure de longueur encore utilisée aux États-Unis. Un pouce correspond à environ 2,54 cm. Le symbole du pouce est le guillemet anglais (").

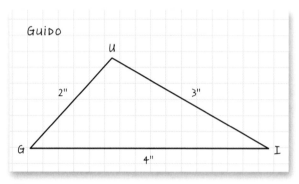

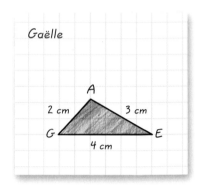

A Pourquoi leurs triangles ne sont-ils pas isométriques ?

B Quelles sont les mesures des côtés du triangle de Guido en centimètres ?

C Quel est le rapport des mesures des côtés homologues des deux triangles ?

D Selon toi, peut-on dire que les triangles de Guido et de Gaëlle sont des **triangles semblables** ? Justifie ta réponse.

Triangles semblables

Triangles dont les angles homologues sont isométriques et dont les mesures des côtés homologues sont proportionnelles. Le symbole « ~ » signifie « ... est semblable à... ».

Fait divers

En 2009, seulement 3 des 193 pays de la Terre n'avaient pas encore adopté le système international d'unités (SI) : les États-Unis, en Amérique, le Liberia, en Afrique, ainsi que le Myanmar, en Asie.

Pour vérifier si les angles de leurs triangles sont isométriques, Gaëlle a découpé son triangle puis a placé le sommet **G** sur le sommet **G** du triangle de Guido, en prenant soin de bien aligner les côtés homologues.

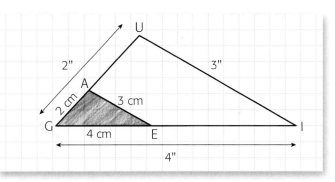

E Selon toi, lorsque les mesures des côtés homologues de deux triangles sont proportionnelles, les angles homologues de ces triangles sont-ils nécessairement isométriques ? Justifie ta réponse.

F Formule une condition minimale de similitude de triangles qui repose sur les mesures des côtés homologues.

Ai-je bien compris ?

a) Parmi les triangles ci-dessous, identifie les triangles semblables au triangle **ABC** ci-contre.

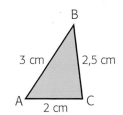

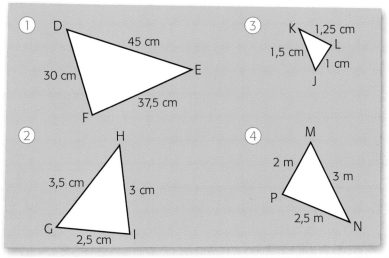

b) Les triangles que tu as identifiés en **a** sont-ils nécessairement semblables entre eux ? Justifie ta réponse.

Sans troisième côté

- **Triangles semblables**
- **Conditions minimales de similitude de triangles**

On a formé le triangle **ADE** en joignant les points milieu des côtés **AB** et **AC** du triangle **ABC**.

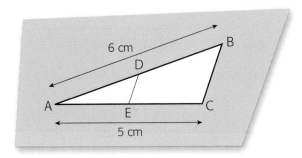

A Quel est le rapport:

1) $\dfrac{m\,\overline{AC}}{m\,\overline{AE}}$?

2) $\dfrac{m\,\overline{AB}}{m\,\overline{AD}}$?

B Selon toi, est-il possible de conclure que △**ABC** ~ △**ADE** sans connaître les mesures respectives des côtés **BC** et **DE**? Justifie ta réponse.

C Les triangles **ABC** et **ADE** possèdent-ils nécessairement un angle isométrique?

D Les triangles **KLM** et **RST** sont-ils nécessairement semblables? Justifie ta réponse.

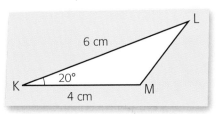
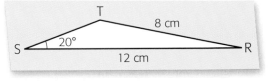

E Utilise les réponses que tu as données en **A**, **B**, **C** et **D** pour formuler une condition minimale de similitude de triangles.

On a demandé à Renaud
et à Alice de déterminer
si les triangles **ABC** et **DEF**
seront nécessairement
semblables une fois
entièrement tracés.

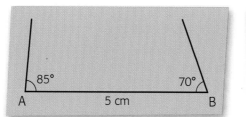

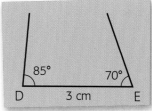

Voici ce que chacun a répondu.

Renaud
Les triangles ne seront pas nécessairement
semblables. J'aurais besoin des mesures
d'au moins une autre paire de côtés pour
vérifier la proportionnalité.

ALICE
Les triangles ABC et DEF seront nécessairement semblables.
Comme la condition minimale d'isométrie ACA
permet d'affirmer que deux triangles sont
isométriques, deux paires d'angles isométriques
et une paire de côtés proportionnels assurent
que deux triangles sont semblables.

F Que peux-tu dire à Renaud pour le faire changer d'avis ?

G Qu'est-ce qui est superflu dans la justification d'Alice ?

H Quelle est la mesure du troisième angle de chaque triangle ?

I Formule une condition minimale de similitude de triangles qui repose
sur des mesures d'angles.

Ai-je bien compris ?

Parmi les triangles ci-dessous, trouve les paires de triangles qui sont nécessairement
semblables et indique la condition minimale de similitude qui te permet d'affirmer
qu'ils le sont.

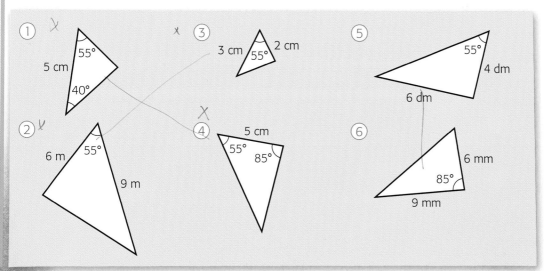

Transporter Internet

Bruno est responsable de la modernisation du réseau de distribution de données informatiques d'une entreprise de communication. Aujourd'hui, il évalue les coûts d'achat et d'enfouissement de nouveaux câbles optiques dans un arrondissement du sud-ouest de Montréal.

Une partie de l'arrondissement en question est représentée sur la carte ci-contre. Les tronçons de rue en bleu, soit les boulevards Décarie et Cavendish et la rue Montclair, sont parallèles entre eux.

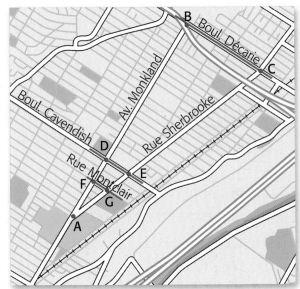

A Démontre, à l'aide d'un tableau affirmation-justification :

1) que les triangles **ABC** et **ADE** sont semblables ;

2) que les triangles **ABC** et **AFG** sont semblables.

Pour déterminer la longueur des tronçons de rue où des travaux doivent être effectués, Bruno les a représentés dans le plan cartésien ci-dessous. Le plan est gradué en mètres et l'origine correspond à l'intersection de l'avenue Monkland et de la rue Sherbrooke.

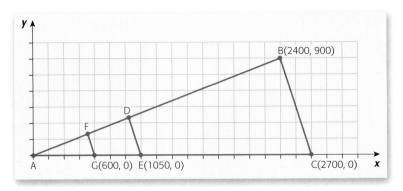

La distance entre les points **A** et **B** se note d(**A**, **B**).

B Calcule, à partir de leurs coordonnées, la distance entre les points suivants.

1) A et G   **2)** A et E   **3)** A et C

C Quel est le rapport de similitude :

1) des triangles **ABC** et **ADE** ?   **2)** des triangles **ABC** et **AFG** ?

Pour déterminer les mesures de $\overline{FG}$ et de $\overline{DE}$, Bruno commence par calculer la distance entre les points **B** et **C**. Pour ce faire, il place un point **P** sur l'axe des abscisses de façon à former le triangle rectangle **BCP**.

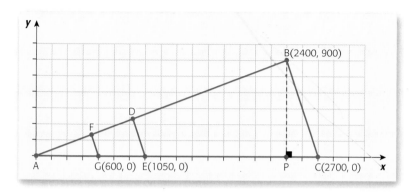

D Quel est l'**accroissement** des abscisses du point **B** au point **C**?

E Quel est l'accroissement des ordonnées du point **B** au point **C**?

F À l'aide des réponses données en **D** et en **E**, calcule la distance entre les points **B** et **C**.

G Détermine la longueur du tronçon entre les intersections Monkland-Cavendish et Sherbrooke-Cavendish (m $\overline{DE}$) et celle entre les intersections Monkland-Montclair et Sherbrooke-Montclair (m $\overline{FG}$).

H Détermine :

1) m $\overline{AB}$;   **2)** m $\overline{AD}$;   **3)** m $\overline{AF}$;   **4)** m $\overline{DB}$;   **5)** m $\overline{FD}$.

I Vérifie l'égalité suivante.

$$\frac{m\ \overline{FD}}{m\ \overline{DB}} = \frac{m\ \overline{GE}}{m\ \overline{EC}}$$

Que remarques-tu ?

> **Accroissement**
>
> L'accroissement des abscisses du point $A(x_1, y_1)$ au point $B(x_2, y_2)$, noté Δx, est la différence des abscisses de ces deux points : $\Delta x = x_2 - x_1$. De la même façon, l'accroissement des ordonnées, noté Δy, est $\Delta y = y_2 - y_1$. Δ se lit «delta».

Bruno appelle ensuite un bureau d'arpentage et obtient l'information dont il a besoin : le chemin de fer ($\overline{SR}$) est parallèle au tronçon de la rue Sherbrooke, entre les points **A** et **C**, et m $\overline{CR}$ = 319 m.

J Vérifie que △**ABC** ~ △**SBR**.

K Détermine la longueur de câble optique dont Bruno aura besoin pour relier une entreprise située au point **S** au centre de distribution situé au point **A**.

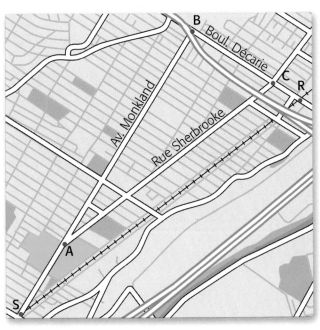

Ai-je bien compris ?

1. Dans la figure ci-dessous, **RS** // **UV**. Détermine les mesures de $\overline{RS}$ et $\overline{TV}$ après avoir vérifié que les triangles en jeu sont semblables.

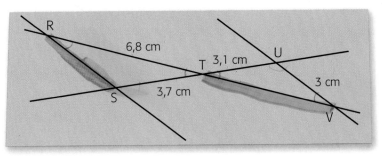

2. Détermine le périmètre du triangle **ABC** tracé dans le plan cartésien ci-contre.

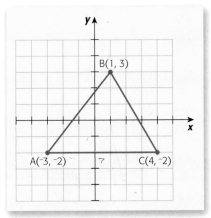

Faire le point

Les triangles semblables

Deux triangles sont semblables si leurs angles homologues sont isométriques et si les mesures de leurs côtés homologues sont proportionnelles. Le coefficient de proportionnalité correspond alors au rapport de similitude (*k*) des deux triangles.

Exemple :

Les triangles **ABC** et **DEF** sont semblables, car leurs angles homologues sont isométriques et les mesures de leurs côtés homologues sont proportionnelles.

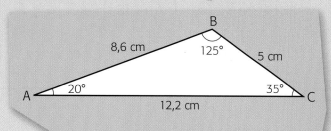

On a $\angle\,\textbf{A} \cong \angle\,\textbf{D}$, $\angle\,\textbf{B} \cong \angle\,\textbf{E}$ et $\angle\,\textbf{C} \cong \angle\,\textbf{F}$

et $\dfrac{m\,\overline{\textbf{AB}}}{m\,\overline{\textbf{DE}}} = \dfrac{m\,\overline{\textbf{BC}}}{m\,\overline{\textbf{EF}}} = \dfrac{m\,\overline{\textbf{CA}}}{m\,\overline{\textbf{FD}}} = 2 = k.$

On écrit alors $\triangle\textbf{ABC} \sim \triangle\textbf{DEF}$.

> Des triangles semblables sont isométriques lorsque $k = 1$.

Remarque : On nomme des triangles semblables selon leurs sommets homologues. Donc, si $\triangle\textbf{ABC} \sim \triangle\textbf{DEF}$, on peut affirmer que l'angle **A** est homologue à l'angle **D**, que l'angle **B** est homologue à l'angle **E** et que l'angle **C** est homologue à l'angle **F**.

Les conditions minimales de similitude de triangles

Pour affirmer que deux triangles sont semblables, il suffit de s'assurer que les triangles respectent une des trois conditions minimales suivantes.

La condition minimale de similitude CCC

Deux triangles dont les mesures des côtés homologues sont proportionnelles sont nécessairement semblables.

Exemple :

$\triangle\textbf{ABC} \sim \triangle\textbf{DEF}$, car

$\dfrac{m\,\overline{\textbf{AB}}}{m\,\overline{\textbf{DE}}} = \dfrac{m\,\overline{\textbf{BC}}}{m\,\overline{\textbf{EF}}} = \dfrac{m\,\overline{\textbf{CA}}}{m\,\overline{\textbf{FD}}} = \dfrac{1}{3}$

ou

$\dfrac{m\,\overline{\textbf{DE}}}{m\,\overline{\textbf{AB}}} = \dfrac{m\,\overline{\textbf{EF}}}{m\,\overline{\textbf{BC}}} = \dfrac{m\,\overline{\textbf{FD}}}{m\,\overline{\textbf{CA}}} = 3$

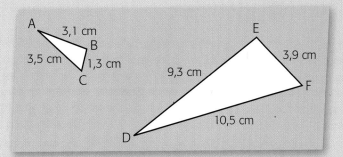

> L'inverse multiplicatif du rapport de similitude $\left(\dfrac{1}{k}\right)$ est aussi un rapport de similitude.

La condition minimale de similitude CAC

Deux triangles ayant un angle isométrique compris entre des côtés homologues dont les mesures sont proportionnelles sont nécessairement semblables.

Exemple :

$\triangle$**GHJ** ~ $\triangle$**KLM**, car $\angle$ **H** $\cong$ $\angle$ **L** et $\dfrac{m \overline{KL}}{m \overline{GH}} = \dfrac{m \overline{ML}}{m \overline{JH}} = 2$.

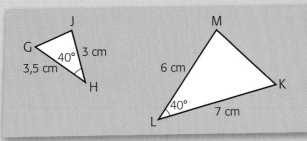

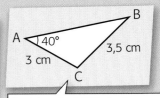

Le triangle **ABC** n'est pas semblable au triangle **GHJ**, car l'angle de 40° n'est pas compris entre les côtés de 3 cm et de 3,5 cm.

La condition minimale de similitude AA

Deux triangles ayant deux angles homologues isométriques sont nécessairement semblables.

Exemple :

$\triangle$**NPR** ~ $\triangle$**STU**, car $\angle$ **N** $\cong$ $\angle$ **S** et $\angle$ **P** $\cong$ $\angle$ **T**.

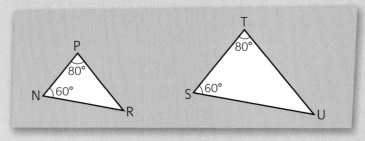

La distance entre deux points

Contrairement à l'accroissement des abscisses ou des ordonnées entre deux points, qui peut être un nombre positif ou négatif, la distance entre deux points est nécessairement un nombre positif.

La distance entre deux points $\mathbf{A}(x_1, y_1)$ et $\mathbf{B}(x_2, y_2)$ dans un plan cartésien, notée $d(\mathbf{A}, \mathbf{B})$, est la longueur du segment **AB**. À partir de l'accroissement des abscisses (Δx) et de l'accroissement des ordonnées (Δy) entre ces deux points, on utilise la relation de Pythagore pour calculer $d(\mathbf{A}, \mathbf{B})$.

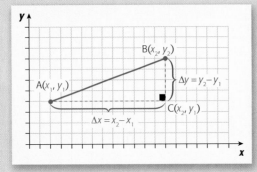

$$(m \overline{AB})^2 = (m \overline{AC})^2 + (m \overline{BC})^2$$
$$(d(\mathbf{A}, \mathbf{B}))^2 = (\Delta x)^2 + (\Delta y)^2$$
$$(d(\mathbf{A}, \mathbf{B}))^2 = (x_2 - x_1)^2 + (y_2 - y_1)^2$$

Ainsi, l'expression qui permet de calculer la distance entre **A** et **B** est

$$d(\mathbf{A}, \mathbf{B}) = \sqrt{\left(x_2 - x_1\right)^2 + \left(y_2 - y_1\right)^2}.$$

Exemple :

Voici comment calculer la distance entre les points **P**(8, 7) et **Q**($^-$1, 10).

$$d(\mathbf{P}, \mathbf{Q}) = \sqrt{(^-1 - 8)^2 + (10 - 7)^2} = \sqrt{(^-9)^2 + 3^2} = \sqrt{81 + 9} = \sqrt{90} \approx 9,5$$

La recherche de mesures manquantes

Le processus de recherche de mesures manquantes s'appuie sur les relations qui existent entre les éléments homologues de triangles semblables. C'est pourquoi il est essentiel de démontrer que les triangles en jeu sont semblables avant de calculer la mesure manquante.

Exemple :

Voici comment déterminer la mesure du segment **BC** et la mesure de l'angle **BCA** dans la figure ci-contre.

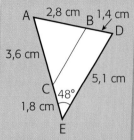

Étape	Affirmation	Justification
1. Démontrer que les triangles sont semblables en s'assurant qu'une condition minimale de similitude est respectée.	$\dfrac{m\ \overline{AC}}{m\ \overline{AE}} = \dfrac{3,6}{5,4} = \dfrac{2}{3}$ $\dfrac{m\ \overline{AB}}{m\ \overline{AD}} = \dfrac{2,8}{4,2} = \dfrac{2}{3}$	Les côtés homologues ont des mesures proportionnelles.
	$\angle\ \textbf{CAB} \cong \angle\ \textbf{EAD}$	L'angle compris entre les côtés homologues est commun aux deux triangles.
	$\triangle\textbf{ABC} \sim \triangle\textbf{ADE}$	Deux triangles ayant un angle isométrique compris entre des côtés homologues dont les mesures sont proportionnelles sont nécessairement semblables (condition minimale CAC).
2. Calculer les mesures manquantes à partir de celles des éléments homologues.	$\dfrac{m\ \overline{BC}}{m\ \overline{DE}} = \dfrac{2}{3}$ $\dfrac{m\ \overline{BC}}{5,1} = \dfrac{2}{3}$ $m\ \overline{BC} = 3,4$ cm	Dans des triangles semblables, les côtés homologues ont des mesures proportionnelles.
	$m\ \angle\ \textbf{BCA} = m\ \angle\ \textbf{DEA} = 48°$	Dans des triangles semblables, les angles homologues sont isométriques.

Remarques :

- Des sécantes coupées par des droites parallèles sont partagées en segments de longueurs proportionnelles. C'est ce qu'on appelle le théorème de Thalès.

  Dans l'exemple ci-contre, **DR**, **ES** et **FT** sont parallèles, alors $\dfrac{m\ \overline{EF}}{m\ \overline{DE}} = \dfrac{m\ \overline{ST}}{m\ \overline{RS}}$ et $\dfrac{m\ \overline{EF}}{m\ \overline{DF}} = \dfrac{m\ \overline{ST}}{m\ \overline{RT}}$.

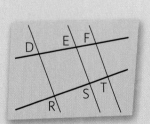

- Une droite parallèle à celle qui supporte le côté d'un triangle détermine des triangles semblables.

  Si **GH // BC**, alors $\triangle\textbf{AGH} \sim \triangle\textbf{ABC}$.

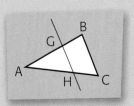

Mise en pratique

1. Soit le triangle **ABC** ci-contre.

    a) Lequel des triangles **DEF** et **MNP** est semblable au triangle **ABC**?

    b) Quelle est la mesure des deux côtés isométriques d'un triangle isocèle dont la base mesure 3 cm et qui est semblable au triangle **ABC**?

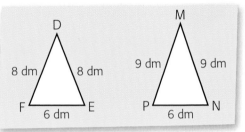

2. Sachant que $\triangle$**ABC** ~ $\triangle$**DEF**, complète les égalités suivantes.

    a) $\dfrac{m\ \overline{AB}}{m\ \overline{DE}} = $ ▰

    c) $m \angle A = $ ▰

    b) $\dfrac{m\ \overline{FE}}{▰} = \dfrac{▰}{m\ \overline{AC}}$

    d) ▰ $= m \angle B$

3. Quels triangles sont semblables au triangle ci-contre?

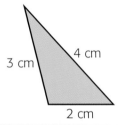

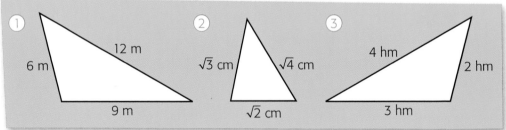

4. Soit le triangle **ABC** ci-contre.

    a) Lequel des triangles **UVW** et **DEF** est semblable au triangle **ABC**?

    b) Quel est le rapport de similitude entre le triangle **ABC** et celui que tu as identifié en **a**?

    c) Pourquoi y a-t-il deux réponses possibles en **b**?

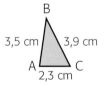

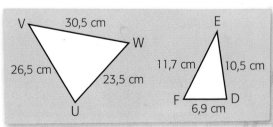

5. Valérie affirme que ces triangles sont semblables parce qu'ils respectent la condition minimale de similitude CAC. A-t-elle raison ? Justifie ta réponse.

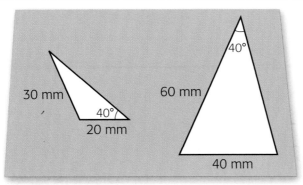

6. Soit les six triangles ci-dessous.

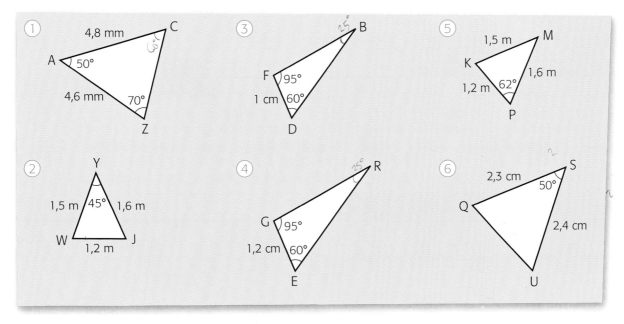

a) Trouve les paires de triangles semblables.

b) Pour chacune de ces paires :

   1) indique quelle condition minimale de similitude est respectée ;

   2) trouve un rapport de similitude.

7. Soit les six triangles ci-dessous.

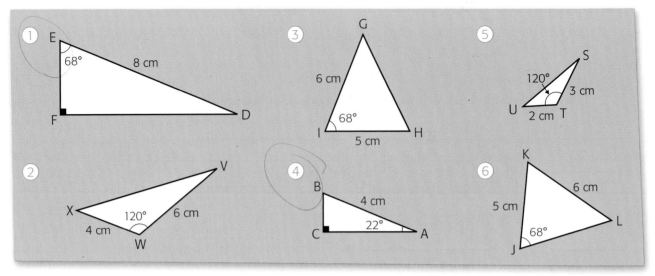

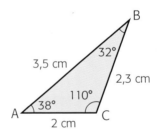

a) Trouve les paires de triangles semblables.

b) Pour chacune de ces paires :

   1) indique quelle condition minimale de similitude est respectée ;

   2) trouve un rapport de similitude.

8. Trois élèves devaient construire un triangle semblable au triangle **ABC** ci-dessous.

Voici les triangles qu'elles ont construits.

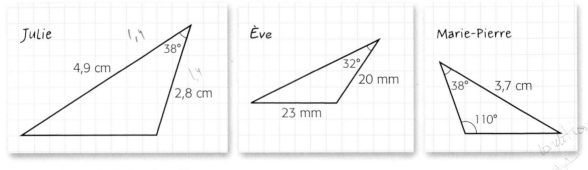

a) Qui a réussi ?

b) Qui n'a pas réussi ? Justifie ta réponse.

9. Donald a commis une erreur en calculant la distance entre les points **A**($^-$8, 5) et **B**(2, $^-$1). Corrige cette erreur.

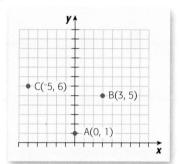

$$\Delta x = (x_2 - x_1) = (2 - {}^-8) = 10$$
$$\Delta y = (y_2 - y_1) = ({}^-1 - 5) = {}^-6$$
$$d(A, B) = \sqrt{10^2 + {}^-6^2}$$
$$d(A, B) = \sqrt{100 + {}^-36}$$
$$d(A, B) = \sqrt{64} = 8$$

10. On a placé les points **A**, **B** et **C** dans le plan cartésien ci-contre. Calcule :

a) d(**A**, **B**) ;

b) d(**B**, **C**) ;

c) d(**A**, **C**).

11. Calcule la distance entre les points suivants.

a) **D**(2, 1) et **E**(3, 5)

b) **F**(4, $^-$7) et **G**(11, $^-$7)

c) **H**(2, 1) et **J**(2, 9)

12. On a représenté les maisons de Jérémie, de Laurence et de Maxime dans le plan cartésien ci-dessous. L'origine du plan correspond à l'emplacement de leur école. Chaque graduation du plan cartésien représente 100 m.

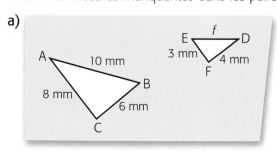

a) Qui habite le plus loin de l'école ?

b) Quelle distance sépare les maisons de Jérémie et de Laurence ?

13. Trouve les mesures manquantes dans les paires de triangles semblables suivantes.

a)

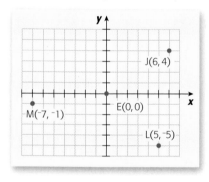

b)

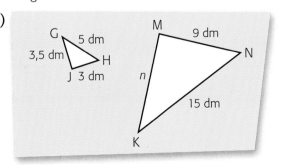

14. À l'aide d'un tableau affirmation-justification, élabore un raisonnement qui permet de déduire m $\overline{BD}$ dans la figure ci-contre.

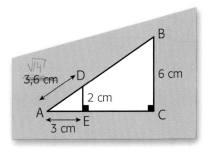

15. Soit les points **A**(−2, 8) et **B**(10, *k*). Quelle peut être la valeur de *k* si la distance de **A** à **B** est de 13 unités?

16. Voici comment Brigitte et John ont procédé pour déterminer la hauteur d'un lampadaire.

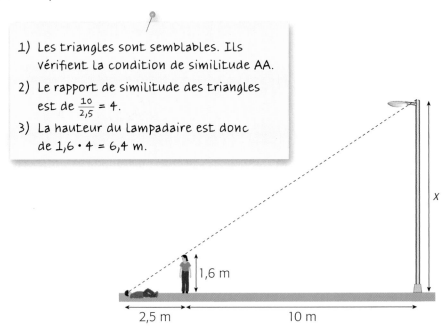

1) Les triangles sont semblables. Ils vérifient la condition de similitude AA.

2) Le rapport de similitude des triangles est de $\frac{10}{2,5}$ = 4.

3) La hauteur du lampadaire est donc de 1,6 · 4 = 6,4 m.

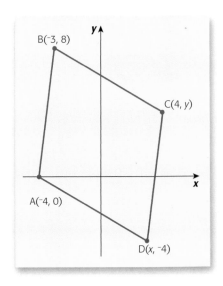

a) En quoi le raisonnement de Brigitte et John est-il erroné?

b) Comment auraient-ils dû procéder pour trouver le rapport de similitude?

c) Quelle est la hauteur du lampadaire?

17. Le quadrilatère **ABCD** représenté dans le plan cartésien ci-contre est un losange. Détermine la valeur de *x* et de *y*.

18. Les données fournies dans la figure suivante permettent de déduire la largeur de la rivière.

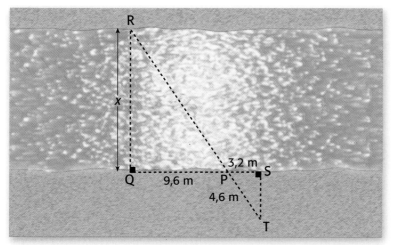

a) Quelle est la largeur de la rivière?

b) Donne un avantage à utiliser des triangles semblables plutôt que des triangles isométriques pour déduire la mesure d'objets qu'on ne peut mesurer directement.

 19. Soit les points **A**(6, 6) et **B**(⁻2, 0).

a) Prouve que le point **P**(8, ⁻5) appartient à la médiatrice de $\overline{AB}$.

b) Trouve les coordonnées d'un autre point qui appartient à cette médiatrice.

20. Dans la figure suivante, les droites **AD** et **AE** sont sécantes aux droites parallèles **BC** et **DE**.

m $\overline{AB}$ = 27 cm
m $\overline{AE}$ = 73,4 cm
m $\overline{BC}$ = 18 cm
m $\overline{DE}$ = 34 cm

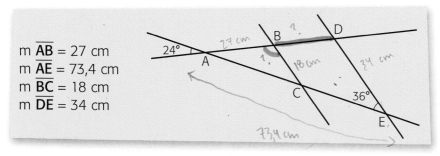

a) Trouve la mesure de l'angle **ABC**. Justifie ta réponse.

b) Trouve la mesure du segment **BD**. Justifie ta réponse.

21. Chacun des ensembles de points suivants constitue les sommets d'un triangle.

A(2, 5), **B**(⁻2, ⁻1) et **C**(6, ⁻1)   **D**(4, 4), **E**(8, 4) et **F**(6, 1)

Démontre que les triangles sont semblables.

22. Quatre tronçons de rue sont représentés dans le plan cartésien ci-dessous. La rue Cartier et le boulevard Industriel sont parallèles. Le plan est gradué en kilomètres et l'origine du plan correspond à l'hôtel de ville. En justifiant toutes les étapes de ta démarche, détermine la distance qui sépare l'intersection des boulevards Jutras et Industriel de l'hôtel de ville.

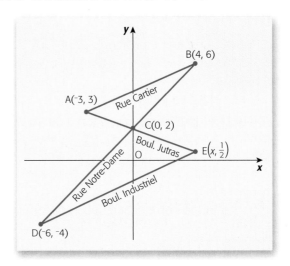

23. Voici une photo d'un édifice de Melbourne, en Australie, dont les étages sont délimités par des segments orangés. Pour vérifier que les étages sont bien parallèles, Martin a tracé deux traits en vert sur la photo et a pris quelques mesures.

The 1010 Building, Melbourne, Australie, 2008.

a) Quelles mesures peut-il prendre pour vérifier que le toit est bien parallèle au premier étage ? Prends ces mesures et fais la vérification pour Martin.

b) De combien d'étages les traits qu'il a dessinés permettent-ils de vérifier le parallélisme ?

c) Vérifie le parallélisme de deux autres étages à l'aide de mesures prises sur les traits verts.

Un toit pour dormir

Un organisme à but non lucratif a pour mission d'offrir un logis décent aux gens à faible revenu. Grâce à des dons d'argent et de matériaux, les nombreux bénévoles de l'organisme construisent des maisons simples, convenables et abordables, en partenariat avec les familles bénéficiaires.

L'organisme commencera bientôt la construction d'une maison pour une famille sherbrookoise. Le propriétaire d'une cour à bois de la région a accepté de faire don des madriers nécessaires à l'assemblage des fermes de toit.

La figure ci-dessous représente une des 15 fermes de toit qui soutiendront la toiture. Pour assurer la solidité de cette structure, aucune des sept composantes ne doit être faite de madriers réunis bout à bout.

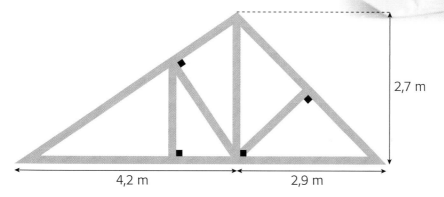

2,7 m

4,2 m

2,9 m

Le propriétaire de la cour à bois dispose de madriers de 5 m, de 6 m et de 8 m et désire minimiser la perte de bois. Suggère-lui un nombre de madriers de chaque longueur qui lui permettra de minimiser les pertes. Évalue ensuite le pourcentage des pertes.

Vivre-ensemble et citoyenneté

Habitat pour l'humanité International est un organisme à but non lucratif dont le principal objectif est d'offrir un habitat décent aux personnes défavorisées ou victimes de catastrophes naturelles. Le succès de cet organisme repose sur la collaboration entre les bénévoles et les futurs propriétaires. Ensemble, ils travaillent à la construction ou à la rénovation de maisons qui sont ensuite vendues à prix modique aux familles partenaires. Les sommes perçues au moment de la vente de chaque maison servent à financer les nouveaux projets de construction. Depuis 1976, Habitat pour l'humanité International a aidé plus de 1,5 million de personnes dans près de 100 pays en construisant plus de 300 000 maisons.

Selon toi, qu'est-ce qu'un organisme à but non lucratif? Crois-tu qu'il est important que les familles bénéficiaires s'impliquent dans la construction de leur maison? Justifie ta réponse.

Si semblables

Dans le triangle rectangle **ABC** ci-dessous, le segment **CD** est la **hauteur relative à l'hypoténuse**.

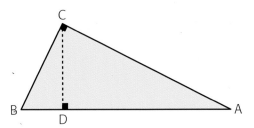

> **Hauteur relative à l'hypoténuse**
>
> Hauteur issue de l'angle droit d'un triangle rectangle.

A Démontre que les deux triangles déterminés par la hauteur relative à l'hypoténuse sont semblables au triangle **ABC**.

B Est-ce que ΔCBD ~ ΔACD ? Justifie ta réponse.

> **Cathètes**
>
> Côtés qui forment l'angle droit d'un triangle rectangle.

C Repère les éléments homologues et établis une proportion avec les **cathètes** des triangles :

1) ABC et ACD ;   **2)** ACD et CBD ;   **3)** ABC et CBD.

D Soit le triangle rectangle **MNP** ci-contre.

Détermine le rapport de similitude entre :

1) ΔMPR et ΔPNR ;

2) ΔMPR et ΔMNP ;

3) ΔPNR et ΔMNP.

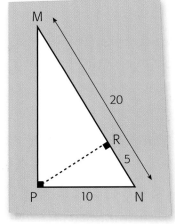

Ai-je bien compris ?

Soit la figure ci-contre.

a) Identifie toutes les paires de triangles semblables.

b) Repère les éléments homologues.

c) Détermine le rapport de similitude entre les triangles :

1) DEF et FEG ;   **2)** DEF et DFG ;   **3)** DFG et FEG.

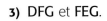

En plus de Pythagore

Les triangles semblables formés en abaissant la hauteur relative à l'hypoténuse d'un triangle rectangle permettent de déduire des **relations métriques dans le triangle rectangle**. Ces relations sont tout aussi utiles que la relation de Pythagore.

Soit un triangle rectangle **ABC** dans lequel on a tracé **CD**, la hauteur relative à l'hypoténuse.

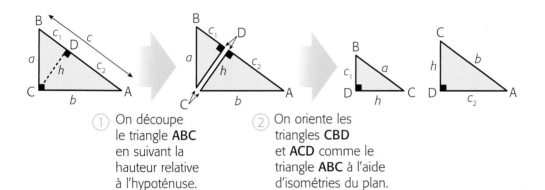

① On découpe le triangle **ABC** en suivant la hauteur relative à l'hypoténuse.

② On oriente les triangles **CBD** et **ACD** comme le triangle **ABC** à l'aide d'isométries du plan.

Relations métriques dans le triangle rectangle
Relations entre les mesures de certains segments du triangle rectangle.

Les triangles **ABC**, **CBD** et **ACD** sont semblables.

A Repère les éléments homologues des triangles :

1) ABC et CBD ;   **2)** CBD et ACD ;   **3)** ABC et ACD.

B Établis les proportions entre les mesures des côtés des triangles semblables **CBD** et **ACD**. Exprime ensuite la hauteur relative à l'hypoténuse d'un triangle rectangle en fonction de deux autres mesures.

C Utilise la réponse que tu as obtenue en **B** pour compléter la phrase suivante.

> Dans un triangle rectangle, ▓▓▓▓▓▓▓ est la **moyenne proportionnelle** des ▓▓▓▓▓▓ qu'elle détermine sur l'hypoténuse.

D Utilise la relation métrique établie en **C** pour déterminer la mesure de la hauteur **FG** du triangle rectangle **DEF** ci-contre.

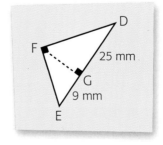

On s'intéresse à la mesure de la cathète **SQ** du triangle rectangle **QRS** ci-dessous.

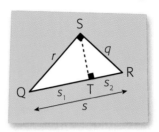

E   Dessine les triangles **QRS** et **QST** en les orientant de la même façon.

> Les segments **TQ** et **TR** sont, respectivement, les projections orthogonales sur l'hypoténuse des cathètes **SQ** et **SR**.

F   En utilisant les proportions qu'on peut établir à partir des éléments homologues des triangles semblables dessinés en **E**, exprime la mesure de la cathète **SQ** en fonction de deux autres mesures.

G   Sachant que s_1 mesure 20 mm et que s_2 mesure 11 mm, détermine la mesure de la cathète **SQ**.

H   À l'aide d'un procédé semblable à celui utilisé pour déterminer la mesure de la cathète **SQ**, détermine la mesure de la cathète **SR**.

I   Complète la phrase suivante.

> Dans un triangle rectangle, la mesure de chaque cathète est la moyenne proportionnelle de la mesure de ▆▆▆▆▆▆▆ et de la mesure de ▆▆▆▆▆▆▆ .

J   Utilise la relation métrique que tu as établie en **I** pour déterminer la mesure des segments **DA** et **DB** du triangle **ABC** ci-dessous.

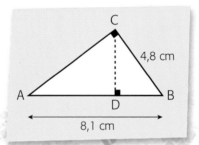

Voici deux façons de former un rectangle à partir du triangle rectangle **ABC**.

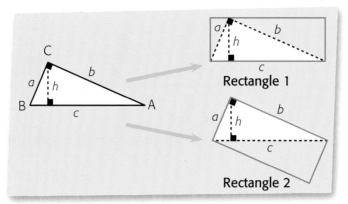

Rectangle 1

Rectangle 2

K Quelle expression algébrique représente l'aire :

1) du **rectangle 1** ? **2)** du **rectangle 2** ?

L Pourquoi l'aire des deux rectangles est-elle nécessairement la même ?

M À l'aide des réponses que tu as obtenues en **K** et en **L**, exprime la hauteur relative à l'hypoténuse d'un triangle rectangle en fonction des mesures de ses côtés.

N Complète la relation métrique suivante à l'aide de la réponse que tu as obtenue en **M**.

Dans un triangle rectangle, le produit des mesures des cathètes égale le produit des mesures de ▮▮▮▮▮▮ et de ▮▮▮▮▮▮.

O Utilise la relation métrique que tu as établie en **N** pour déterminer la hauteur **KL** du triangle **HJK** ci-contre.

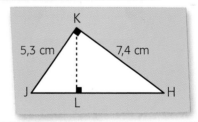

Ai-je bien compris ?

a) Utilise une relation métrique du triangle rectangle pour trouver les mesures manquantes dans les triangles ci-dessous.

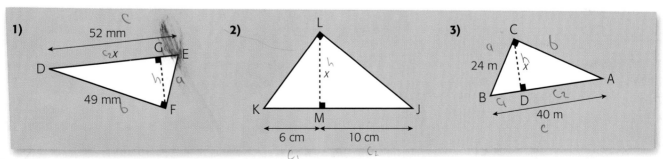

b) Calcule l'aire du triangle **DEF** de la question **a** de deux façons différentes.

Faire le point

Les triangles rectangles semblables déterminés par la hauteur relative à l'hypoténuse

Dans un triangle rectangle, la hauteur relative à l'hypoténuse détermine deux autres triangles rectangles, semblables au premier.

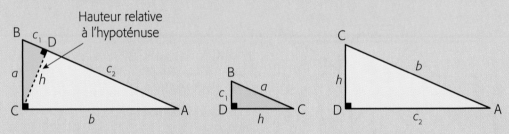

La relation de similitude est transitive, c'est-à-dire que si $\triangle ABC \sim \triangle DEF$ et $\triangle DEF \sim \triangle GHJ$, alors $\triangle ABC \sim \triangle GHJ$.

Par la condition minimale de similitude AA :

- $\triangle ABC \sim \triangle CBD$ puisque ces deux triangles ont un angle droit et qu'ils ont l'angle **B** en commun ;
- $\triangle ABC \sim \triangle ACD$ puisque ces deux triangles ont un angle droit et qu'ils ont l'angle **A** en commun.

Par la transitivité de la relation de similitude, $\triangle CBD \sim \triangle ACD$.

Les relations métriques dans le triangle rectangle

À partir des côtés homologues des triangles semblables déterminés par la hauteur relative à l'hypoténuse, il est possible d'établir plusieurs proportions. Ces proportions permettent d'énoncer trois relations métriques importantes qui facilitent la recherche de mesures manquantes.

Lorsque les deux extrêmes ou les deux moyens d'une proportion ont la même valeur, cette valeur est appelée « moyenne proportionnelle des deux autres valeurs ».

– Dans un triangle rectangle, la mesure de la hauteur relative à l'hypoténuse est la moyenne proportionnelle des mesures des deux segments qu'elle détermine sur l'hypoténuse.

$$\frac{c_1}{h} = \frac{h}{c_2} \Rightarrow h^2 = c_1 \cdot c_2$$

C'est ce qu'on appelle parfois le théorème de la hauteur relative à l'hypoténuse.

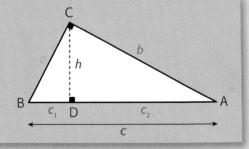

Exemple :

Voici comment déterminer la mesure de $\overline{BD}$ dans le triangle ci-contre.

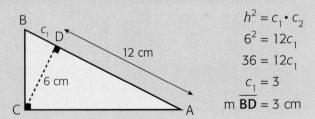

$$h^2 = c_1 \cdot c_2$$
$$6^2 = 12c_1$$
$$36 = 12c_1$$
$$c_1 = 3$$
$$m\,\overline{BD} = 3 \text{ cm}$$

– Dans un triangle rectangle, la mesure de chaque cathète est la moyenne proportionnelle de la mesure de sa projection orthogonale sur l'hypoténuse et de la mesure de l'hypoténuse.

$$\frac{c_1}{a} = \frac{a}{c} \Rightarrow a^2 = c_1 \cdot c$$

$$\frac{c_2}{b} = \frac{b}{c} \Rightarrow b^2 = c_2 \cdot c$$

C'est ce qu'on appelle parfois le théorème de la cathète.

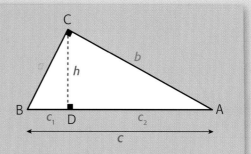

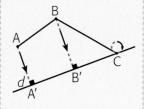

Dans la figure ci-dessous, $\overline{A'B'}$ est la projection orthogonale de $\overline{AB}$ sur la droite d et $\overline{B'C}$ est la projection orthogonale de $\overline{BC}$ sur la droite d.

Exemple :

Voici comment déterminer la mesure de $\overline{BC}$ dans le triangle ci-dessous.

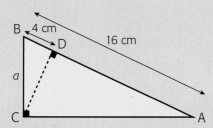

$$a^2 = c_1 \cdot c$$
$$a^2 = 4 \cdot 16$$
$$a^2 = 64$$
$$a = 8$$
$$\text{m } \overline{BC} = 8 \text{ cm}$$

– Dans un triangle rectangle, le produit des mesures des cathètes égale le produit des mesures de l'hypoténuse et de la hauteur relative à l'hypoténuse.

$$a \cdot b = h \cdot c$$

C'est ce qu'on appelle parfois le théorème du produit des cathètes.

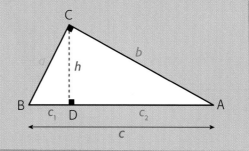

Exemple :

Voici comment déterminer la mesure de $\overline{CD}$ dans le triangle ci-dessous.

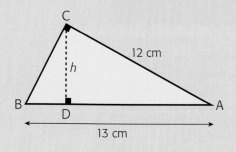

1. Utiliser la relation de Pythagore pour déterminer la mesure de la cathète **BC**.

$$a^2 + 12^2 = 13^2$$
$$a^2 = 169 - 144 = 25$$
$$a = 5 \text{ cm}$$

2. Calculer ensuite la mesure de $\overline{CD}$ à l'aide de la relation métrique.

$$a \cdot b = h \cdot c$$
$$5 \cdot 12 = h \cdot 13$$
$$h = \frac{60}{13} \approx 4{,}6$$
$$\text{m } \overline{CD} \approx 4{,}6 \text{ cm}$$

Mise en pratique

1. Soit le triangle rectangle ci-contre.

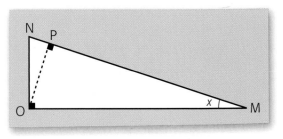

  a) Exprime les mesures des quatre angles aigus en fonction de x.

  b) Identifie toutes les paires de triangles semblables.

  c) Identifie les éléments homologues des paires de triangles semblables.

2. Voici six triangles rectangles.

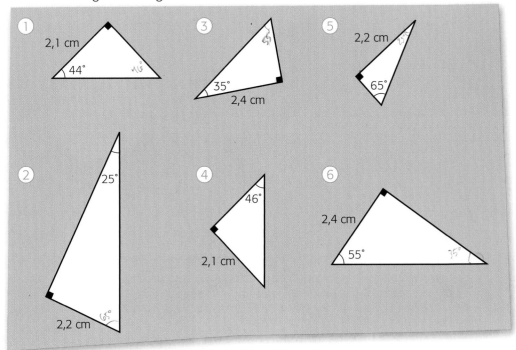

  a) Trouve les paires de triangles semblables.

  b) Quelles paires de triangles semblables peux-tu juxtaposer de façon à former un troisième triangle qui leur est semblable?

3. Voici un triangle rectangle dans lequel on a tracé la hauteur relative à l'hypoténuse.

a) Quel est le rapport de similitude :

   1) des triangles **PRS** et **RQS** ?

   2) des triangles **PQR** et **PRS** ?

   3) des triangles **RQS** et **PQR** ?

b) Calcule l'aire des trois triangles rectangles.

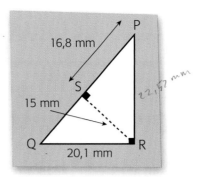

4. Détermine la mesure manquante dans chacun des triangles rectangles suivants.

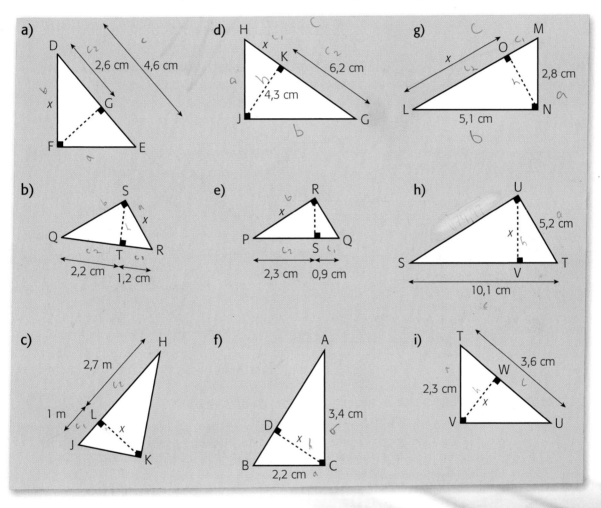

5. Détermine le périmètre de la région colorée dans chacun des triangles rectangles ci-dessous.

a)
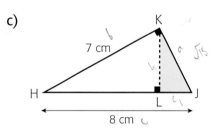

e)
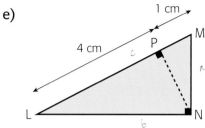

b)
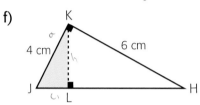

f)
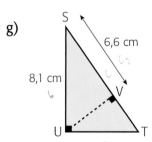

c)

7 cm

8 cm

d)
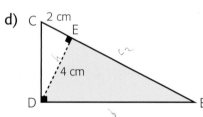

g)
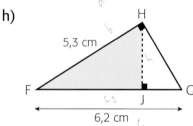

h)

5,3 cm

6,2 cm

TIC

Le logiciel de géométrie dynamique permet de construire des figures à partir des relations entre les angles ou les côtés de celles-ci. Il permet aussi de vérifier que deux triangles rectangles sont semblables. Pour en savoir plus, consulte la page 230 de ce manuel.

6. Martine travaille avec un logiciel de géométrie dynamique.

Elle a construit le triangle **ABC** à partir des droites perpendiculaires **AB** et **CD**.

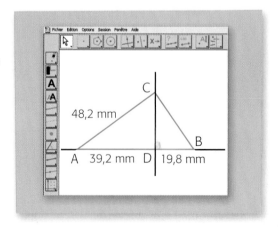

Le triangle **ABC** est-il rectangle? Justifie ta réponse.

7. Soit le parallélogramme **ABCE** ci-dessous.

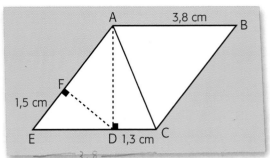

Détermine le périmètre du triangle **ABC**.

8. La figure ci-contre représente un triangle équilatéral inscrit dans un hexagone régulier.

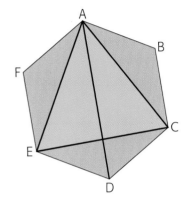

a) Montre que le triangle **ADE** est rectangle.

b) Sachant que le périmètre du triangle **ACE** est de 21 cm, détermine l'aire de l'hexagone.

9. La pointe de flèche ci-dessous, d'une longueur de 6 cm, est formée de deux triangles rectangles isométriques. Quelle est la largeur de la pointe de flèche?

Consolidation

1. Voici six triangles.

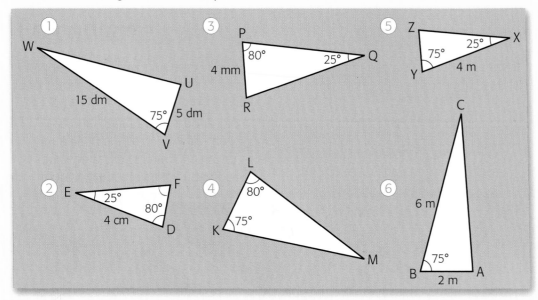

a) Trouve toutes les paires de triangles semblables.

b) Pour chacune de ces paires, indique quelle condition minimale de similitude est respectée.

2. Détermine les mesures manquantes dans les paires de triangles semblables suivantes.

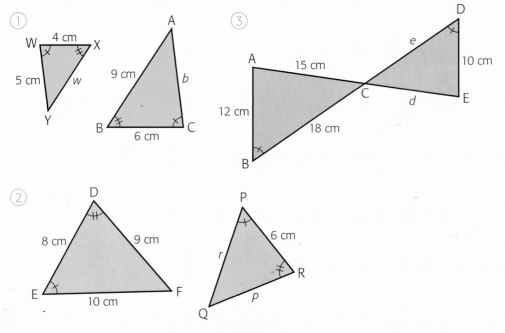

3. Détermine la mesure manquante dans chacun des triangles rectangles suivants.

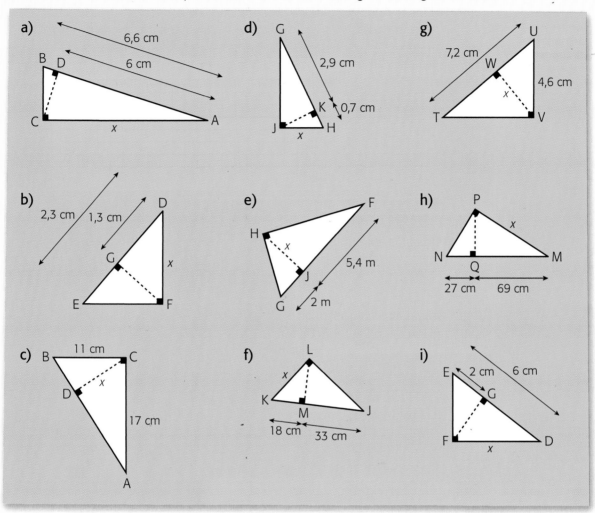

4. Quel est le périmètre du triangle **ABC** ?

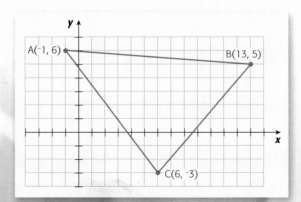

5. Calcule l'aire de chacune des figures ci-dessous.

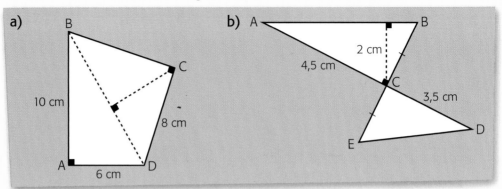

6. Dans la figure suivante, **RX** // **VU** et **WT** // **VU**.

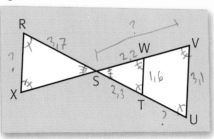

m $\overline{SW}$ = 2,2 cm
m $\overline{ST}$ = 2,3 cm
m $\overline{WT}$ = 1,6 cm
m $\overline{RS}$ = 3,7 cm
m $\overline{VU}$ = 3,1 cm

a) Démontre que :
  1) ΔSXR ~ ΔSVU ;   **2)** ΔSWT ~ ΔSVU.

b) Détermine :
  1) m $\overline{RX}$;   **2)** m $\overline{SV}$;   **3)** m $\overline{TU}$.

7. L'aire du triangle **PQR** est de 90 cm². Détermine l'aire du triangle **STU**.

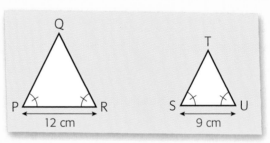

8. Deux triangles ayant la même base et la même hauteur relative à cette base peuvent-ils être semblables sans être isométriques ? Justifie ta réponse.

9. Un triangle rectangle isocèle a une aire de 72 cm². Quelle est la mesure de la hauteur relative à son hypoténuse ?

10. En deux temps

Détermine le périmètre et l'aire de la région colorée dans chacun des triangles rectangles ci-dessous.

a)

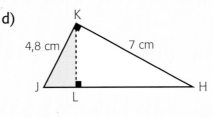

2,1 cm
F
H
3,8 cm
G
E

c)

1 cm   N
Q
7 cm
M
P

b)

C
5,1 cm α
A
D
B
7,5 cm

d)

K
4,8 cm   7 cm
J
L
H

TIC

Le logiciel de géométrie dynamique permet de constater que la hauteur relative à l'hypoténuse détermine des triangles rectangles semblables. Pour en savoir plus, consulte la page 231 de ce manuel.

11. Pythagore

Soit la relation métrique suivante.

> Dans un triangle rectangle, la mesure de chaque cathète est la moyenne proportionnelle de la mesure de sa projection sur l'hypoténuse et de la mesure de l'hypoténuse.

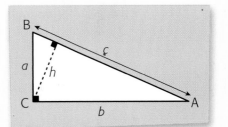

B
a   h   c
C   b   A

Utilise cette relation métrique pour démontrer que dans tout triangle rectangle la somme des carrés des cathètes égale le carré de l'hypoténuse ($a^2 + b^2 = c^2$).

12. Un losange n'est pas toujours un carré

Un losange de baseball, qui est en fait un carré, est représenté dans le plan cartésien ci-contre. Le plan est gradué en mètres et les coordonnées du premier but sont (19,4, 19,4).

a) Quelle est la distance entre le marbre et le 1ᵉʳ but ?

b) Si le monticule est à 18,4 m du marbre, à quelle distance est-il :

1) du 1ᵉʳ but ?

2) du 2ᵉ but ?

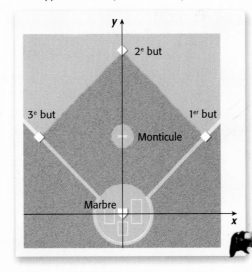

Fait divers

Éric Gagné, lanceur, et Russell Martin, receveur, ont étudié à la même école secondaire de Montréal.

Le 6 juin 2006, ils ont joué ensemble pour les Dodgers de Los Angeles.

Pour la première fois de l'histoire des ligues majeures de baseball, le lanceur et le receveur d'une même équipe étaient d'origine québécoise.

13. Du parallélogramme au carré

Les figures tracées dans un plan cartésien où la graduation de l'axe des abscisses est différente de celle de l'axe des ordonnées sont déformées.

Par exemple, le carré **ABCD** tracé dans le plan cartésien ci-contre a l'allure d'un parallélogramme. Quelle peut être la graduation des axes?

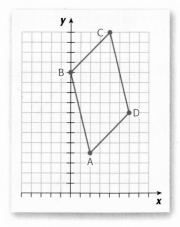

14. Triangles en vue

Dans le plan cartésien ci-dessous, les segments **BC** et **DE** sont supportés par des droites parallèles. Sachant que les graduations sont en mètres, détermine la mesure du segment **BC**.

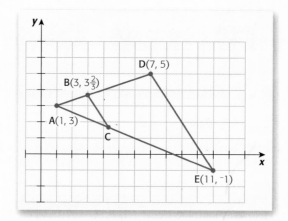

15. Des petits pas isométriques

Pour traverser une rue, Julien a fait 45 pas, tandis que sa sœur Mathilde en a fait 28. Une fois de l'autre côté de la rue, ils sont à 60 pas l'un de l'autre. Quelle est la largeur de la rue en pas? Justifie ta réponse.

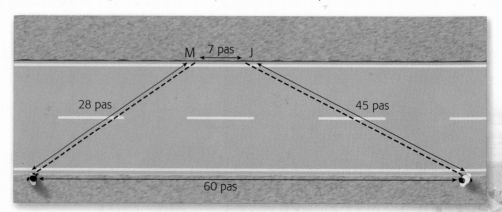

16. Le carré orange

Sachant que les côtés du triangle rectangle **BAC** mesurent 6 cm, 8 cm et 10 cm, détermine l'aire du carré **CDEF** dans cette figure.

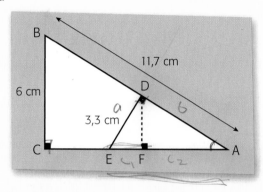

17. Du triangle au quadrilatère

Détermine l'aire du quadrilatère **CBDE** de la figure ci-dessous. Explique ton raisonnement.

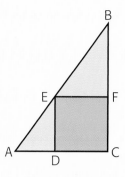

18. Le triangle des Bermudes

Le triangle des Bermudes a comme sommets la ville de Miami, la ville de San Juan et les Bermudes. Luis a tracé ce triangle dans le plan cartésien ci-contre en plaçant l'origine sur Miami.

Calcule le périmètre du triangle des Bermudes.

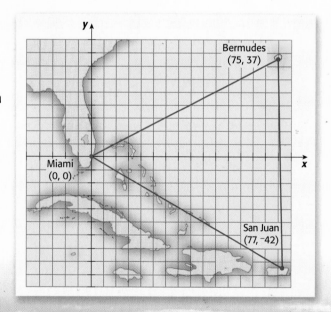

19. Arpenteurs au travail

Deux arpenteurs ont pris des mesures pour un client dans des rues de Montréal et les ont reportées sur le plan ci-dessous.

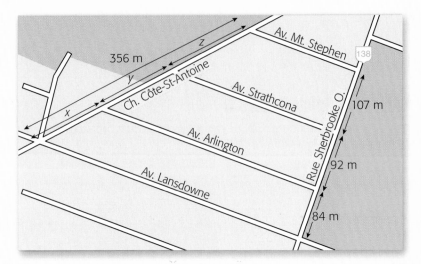

Le client voulait cependant connaître les distances détaillées entre chaque intersection du chemin de la Côte-Saint-Antoine, représentées par *x*, *y* et *z* sur le plan.

Un des deux arpenteurs est prêt à retourner sur les lieux, mais son collègue sort sa calculatrice et lui dit que ce n'est pas nécessaire puisque les quatre rues transversales sont parallèles entre elles.

Trouve les distances *x*, *y* et *z* qu'il a calculées et explique comment il a procédé.

20. Pas si inaccessible…

Pour calculer la hauteur d'un arbre, monsieur Fillion a placé un miroir sur le sol à 17,5 m de l'arbre. Il a ensuite reculé jusqu'à un point où il pouvait apercevoir le sommet de l'arbre dans le miroir. Le point en question était situé à 21 m de l'arbre.

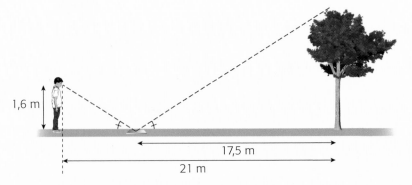

Calcule la hauteur de l'arbre. Explique ton raisonnement.

21. Le théorème de la bissectrice

Dans la figure ci-contre, **AD** est la bissectrice de l'angle **BAC** et **BB'** est parallèle à cette bissectrice.

Démontre que :

> dans un triangle, la bissectrice d'un angle divise le côté opposé à cet angle en deux segments de longueurs proportionnelles à celles des côtés adjacents à l'angle.
>
> Dans la figure ci-contre, on a donc $\dfrac{a_1}{b} = \dfrac{a_2}{c}$.

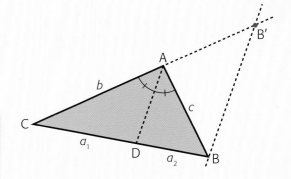

22. Stratégique

Many s'apprête à déterminer la hauteur de son école à l'aide d'un instrument qu'on appelle un bâton de Gerbert.

Sur son bâton, les deux repères en noir mesurent 50 cm et sont perpendiculaires.

Many recule jusqu'à ce que l'extrémité du repère vertical de son bâton soit dans la ligne de visée du toit de l'école. Le bâton est alors à 15 m de l'école, et le repère horizontal du bâton à 1 m du sol.

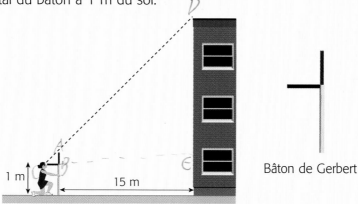

Bâton de Gerbert

Quelle est la hauteur de l'école de Many ? Explique ton raisonnement.

Point de repère

Gerbert d'Aurillac

Dans la liste des personnes qui gagnent à être connues, il y a sans doute le mathématicien français Gerbert d'Aurillac (935-1003).

En plus d'inventer le bâton de Gerbert à une époque où la détermination de mesures d'objets inaccessibles comme un arbre, une montagne ou un monument représentait un grand défi, Gerbert est responsable de plusieurs accomplissements dignes de mention. En effet, de 999 à 1003, il fut le 139e pape (Sylvestre II) et le premier pape français. Il a également inventé le balancier, concept clé en horlogerie, encore utilisé plus de 1 000 ans après sa mort.

23. Le triangle noir

La Montérégie privée d'électricité

Par Carmen Gagnon

En 1998, le Québec a connu l'un des pires épisodes de pluie verglaçante de son histoire. Ceux qui en ont été témoins et, dans certains cas, victimes, vont se rappeler longtemps la fameuse « crise du verglas ».

Le verglas a particulièrement affecté la région de la Montérégie. Les habitants de ce que les médias ont appelé le « triangle noir », c'est-à-dire le triangle formé par les villes de Saint-Jean-sur-Richelieu, de Granby et de Saint-Hyacinthe, ont été privés d'électricité pendant plus de trois semaines.

La carte ci-contre représente une région qui se situe à l'intérieur du trangle noir. La carte indique les chemins les plus courts, à vol d'oiseau, entre les municipalités de Saint-Jean-sur-Richelieu, de Farnham, de Saint-Hyacinthe et de Sainte-Angèle-de-Monnoir.

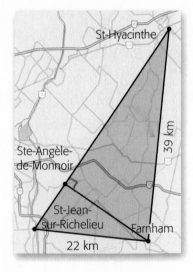

La municipalité de Sainte-Angèle-de-Monnoir a une position géographique particulière :

– elle est alignée avec Saint-Jean-sur-Richelieu et Saint-Hyacinthe ;

– la ligne qui l'unit à Farnham est perpendiculaire à celle qui unit Saint-Jean-sur-Richelieu et Saint-Hyacinthe.

À 22 h, le 17 janvier 1998, le service d'urgence reçoit un appel : un bénévole qui travaille au centre d'hébergement temporaire de Sainte-Angèle-de-Monnoir est grièvement blessé. Il doit être transporté d'urgence à l'hôpital de Saint-Jean-sur-Richelieu. Comme les routes sont impraticables, le blessé sera transporté par un hélicoptère qui part de la base militaire de Farnham.

Tu as la tâche de déterminer l'heure à laquelle le blessé arrivera à l'hôpital afin que le personnel qui doit l'accueillir puisse s'y préparer. Pour t'aider dans ta tâche, tu dois savoir que l'hélicoptère vole à une vitesse de pointe de 60 km/h, qu'il décolle et atterrit à vitesse réduite et qu'un certain temps doit être prévu pour y installer le blessé. Explique ton raisonnement.

L'ingénierie électrique

L'ingénierie électrique est une discipline qui traite aussi bien des applications de l'électricité que de celles de l'électronique et de l'informatique. Les ingénieurs électriciens peuvent s'occuper de la production et de la distribution de l'électricité, mais c'est également à eux que nous devons la conception du lecteur de CD, du téléphone cellulaire et du téléviseur à haute définition.

Les ingénieurs électriciens peuvent travailler autant dans des firmes d'ingénieurs que dans des centrales électriques, dans l'industrie de l'informatique ou pour les gouvernements. Leur travail consiste à concevoir, à dessiner et à analyser des plans d'équipements électriques, de systèmes informatiques ou de systèmes électroniques. À l'occasion, les ingénieurs électriciens doivent superviser la construction, l'installation et le fonctionnement des systèmes ou des équipements qu'ils ont conçus et dessinés.

Deux ingénieurs supervisant le fonctionnement d'un barrage hydroélectrique.

Afin d'accomplir toutes les tâches liées à leur profession, les ingénieurs électriciens doivent être polyvalents. En effet, la conception d'équipements ou de systèmes complexes requiert une grande capacité d'analyse tandis que la gestion de projets exige de bonnes aptitudes sociales et un solide sens de l'organisation.

Pour faire carrière en ingénierie électrique, il faut d'abord posséder un diplôme d'études collégiales en sciences de la nature ou avoir réussi tous les cours de mathématique, de physique et de chimie de ce programme. L'obtention d'un diplôme universitaire en génie électrique et la réussite aux examens de l'Ordre des ingénieurs du Québec permettent ensuite d'accéder à la profession.

La sécurité automobile

L'industrie automobile est constamment à la recherche de nouveaux moyens d'améliorer la sécurité des passagers à l'intérieur des véhicules. Au fil des ans, on a vu apparaître divers dispositifs de sécurité. Parmi ces dispositifs, ce sont les coussins gonflables qui ont le plus alimenté les débats de société. Les plus récents modèles de coussins gonflables se déploient moins violemment pour minimiser le risque de blessures. Toute innovation dans le domaine de la sécurité automobile permet de sauver des vies.

Le fonctionnement du coussin gonflable

Les coussins gonflables sont branchés à des capteurs qui détectent les décélérations brusques. Lorsque la décélération excède un seuil minimal, les capteurs envoient un signal électrique à un actionneur pyrotechnique qui produit de l'azote gazeux, lequel fait gonfler le coussin. Le processus prend environ un vingtième de seconde, c'est-à-dire moins de temps qu'un clignement d'yeux. Des évents aménagés à l'arrière du coussin font en sorte qu'il se dégonfle lentement afin d'amortir le choc qui se produit quand la tête du passager vient s'enfoncer dans le coussin.

Source : *Safety Issues for Canadians : Air Bags* (traduction libre).

Tu es spécialiste en sécurité automobile. Un fabricant d'automobiles te confie le mandat de concevoir un prototype de rideau gonflable se déployant à partir du plafond qui assure la sécurité d'une personne assise dans un siège de la deuxième rangée d'une minifourgonnette lors d'une collision frontale qui survient à une vitesse d'au plus 120 km/h.

Les simulations de collisions sont très coûteuses. Tu dois donc minimiser le recours à ces simulations pour la mise au point du prototype. Pour y parvenir, tu utilises efficacement l'information fournie par le fabricant d'automobiles et détaillée à la page suivante, soit une énumération des normes de sécurité établies, des données sur le modèle actuel du déploiement du coussin gonflable du passager avant et des précisions sur les dimensions de l'habitacle.

Ta proposition doit comprendre :

1) les schémas de deux modèles différents de rideau gonflable, précisant leur forme, leurs dimensions et leur position dans le véhicule ;

2) le graphique et la règle de la fonction qui modélise le déploiement du rideau gonflable lors d'une collision frontale afin de programmer efficacement les réglages de la simulation.

Les normes de sécurité

- Pour être efficace, le rideau gonflable doit être complètement déployé lorsque la personne est projetée vers l'avant[1].

- Puisque le rideau gonflable se déploie à partir du plafond du véhicule, son volume doit être de 10 % supérieur au volume du coussin gonflable.

- Afin de minimiser les blessures causées par le rideau gonflable, celui-ci doit se déployer le moins violemment possible.

---

[1] Au moment d'une collision frontale, le temps requis pour qu'une personne frappe le rideau varie selon la vitesse du véhicule au moment de l'impact d'après la règle suivante : $t = \frac{2}{v}$, où v est la vitesse exprimée en m/s et t, le temps exprimé en s.

Le déploiement du coussin gonflable du passager avant

La variation du volume du coussin gonflable du passager avant lors d'une collision frontale à 80 km/h

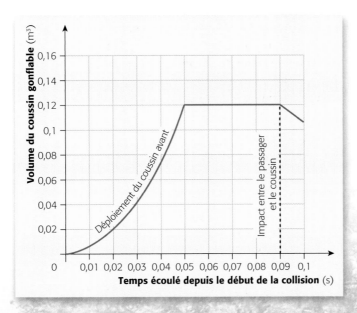

Les dimensions de l'habitacle

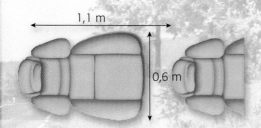

Le déploiement du coussin gonflable suit un modèle quadratique qui dépend uniquement du temps écoulé depuis le début de la collision et non de la vitesse du véhicule au moment de l'impact.

Problèmes

1. Des triangles particuliers

On a juxtaposé les triangles rectangles semblables **RMN** et **RNP** pour constituer le quadrilatère **MNPR**. Quelle est l'aire du triangle rectangle **RST**?

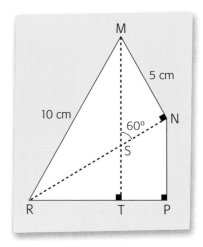

2. La résistance de l'air

Lorsqu'on se déplace, l'air oppose une résistance. À faible vitesse, cette résistance est presque imperceptible, mais elle se fait plus présente à mesure que la vitesse de déplacement augmente.

La table de valeurs ci-dessous présente quelques données relatives à la résistance de l'air, en kilonewtons (kN), selon la vitesse d'une voiture, en kilomètres à l'heure (km/h).

Vitesse (km/h)	20	30	40	50	60
Résistance de l'air (kN)	1,28	2,88	5,12	8	11,52

On a calculé qu'à une certaine vitesse, la résistance de l'air est de 24 kN. Quelle est cette vitesse?

Fait divers

Une force est une poussée ou une traction appliquée sur un corps. Le newton (N), nommé ainsi en hommage à Isaac Newton, un scientifique anglais connu pour sa théorie de la gravitation universelle, est l'unité de mesure de la force. La manifestation la plus courante de la force est le poids, c'est-à-dire l'attraction entre la Terre et les objets qui se trouvent à sa surface. Le poids d'une pomme d'une masse de 102 g est d'environ 1 N.

3. Au menu

Le tableau ci-dessous présente la teneur en gras et en énergie de mets préparés dans un casse-croûte.

Mets	Portion (g)	Gras (g)	Énergie (kJ)
Croquettes de poisson	147	9	317
Croquettes de poulet	159	12	300
Hamburger double	157	20	410
Petit sous-marin	179	6	280
Petit sous-marin végétarien	117	3	165
Pointe de pizza garnie de pepperoni	277	19	630
Pointe de pizza végétarienne	326	14	580
Poitrine de poulet	161	19	380
Poulet *pop-corn*	114	21	380
Salade César	170	32	360

a) À l'aide d'un nuage de points, représente la relation entre la quantité de gras, en milligrammes, par gramme de portion et la quantité d'énergie, en kilojoules, par gramme de portion pour tous les mets offerts dans ce casse-croûte.

b) Dans le menu de ce casse-croûte, on trouve également des nachos. Estime la quantité d'énergie, en kilojoules (kJ), dans une portion de 263 g de nachos contenant 16 g de gras.

4. Par addition

Dans l'illustration ci-contre :
- m $\overline{BG}$ = 8 cm et m $\overline{BC}$ = 10 cm ;
- $\overline{GC}$ // $\overline{ED}$;
- $\overline{BC} \cong \overline{ED}$;
- le rectangle **ABEF** est équivalent au triangle **BGC** ;
- les points **F**, **E** et **D** sont alignés.

Quel est le périmètre de la figure **ABDF** ?

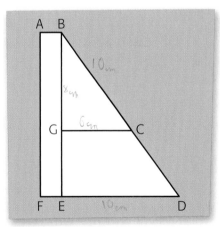

5. Démonstration

Dans le triangle rectangle ci-dessous, $\overline{CD}$ est la hauteur relative à l'hypoténuse.

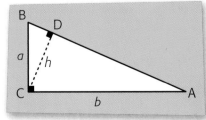

Démontre que $\frac{1}{a^2} + \frac{1}{b^2} = \frac{1}{h^2}$.

6. Solides de rotation

On fait tourner les figures ci-dessous autour d'un axe afin de générer des solides.

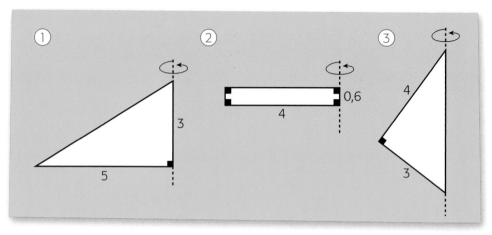

Parmi les trois solides générés, lesquels sont équivalents ?

7. Central Park

Dans le plan cartésien ci-dessous, on a représenté le Central Park de New York. Vérifie si le Central Park est rectangulaire. Le plan est gradué en mètres.

8. À l'ombre!

En voyage à Paris, par un bel après-midi ensoleillé, Charles-Étienne et Simon-Pierre entreprennent d'utiliser une technique ingénieuse pour déterminer la hauteur de la tour Eiffel.

Pour être efficace, cette technique exige que les différentes mesures soient prises dans un court délai.

Simon-Pierre mesure d'abord Charles-Étienne ainsi que son ombre alors que celui-ci se tient bien droit. Charles-Étienne mesure 143 cm et son ombre mesure 108 cm.

Ils mesurent ensuite la distance entre deux «pieds» de la tour (125 m) ainsi que l'ombre de la tour (182 m).

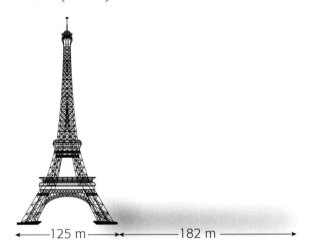

←—125 m—→←————182 m————→

Détermine la hauteur de la tour Eiffel que Charles-Étienne et Simon-Pierre peuvent calculer à partir de ces données.

9. Point milieu

On a représenté un triangle rectangle dans un plan cartésien.

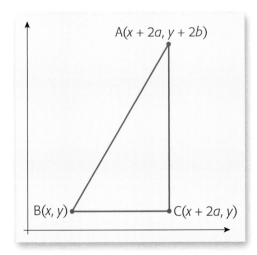

A(x + 2a, y + 2b)

B(x, y)   C(x + 2a, y)

Démontre que le point milieu de l'hypoténuse d'un triangle rectangle est équidistant des trois sommets.

L'abscisse (ou l'ordonnée) du point milieu d'un segment est la moyenne des abscisses (ou des ordonnées) des extrémités de ce segment.

10. L'effet escompté

La compagnie Splinco doit produire une publicité qui sera diffusée à la télévision à 60 reprises au cours du prochain mois.

L'efficacité d'une publicité télévisée dépend, entre autres, de sa durée. Une agence de marketing a mesuré l'efficacité $e(d)$ d'une publicité télévisée sur une échelle graduée de 0 à 10, 10 étant l'effet positif maximal sur les téléspectateurs. L'agence a réussi à modéliser l'efficacité en fonction de la durée d, en secondes, de la publicité, par une fonction quadratique dont la règle est $e(d) = \frac{^-d^2}{160} + \frac{d}{2}$.

La station de télévision qui diffusera la publicité utilise la règle $c(d) = {}^-400 \cdot \left[\frac{^-d}{15}\right] + 600$ pour calculer le coût $c(d)$ d'une publicité en fonction de sa durée.

Détermine le coût de diffusion d'une publicité télévisée qui a un effet positif maximal sur les téléspectateurs.

11. Mesures algébriques

Dans la figure ci-contre, les triangles **DAE** et **ECD** sont rectangles.

Quelle est l'aire du triangle **BDE** ?

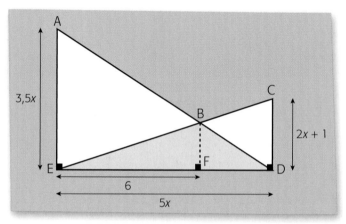

12. Heure d'arrivée

Serge roule sur l'autoroute 40. À 11 h, alors qu'il emprunte la route 155 pour rejoindre l'autoroute 20, il observe l'image ci-dessous sur son GPS.

En supposant que l'endroit où se trouve sa voiture soit l'origine d'un plan cartésien gradué en kilomètres, les coordonnées de Saint-Célestin sont (15, ⁻14).

Si Serge roule à une vitesse moyenne de 80 km/h, à quelle heure arrivera-t-il à Saint-Célestin ?

Énigmes

1 Brahim découpe un carré de 21 cm de côté en quatre morceaux, soit deux paires de morceaux superposables (figure ①). Avec ces morceaux, il forme un rectangle (figure ②). L'aire du rectangle ainsi formé, dont les dimensions sont de 34 cm sur 13 cm, est de 442 cm². L'aire du rectangle ne devrait-elle pas être égale à l'aire du carré, qui est de 441 cm²? Que s'est-il passé?

Figure ①

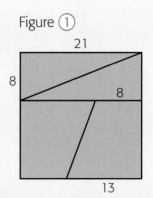

Figure ②

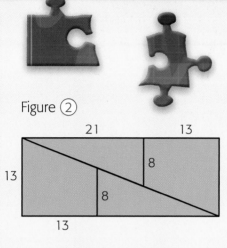

2 Une cliente apporte à un joaillier six chaînes en or composées chacune de cinq anneaux. Elle veut que le joaillier fasse une seule chaîne circulaire fermée avec ces six chaînes. Elle lui demande combien cela lui coûtera. Le joaillier répond :

«Chaque fois que j'ouvre un anneau et que je le referme, cela coûte 5 $. Puisque vous avez six chaînes, cela vous coûtera 30 $.

— Je ne suis pas d'accord, répond la cliente. Je crois que vous pouvez faire ce que je vous demande pour moins cher sans réduire le prix que vous exigez pour ouvrir et refermer un anneau.»

La cliente a-t-elle raison? Justifie ta réponse.

3 Quels nombres devraient figurer dans les trois cases orangées?

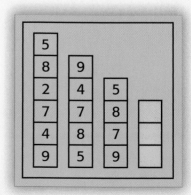

4 Tu disposes d'une balance à deux plateaux et de neuf billes identiques, dont l'une est un peu plus lourde que les autres.

Comment peux-tu trouver la bille qui est la plus lourde en deux pesées?

5 Voici une suite numérique. Quel est le prochain terme? Justifie ta réponse.

1, 11, 21, 1211, 111221, 312211, …

La droite et les systèmes d'équations

La production de biens est une activité humaine qui a d'importantes répercussions sur l'environnement. Au prix de vente de certains biens et services, des frais relatifs à l'environnement ou au recyclage s'ajoutent parfois pour sensibiliser les consommateurs au coût environnemental lié à leurs achats.

Certains outils mathématiques permettent de faire des choix en matière d'environnement. Par exemple, on a recours à la géométrie en tant qu'outil de modélisation pour décrire l'emplacement d'une voie ferrée ou le périmètre d'une zone à protéger. On utilise les systèmes d'équations afin de comparer des situations et de déterminer des solutions dans des domaines touchant l'environnement, tels la chimie ou l'agriculture.

Selon toi, de quels facteurs faut-il tenir compte pour déterminer si un produit est meilleur qu'un autre au plan environnemental ? Nomme un projet d'actualité dont la réalisation pourrait menacer un écosystème.

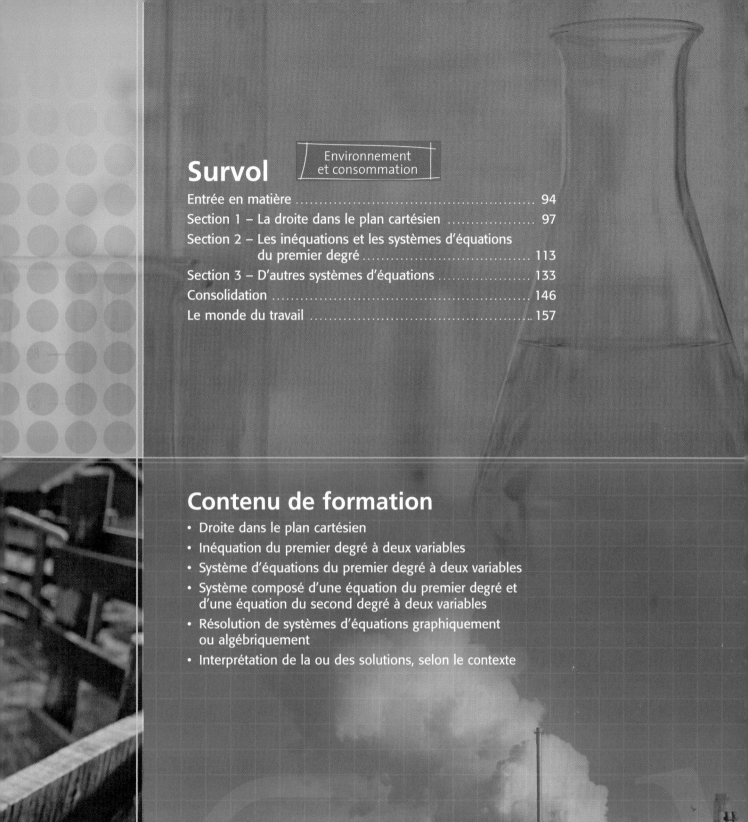

Survol

Environnement et consommation

Contenu de formation

- Droite dans le plan cartésien
- Inéquation du premier degré à deux variables
- Système d'équations du premier degré à deux variables
- Système composé d'une équation du premier degré et d'une équation du second degré à deux variables
- Résolution de systèmes d'équations graphiquement ou algébriquement
- Interprétation de la ou des solutions, selon le contexte

Les pages 94 à 96 font appel à tes connaissances sur les fonctions et les systèmes d'équations.

En contexte

Depuis plusieurs années, des biologistes de la vie aquatique observent la présence de résidus miniers dans la rivière Colombière, située en Abitibi. Ces résidus font augmenter les concentrations des métaux dissous dans l'eau de la rivière, tels le fer, le cuivre ou l'aluminium. Les biologistes sont particulièrement préoccupés par la santé de deux espèces de poissons sensibles à la présence d'aluminium dans l'eau : la perchaude et le doré jaune.

1. Le graphique ci-dessous présente une modélisation des taux de mortalité de la perchaude et du doré jaune selon la concentration d'aluminium dans la rivière.

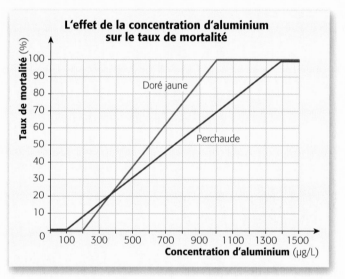

On détecte la présence de métaux dissous dans l'eau à l'aide d'instruments tels que le spectrographe.

a) Selon ce modèle, laquelle des espèces présente le plus haut taux de mortalité lorsque la concentration d'aluminium dans la rivière est de :

1) 250 µg/L ?   **2)** 700 µg/L ?

b) Si x représente la concentration d'aluminium, en microgrammes par litre, et que y représente le taux de mortalité, en pourcentage, détermine la règle associée au taux de mortalité :

1) de la perchaude pour $x \in [100, 1400]$;

2) du doré jaune pour $x \in [200, 1000]$.

Un microgramme noté µg équivaut à 10^{-6} g.

c) Le dernier prélèvement d'un échantillon d'eau de la rivière révèle que la concentration d'aluminium est telle que le taux de mortalité de ces deux espèces est le même. Au moment de ce prélèvement :

1) quel est le taux de mortalité de chacune des espèces ?

2) quelle est la concentration d'aluminium dans la rivière ?

2. Le seuil de toxicité d'un contaminant, pour une espèce, est établi selon la dose létale 50 (DL50).

a) À l'aide des règles déterminées en **1**, calcule la DL50 d'aluminium pour:

    1) la perchaude;   **2)** le doré jaune.

b) Grâce à leurs observations, les biologistes ont établi que la concentration d'aluminium, en microgrammes par litre, varie selon la règle $c(t) = 4t^2 + 16t + 360$, où t représente le nombre d'années écoulées depuis leur dernier prélèvement. Si aucune mesure n'est prise afin de réduire la présence de métaux dans l'eau de la rivière, détermine le temps nécessaire pour atteindre la DL50 pour chacune des espèces.

> La dose létale 50 (DL50) d'un contaminant cause la mort de 50 % des individus d'une espèce qui y sont exposés. Cette dose varie d'une espèce à l'autre.

3. Dans la rivière Colombière, on trouve d'autres substances qui ne sont pas nocives pour l'écosystème. Le graphique ci-contre modélise l'évolution dans le temps de trois de ces substances.

Pour chaque substance, indique l'intervalle de temps pendant lequel sa concentration est la plus faible des trois.

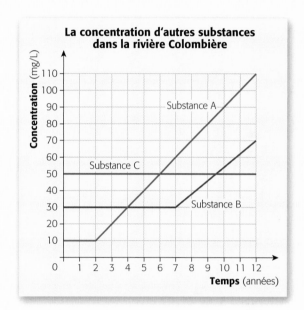

La concentration d'autres substances dans la rivière Colombière

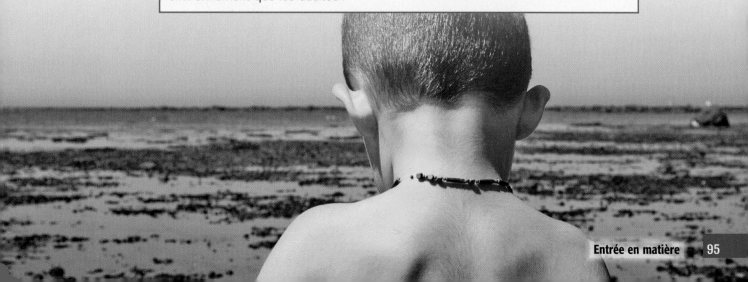

En bref

1. Résous chacune des équations suivantes.

a) $2a - 1 = 3a + 12$ **b)** $\dfrac{b - 4}{3} = 1$ **c)** $x^2 - 6x + 8 = 0$ **d)** $3y^2 + 2y = 5$

2. Détermine la règle de la fonction quadratique pour laquelle quelques couples sont indiqués dans la table de valeurs ci-contre.

x	1	2	3	4	5
$f(x)$	$^-7$	$^-4$	$^-3$	$^-4$	$^-7$

3. Dans un plan cartésien, représente la fonction affine dont l'ordonnée à l'origine est 2 et dont le taux de variation est $\frac{2}{3}$.

4. Voici différents modes de représentation des équations de quatre systèmes. Trouve la solution de chacun d'eux.

a)
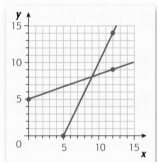

c)

x	1	2	4	6	8
y_1	135	130	120	110	100
y_2	35	50	80	110	140

b) $\begin{cases} y = 2x + 6 \\ y = 5x - 3 \end{cases}$

d) $\begin{cases} y = 10x + 100 \\ y = 550 - 26x \end{cases}$

5. Carl quitte Val-d'Or en voiture à midi pour se rendre à Mont-Laurier. Il doit parcourir une distance de 300 km sur la route qui relie les deux villes. De son côté, Samuel part de Mont-Laurier à 12 h 20 en direction de Val-d'Or en empruntant la même route que Carl.

Voici une table de valeurs qui représente la distance qui sépare Carl et Samuel de Val-d'Or selon l'heure de la journée.

Heure	12 h 00	12 h 10	12 h 20	12 h 30	12 h 40	12 h 50
Distance séparant Carl de Val-d'Or (km)	0	16	32	48	64	80
Distance séparant Samuel de Val-d'Or (km)	300	300	300	285	270	265

a) Détermine la vitesse moyenne, exprimée en kilomètres par heure, à laquelle :

   1) Carl se déplace ;   **2)** Samuel se déplace.

b) Reproduis et prolonge la table de valeurs ci-dessus pour déterminer approximativement l'heure à laquelle Carl et Samuel se croiseront sur la route entre Val-d'Or et Mont-Laurier, si tous les deux maintiennent les vitesses moyennes que tu as calculées en **a**.

c) Au moment de leur rencontre, seront-ils plus près de Val-d'Or ou de Mont-Laurier ?

Voies parallèles

Situation
d'application

Le développement des transports routiers et ferroviaires nécessite de nombreuses études et doit tenir compte de facteurs de nature économique et environnementale. Dans le cadre d'un projet d'aménagement de train rapide reliant les villes de Québec et de Montréal, on prévoit aménager une nouvelle voie ferrée sur la rive sud du fleuve Saint-Laurent. Ce projet comprend aussi la construction d'une gare attenante à la route 155. Les opinions des consultants divergent quant à l'emplacement de la voie ferrée. Bien qu'ils s'entendent pour qu'elle passe par Bécancour, certains affirment qu'elle doit être perpendiculaire à la route 155 et d'autres, non.

Voici une carte de la région placée dans un plan cartésien gradué en kilomètres. L'origine du plan coïncide avec l'intersection des routes 55 et 40, et la ville de Bécancour est située au point B $\left(\frac{25}{3}, 0\right)$. L'emplacement de la nouvelle voie ferrée est représenté par les tirets verts. Voici également les équations des droites qui modélisent les routes 132 et 155.

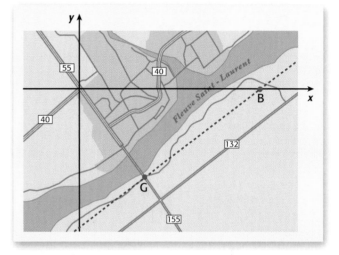

Route	Équation
132	$8x - 10y - 80 = 0$
155	$4x + 3y = 0$

Le comité chargé du projet a tranché et projette de construire la nouvelle gare au point G (3, ⁻4). À l'aide d'arguments mathématiques, démontre que, contrairement à la route 132, la nouvelle voie ferrée passant par Bécancour sera perpendiculaire à la route 155.

Environnement et consommation

Au Québec, le Bureau d'audiences publiques sur l'environnement (BAPE) est un organisme indépendant qui a pour mission de consulter la population sur des questions environnementales. Après avoir analysé les mémoires soumis par la population, il émet des recommandations au ministre du Développement durable, de l'Environnement et des Parcs afin d'éclairer la prise de décision dans une perspective de développement durable. Le BAPE n'a toutefois aucun pouvoir décisionnel, ce que décrient plusieurs environnementalistes. Selon toi, quelle importance devrait-on accorder aux critères environnementaux dans des projets nécessitant d'importants investissements? Nomme un projet qui a suscité des discussions à ce sujet dans les médias.

- **Pente**
- **Équation d'une droite sous la forme fonctionnelle**
- **Équation d'une droite sous la forme symétrique**

Deux formes d'équation

On a tracé la droite **AB** dans le plan cartésien ci-dessous.

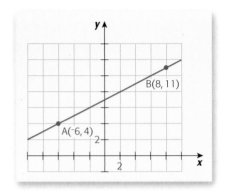

Pente

Rapport de l'accroissement des ordonnées (Δy) à l'accroissement des abscisses (Δx) entre deux points d'une droite.

A Qu'arrive-t-il à la **pente** de la droite **AB** si on déplace le point **B** de façon que :

1) Δy augmente et Δx demeure inchangé ?

2) Δy diminue et Δx demeure inchangé ?

3) Δy demeure inchangé et Δx augmente ?

B Exprime l'équation de la droite **AB** sous la forme fonctionnelle, c'est-à-dire sous la forme $y = ax + b$. À quel paramètre correspond la pente de la droite dans cette forme d'équation ?

Les points qui constituent une droite sont ceux dont les coordonnées vérifient son équation.

C Vérifie si les points **P**(⁻1, 5) et **R**(⁻2, 6) appartiennent à la droite **AB** :

1) à partir de la représentation graphique de la droite ;

2) à partir de l'équation de la droite.

L'équation de la droite **AB** peut s'écrire $\frac{x}{-14} + \frac{y}{7} = 1$. C'est la forme symétrique de l'équation.

D Vérifie que la forme symétrique de l'équation de la droite **AB** est équivalente à la forme fonctionnelle que tu as énoncée en **B**.

Point de repère

René Descartes

Une légende veut que ce soit pour décrire la position d'une araignée sur un plafond que René Descartes (1596-1650) aurait eu l'idée d'élaborer un système de repérage des points d'un plan. Aujourd'hui, le plan cartésien est un mode de représentation qui permet de décrire le monde qui nous entoure en alliant la géométrie et l'algèbre. L'adjectif « cartésien » tient d'ailleurs son origine du nom de Descartes.

Voici deux équations de droites exprimées sous la forme symétrique et trois représentations graphiques.

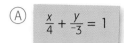 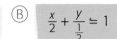

$\dfrac{x}{4} + \dfrac{y}{-3} = 1$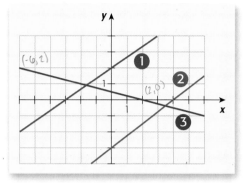

$\dfrac{x}{2} + \dfrac{y}{\frac{1}{2}} = 1$

E Associe chacune des deux équations à sa représentation graphique. Détermine ensuite l'équation de la troisième droite sous la forme symétrique.

F Détermine à quoi correspondent les dénominateurs des termes en x et en y de chaque équation exprimée sous la forme symétrique.

G Comment peut-on déterminer le signe de la pente d'une droite à partir de la forme symétrique de son équation ?

H Détermine l'équation d'une droite, sous la forme fonctionnelle, qui passe par les points suivants.

1) (0, 4) et (6, 0)   **2)** (0, 5) et (3, 5)   **3)** (0, 0) et (3, 2)

I Peut-on exprimer sous la forme symétrique les équations des droites déterminées en **H** ? Justifie tes réponses.

Ai-je bien compris ?

1. Soit les droites tracées dans les plans cartésiens ci-dessous.

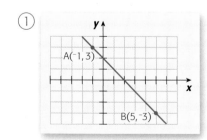   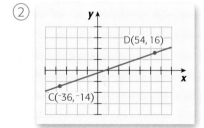   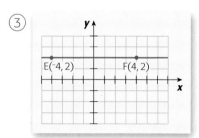

a) Calcule la pente de chaque droite.

b) Détermine la forme fonctionnelle et, si possible, la forme symétrique de l'équation de chaque droite.

2. Parmi les points **A**(4, ⁻2), **B**(⁻5, 5) et **C**(9, ⁻1), lequel appartient à la droite d'équation :

a) $y = {}^{-}3x + 10$?   **b)** $y = x - 10$?   **c)** $\dfrac{x}{{}^-10} + \dfrac{y}{10} = 1$?

Une autre forme d'équation

Équation d'une droite sous la forme générale

Alors qu'il doit déterminer l'équation correspondant aux droites tracées dans les plans cartésiens ci-dessous, Philippe constate qu'il ne peut pas décrire toutes ces droites à l'aide de la forme fonctionnelle ou symétrique de l'équation d'une droite.

① 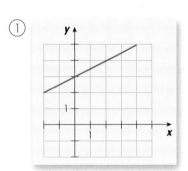   ② 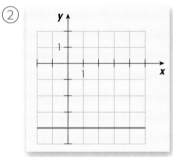   ③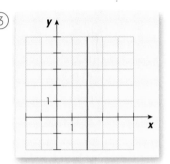

A Selon toi, quelle ou quelles droites Philippe ne peut-il pas décrire par une équation exprimée :

1) sous la forme fonctionnelle ?   **2)** sous la forme symétrique ?

Forme générale de l'équation d'une droite
Équation de la forme $Ax + By + C = 0$.

Voici la **forme générale de l'équation de la droite** tracée dans le plan cartésien ③ proposée par Philippe.

$$x - 2 = 0$$

B Détermine la forme générale de l'équation de la droite tracée dans le plan cartésien ②.

C Parmi les équations ci-dessous, lesquelles correspondent à la forme générale de l'équation de la droite tracée dans le plan cartésien ① ?

Ⓐ $x + 2y + 6 = 0$ Ⓒ $x - 2y + 6 = 0$

Ⓑ $2x - y - 3 = 0$ Ⓓ $^-2x + 4y - 12 = 0$

D Quelles sont les valeurs des paramètres A, B et C dans :

1) l'équation proposée par Philippe pour décrire la droite tracée dans le plan cartésien ③ ?

2) les équations que tu as déterminées en **C** ?

E Dans la forme générale de l'équation d'une droite, le paramètre A représente-t-il la pente de la droite ? Justifie ta réponse.

Soit la droite d'équation $3x + 2y - 36 = 0$ tracée dans le plan cartésien ci-dessous.

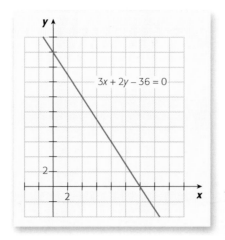

F Quelle est l'ordonnée à l'origine de cette droite?

G Quelle est la pente de cette droite?

H Valide tes réponses aux questions **F** et **G** à l'aide de la forme fonctionnelle de l'équation de cette droite.

I À partir de l'équation écrite sous la forme générale $Ax + By + C = 0$, exprime à l'aide des paramètres:
1) la pente de la droite;
2) l'ordonnée à l'origine de la droite;
3) l'abscisse à l'origine de la droite.

J Trace la droite d'équation $4x - 2y + 8 = 0$ dans un plan cartésien.

> **Pièges et astuces**
>
> Pour tracer une droite à partir de la forme générale de son équation, on peut déterminer ses coordonnées à l'origine en remplaçant successivement x et y par 0.

Ai-je bien compris?

Voici les équations de quatre droites.

① $4x + 2y - 8 = 0$ ② $y = 0{,}5x + 4$ ③ $7x - 3y + 21 = 0$ ④ $y = {}^-2x - 2{,}5$

a) Détermine la pente, l'ordonnée à l'origine et l'abscisse à l'origine de chacune de ces droites.

b) Exprime les équations ① et ③ sous la forme fonctionnelle et les équations ② et ④ sous la forme générale.

c) Trace les droites décrites par les équations ① à ④ dans un plan cartésien.

Des rues à la carte

- **Droites parallèles**
- **Droites perpendiculaires**

Dans certains sites Internet, il est possible de visiter presque n'importe quel endroit de la planète comme si on le survolait en hélicoptère.

Voici une vue satellite des environs de la Maison-Blanche, située à Washington (DC), la capitale des États-Unis.

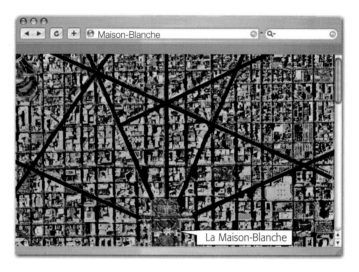

La Maison-Blanche

Pour déterminer si certaines avenues des alentours de la Maison-Blanche sont parallèles ou perpendiculaires entre elles, on les a représentées dans le plan cartésien ci-dessous, gradué en mètres. Les équations des droites qui modélisent ces avenues sont numérotées de 1 à 7.

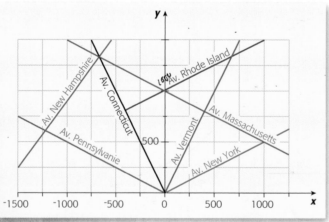

① $\dfrac{x}{2000} + \dfrac{y}{1000} = 1$

② $y = \dfrac{-1}{2}x$

③ $y = \dfrac{1}{2}x$

④ $2x - y = 0$

⑤ $2x + y = 0$

⑥ $12x - 9y + 20\,000 = 0$

⑦ $y = \dfrac{1}{2}x + 1\,000$

Ⓐ Associe chaque équation à l'avenue correspondante.

Ⓑ Quelle est la particularité de deux droites parallèles?

Ⓒ Comment peux-tu déterminer quelles avenues sont parallèles à partir des équations des droites qui les modélisent?

On sait qu'à Washington l'avenue Vermont est perpendiculaire à l'avenue Massachusetts.

D Quelle autre avenue est nécessairement perpendiculaire à l'avenue Vermont? Justifie ta réponse.

E À partir des équations qui décrivent l'avenue que tu as nommée en **D** ainsi que les avenues Vermont et Massachusetts, formule une conjecture sur la relation qui existe entre les pentes de droites perpendiculaires.

F À partir des équations qui décrivent les paires d'avenues suivantes, détermine celles qui sont perpendiculaires.

① Avenue New Hampshire et avenue Pennsylvanie

② Avenue Connecticut et avenue Rhode Island

③ Avenue New York et avenue Connecticut

G Détermine l'équation d'une droite qui modéliserait une rue perpendiculaire à l'avenue Massachusetts et dont l'ordonnée à l'origine serait 500.

H L'équation $3x + 6y - 6\,000 = 0$ modélise une ligne de métro située aux environs de la Maison-Blanche. Sous quelle avenue la ligne de métro passe-t-elle?

I De quelle façon peut-on déterminer si deux **droites** sont **parallèles confondues** à partir de leurs équations exprimées sous la forme générale?

> **Droites parallèles confondues**
>
> Droites qui ont la même représentation graphique.

Ai-je bien compris?

1. Voici les équations de cinq droites.

① $y = 2x + 1$ ③ $y = {}^-2x + 4$ ⑤ $\dfrac{x}{10} + \dfrac{y}{5} = 1$

② $8x + 4y - 12 = 0$ ④ $^-2x + 4y + 8 = 0$

À partir des équations de ces droites, identifie:
a) les paires de droites parallèles;
b) les paires de droites perpendiculaires.

2. Détermine l'équation d'une droite sous la forme fonctionnelle:
a) parallèle à la droite d'équation $\dfrac{x}{5} + \dfrac{y}{-3} = 1$;
b) perpendiculaire à la droite d'équation $y = {}^-2x + 5$;
c) parallèle confondue à la droite d'équation $x + 3y - 6 = 0$.

Faire le point

La droite

En géométrie analytique, la droite se définit comme l'ensemble des points d'un plan cartésien qui vérifient une équation du premier degré à deux variables.

La pente

La pente de la droite qui passe par les points $A(x_1, y_1)$ et $B(x_2, y_2)$ est le rapport de l'accroissement des ordonnées à l'accroissement des abscisses entre deux points de cette droite.

Pente de $AB = \dfrac{\Delta y}{\Delta x} = \dfrac{y_2 - y_1}{x_2 - x_1}$

Exemple :

Voici comment calculer la pente de la droite qui passe par les points $R(^-2, 5)$ et $S(3, ^-15)$.

Pente de $RS = \dfrac{\Delta y}{\Delta x} = \dfrac{y_2 - y_1}{x_2 - x_1} = \dfrac{^-15 - 5}{3 - ^-2} = \dfrac{^-20}{5} = ^-4$

L'équation d'une droite sous la forme fonctionnelle

Une équation de la forme $y = ax + b$ est l'équation d'une droite sous la forme fonctionnelle.

Dans l'équation d'une droite sous la forme fonctionnelle :

– le paramètre a représente la pente de la droite ;
– le paramètre b représente son ordonnée à l'origine.

L'équation d'une droite sous la forme symétrique

Une équation de la forme $\dfrac{x}{a} + \dfrac{y}{b} = 1$ où a et $b \in \mathbb{R}^*$ est l'équation d'une droite sous la forme symétrique.

Dans l'équation d'une droite sous la forme symétrique :

– le paramètre a représente son abscisse à l'origine ;
– le paramètre b représente son ordonnée à l'origine ;
– la pente correspond à $\dfrac{^-b}{a}$.

L'équation d'une droite sous la forme générale

Une équation de la forme $Ax + By + C = 0$ est l'équation d'une droite sous la forme générale.

Dans l'équation d'une droite sous la forme générale :

– l'ordonnée à l'origine correspond à $\dfrac{^-C}{B}$;
– l'abscisse à l'origine correspond à $\dfrac{^-C}{A}$;
– la pente correspond à $\dfrac{^-A}{B}$.

Les lettres qui constituent les paramètres de l'équation d'une droite sous la forme générale sont notées en majuscules.

Tracer une droite

On procède différemment pour tracer une droite selon la forme d'équation présentée.

1) Voici les étapes à suivre pour tracer une droite dont l'équation est sous la forme fonctionnelle.

Exemple : $y = 2x + 3$

Étape	Démarche
1. À partir de l'ordonnée à l'origine, placer un autre point en utilisant la pente de la droite.	
2. Tracer la droite reliant ces points.	

2) Voici les étapes à suivre pour tracer une droite dont l'équation est sous la forme symétrique.

Exemple : $\frac{x}{3} + \frac{y}{-2} = 1$

Étape	Démarche
1. À partir des valeurs de l'abscisse à l'origine et de l'ordonnée à l'origine de la droite (dénominateurs des termes en x et en y dans la forme symétrique de l'équation), placer les coordonnées à l'origine dans un plan cartésien.	
2. Tracer la droite passant par ces points.	

3) Voici les étapes à suivre pour tracer une droite dont l'équation est sous la forme générale.

Exemple : $4x - 8y + 16 = 0$

Étape	Démarche
1. Déterminer l'ordonnée à l'origine de la droite en calculant la valeur de y lorsque $x = 0$. Déterminer l'abscisse à l'origine de la droite en calculant la valeur de x lorsque $y = 0$.	<table><tr><td>x</td><td>y</td></tr><tr><td>0</td><td>2</td></tr><tr><td>-4</td><td>0</td></tr></table>
2. Placer les coordonnées à l'origine dans un plan cartésien et tracer la droite reliant ces points.	

Les positions relatives de deux droites

On détermine la position relative de deux droites à partir de leurs représentations graphiques ou de leurs équations.

Les droites parallèles

Deux droites parallèles ne se coupent jamais. Cette propriété géométrique se manifeste algébriquement par le fait que deux droites parallèles ont la même pente.

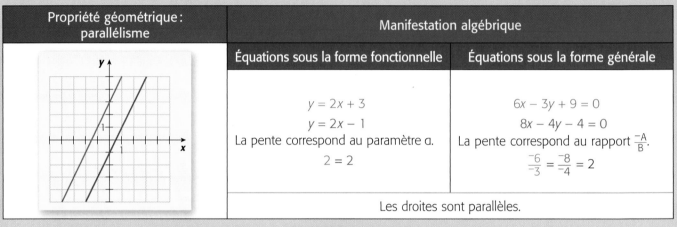

Propriété géométrique : parallélisme	Manifestation algébrique	
	Équations sous la forme fonctionnelle	Équations sous la forme générale
	$y = 2x + 3$ $y = 2x - 1$ La pente correspond au paramètre a. $2 = 2$	$6x - 3y + 9 = 0$ $8x - 4y - 4 = 0$ La pente correspond au rapport $\frac{-A}{B}$. $\frac{-6}{-3} = \frac{-8}{-4} = 2$
	Les droites sont parallèles.	

Remarque : Des droites parallèles qui ont la même ordonnée à l'origine sont confondues.

Les droites perpendiculaires

Deux droites perpendiculaires se coupent à angle droit. Cette propriété géométrique se manifeste algébriquement par le fait que le produit des pentes de deux droites perpendiculaires, non parallèles aux axes, est égal à $^-1$.

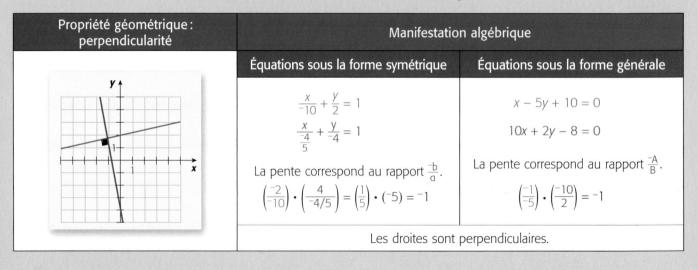

Propriété géométrique : perpendicularité	Manifestation algébrique	
	Équations sous la forme symétrique	Équations sous la forme générale
	$\frac{x}{-10} + \frac{y}{2} = 1$ $\frac{x}{\frac{-4}{5}} + \frac{y}{-4} = 1$ La pente correspond au rapport $\frac{-b}{a}$. $\left(\frac{-2}{-10}\right) \cdot \left(\frac{4}{-4/5}\right) = \left(\frac{1}{5}\right) \cdot (^-5) = {}^-1$	$x - 5y + 10 = 0$ $10x + 2y - 8 = 0$ La pente correspond au rapport $\frac{-A}{B}$. $\left(\frac{-1}{-5}\right) \cdot \left(\frac{-10}{2}\right) = {}^-1$
	Les droites sont perpendiculaires.	

Mise en pratique

1. Soit les six droites tracées dans les plans cartésiens ci-dessous.

①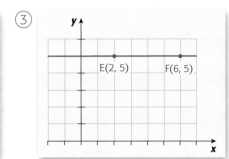

③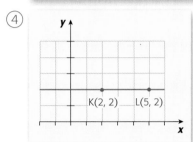

⑤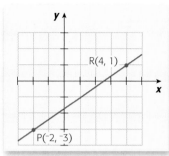

②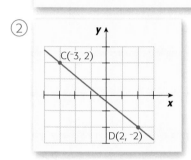

④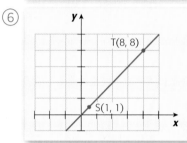

⑥

a) Quelle est la pente de chaque droite?

b) Détermine la forme fonctionnelle de l'équation de chaque droite.

c) Relève au moins deux erreurs qui peuvent être commises lorsqu'on calcule la pente d'une droite.

2. L'ordonnée à l'origine de la droite **MN** est 9. Sachant que l'accroissement des abscisses du point **M** au point **N** est de ⁻8 et que l'accroissement des ordonnées du point **M** au point **N** est de 4, trace la droite **MN** dans un plan cartésien.

3. Voici trois équations de droites.

① $\dfrac{x}{^-4} + \dfrac{y}{3} = 1$ ② $\dfrac{x}{12} + \dfrac{y}{^-3} = 1$ ③ $\dfrac{x}{\frac{5}{2}} + y = 1$

a) Détermine les coordonnées à l'origine de chaque droite.

b) Trace chaque droite dans un plan cartésien.

c) Observe les droites que tu as tracées en **b.** Indique ensuite un moyen rapide de déterminer, à partir de la forme symétrique de son équation, si la pente d'une droite est positive ou négative.

4. Vérifie si le point **H**(7, 3) appartient à la droite qui passe par les points **E**(3, 4) et **F**(⁻5, 6).

5. Exprime les équations des droites suivantes sous la forme fonctionnelle, puis sous la forme symétrique.

a) $x - 8y - 6 = 0$ **c)** $4x - 6y + 9 = 0$

b) $11x + 3y - 33 = 0$ **d)** $^-0{,}5x + 9{,}7y + 19{,}4 = 0$

6. a) Détermine l'équation des droites suivantes sous la forme générale.

1)
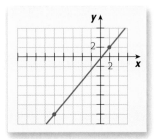

3)
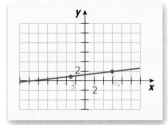

2)
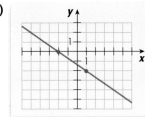

4)
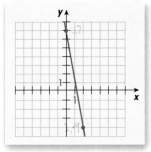

b) À partir des équations exprimées en **a,** détermine les coordonnées de deux autres points qui appartiennent à chaque droite et dont :

1) l'ordonnée est 10 ;   **2)** l'abscisse est ⁻10.

7. Dans quelle forme d'équation (générale, symétrique ou fonctionnelle) trouve-t-on un ou des paramètres qui correspondent directement à :

a) la pente ?   **b)** l'abscisse à l'origine ?   **c)** l'ordonnée à l'origine ?

8. Le Piccolo, un remonte-pente de la station de ski alpin BlackComb à Whistler, en Colombie-Britannique, permet aux skieurs d'effectuer une ascension verticale de 500 m sur une distance horizontale de 2 000 m.

a) Quelle est la pente du Piccolo ?

b) Si le point d'embarquement est situé à une altitude de 1 525 m et qu'il correspond au point (0, 1525) d'un plan cartésien gradué en mètres, quelle est l'équation de la droite modélisant le Piccolo ?

9. La pente de la droite **CD** est $\frac{5}{6}$ et celle de la droite **EF** est $\frac{-3}{4}$.

    a) Détermine deux valeurs possibles pour les paramètres a et b de la forme symétrique de l'équation de la droite **CD**.

    b) Détermine deux valeurs possibles pour les paramètres A et B de la forme générale de l'équation de la droite **EF**.

10. Émile a commis une erreur en représentant graphiquement, dans le plan cartésien ci-contre, la droite dont l'équation est $\frac{x}{2} - \frac{y}{5} = 1$.

    Explique cette erreur.

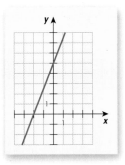

11. Détermine la forme symétrique de l'équation d'une droite ayant les caractéristiques suivantes.

    a) Une pente de $\frac{3}{2}$ et une abscisse à l'origine de $\frac{4}{3}$

    b) Une pente de $\frac{-3}{4}$ et une ordonnée à l'origine de $\frac{5}{2}$

12. Laquelle des rampes d'accès suivantes a la plus petite pente?

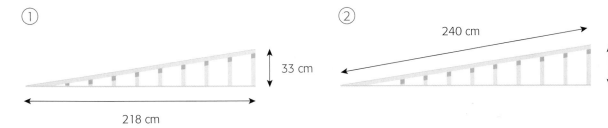

①   33 cm   218 cm

②   240 cm   36 cm

13. Alex est en hélicoptère à 1 000 m d'altitude. Avec ses jumelles, il regarde son amie Marie qui est en deltaplane. Par radio, Marie l'informe qu'elle est à 200 m d'altitude.

    Sachant que la distance qui sépare Alex et Marie est de 1 000 m :

    a) trace une esquisse de cette situation dans un plan cartésien ;

    b) calcule la distance horizontale entre Alex et Marie ;

    c) détermine l'équation de la droite qui décrit la visée des jumelles d'Alex lorsqu'il regarde Marie.

On utilise parfois l'expression «l'opposé de l'inverse» pour décrire la relation qui existe entre les pentes de deux droites perpendiculaires. Cette expression signifie que la pente de l'une des droites perpendiculaires est le nombre opposé de l'inverse multiplicatif de la pente de l'autre droite.

14. Détermine le nombre opposé de l'inverse multiplicatif de :

a) $^-3$ **c)** $\dfrac{3}{4}$ **e)** $\dfrac{6}{5}$ **g)** $\dfrac{19}{21}$

b) 4 **d)** $\dfrac{^-2}{3}$ **f)** $3,2$ **h)** $^-0,5$

15. Voici neuf équations de droites.

① $y = {}^-3x + 4$ ④ $\dfrac{x}{\frac{3}{2}} + \dfrac{y}{\frac{3}{4}} = 1$ ⑦ $y = 2x + 5$

② $4x - 2y - 4 = 0$ ⑤ $\dfrac{x}{\frac{1}{6}} + \dfrac{y}{\frac{1}{2}} = 1$ ⑧ $4x - 3y - 9 = 0$

③ $y = \dfrac{3}{4}x - 1$ ⑥ $y = \dfrac{x}{2} - 9$ ⑨ $\dfrac{x}{\frac{-3}{2}} + \dfrac{y}{^-2} = 1$

Détermine les paires d'équations qui décrivent :

a) des droites parallèles ;

b) des droites perpendiculaires.

16. Soit les six nombres suivants.

6 $^-4$ $^-12$ $^-8$ 8 4

En utilisant une seule fois chacun de ces nombres en guise de paramètre (A, B ou C) de la forme générale de l'équation d'une droite, crée les équations :

a) de deux droites parallèles ; **b)** de deux droites perpendiculaires.

17. Vrai ou faux ?

   a) La droite passant par les points $(0, 3)$ et $(10, 12)$ est parallèle confondue à la droite passant par les points $(^-20, ^-15)$ et $(^-10, ^-6)$.

   b) La droite d'équation $\frac{x}{3} + \frac{y}{4} = 1$ ne croise pas la droite d'équation $y = \frac{^-4}{3}x$.

   c) L'équation $y = \frac{m}{n}x + m$, où m et n sont des nombres positifs différents, représente une droite perpendiculaire à la droite d'équation $nx + my = 0$.

18. Alban et Yolaine ont décrit la droite tracée dans le plan cartésien ci-contre à l'aide d'une équation de forme générale.

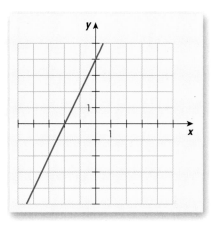

   Voici l'équation que chacun d'eux a proposée.

Alban	Yolaine
$6x - 3y + 12 = 0$	$2x - y + 4 = 0$

   a) Est-ce que les équations proposées par Alban et Yolaine représentent la droite tracée dans le plan ?

   b) Est-il possible que deux équations différentes, exprimées sous la forme fonctionnelle ou symétrique, décrivent la même droite ? Explique ta réponse.

19. Quelle est l'équation exprimée sous la forme générale de la droite :

   a) qui passe par le point $P(6, 7)$ et qui est parallèle à la droite d'équation $y = 4x + 5$?

   b) qui passe par le point $P(^-3, 5)$ et qui est perpendiculaire à la droite d'équation $y = \frac{1}{2}x - 3$?

   c) qui passe par le point $P(^-2, 5)$ et qui est perpendiculaire à la droite d'équation $\frac{x}{2} + \frac{y}{-4} = 1$?

20. Voici trois droites dans un plan cartésien.

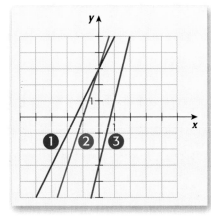

   Laquelle de ces droites passe par le point :

   a) $(4, 15)$?   **b)** $(5, 17)$?   **c)** $(6, 15)$?

21. Explique pourquoi il est impossible de décrire la droite d'équation $4x + 9y = 0$ à l'aide d'une équation de forme symétrique.

22. Dans le cadre d'un projet de préservation d'un parc naturel, un organisme de conservation de la nature propose de clôturer une partie du parc afin de préserver les éléments naturels des écosystèmes. Le quadrilatère qui modélise la zone à protéger est représenté dans le plan cartésien ci-dessous, où les axes sont gradués en mètres. Les coordonnées des sommets du quadrilatère sont **A**(⁻20, 50), **B**(40, 74), **C**(x, ⁻60) et **D**(24, ⁻60).

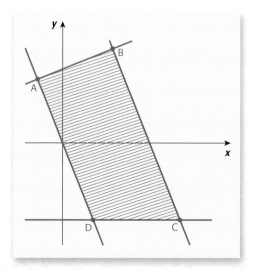

a) Détermine la valeur de x afin que la zone à protéger soit un trapèze.

b) La zone à protéger est-elle un trapèze rectangle?

c) Le centre d'interprétation est situé au point (65, 26). Se trouve-t-il à l'intérieur ou à l'extérieur de la zone à protéger?

Les inéquations et les systèmes d'équations du premier degré

Manger bio  Situation-problème

Un des moyens d'optimiser la qualité de la production de certaines bêtes d'élevage consiste à contrôler la teneur en protéines dans leur alimentation.

Monsieur Bisson élève des chèvres dont le lait sert à la fabrication de fromage. Fier de promouvoir la production de lait biologique, il désire préparer lui-même une moulée spéciale pour nourrir ses chèvres productrices de lait. Comme elles mangent beaucoup d'herbe et de foin, la moulée représente leur seul apport en protéines. Monsieur Bisson sait que les chèvres productrices de lait mangent quotidiennement 1 kg de moulée et qu'elles ont besoin de 250 g de protéines par jour. Pour préparer la moulée, il utilise trois ingrédients. Leur teneur en protéines est indiquée dans le tableau suivant.

Ingrédient	Teneur en protéines (pour 100 g de l'ingrédient)
Maïs	9 g
Soya	44 g
Concentré protéiné biologique*	50 g

* Pour obtenir l'appellation «bio», le concentré doit représenter exactement 10 % de la masse du mélange.

Monsieur Bisson fait appel à tes services de spécialiste en nutrition animale. En tenant compte des ingrédients dont il dispose, tu dois lui fournir la recette d'un mélange de 100 kg de moulée qui lui permettra de contrôler l'apport en protéines dans l'alimentation de ses chèvres.

Environnement et consommation

L'agriculture est une industrie qui constitue une source importante de pollution à l'échelle mondiale. L'agriculture biologique, quant à elle, a comme principe d'interdire l'utilisation de produits chimiques, comme les antibiotiques ou les engrais, en plus d'appliquer des méthodes de travail respectueuses de l'environnement. Ainsi, la production d'aliments biologiques comme le lait, bien implantée au Québec, requiert le respect d'une procédure stricte et rigoureuse mise en examen par des organismes de certification. Afin d'aider les consommateurs à reconnaître les «produits bio», l'appellation «biologique» est réservée aux producteurs qui ont obtenu cette certification.

Nomme une source de pollution reliée à l'agriculture. Selon toi, pourquoi les produits biologiques sont-ils souvent plus chers à l'achat que les produits ordinaires?

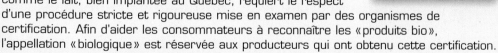

C'est payant de récupérer

Les jours de collecte de déchets et de récupération, Louis-Thomas circule dans son quartier afin de ramasser des objets ou des métaux qu'il peut revendre à des ferrailleurs. Aujourd'hui, il a surtout ramassé de l'aluminium.

Lorsqu'il vend de l'aluminium, Louis-Thomas obtient 3 $ par kilogramme pour l'aluminium de qualité supérieure et 2 $ par kilogramme pour les retailles d'aluminium.

Louis-Thomas ne connaît pas la masse de chaque type d'aluminium qu'il a vendu aujourd'hui, mais il a reçu 36 $.

A Si x représente la masse d'aluminium de qualité supérieure, en kilogrammes, et y, la masse des retailles d'aluminium, en kilogrammes, quelle équation représente toutes les masses possibles des deux types d'aluminium que Louis-Thomas a vendus?

B Représente graphiquement l'équation que tu as déterminée en **A**.

C Est-il possible que Louis-Thomas ait vendu:
1) 8 kg d'aluminium de qualité supérieure et 6 kg de retailles?
2) 9 kg d'aluminium de qualité supérieure et 4 kg de retailles?
Justifie tes réponses.

La semaine dernière, lorsqu'il est allé vendre de l'aluminium, Louis-Thomas a reçu un montant inférieur à 36 $.

D Nomme un couple de valeurs possibles pour les masses d'aluminium qui donnerait un montant inférieur à 36 $.

E Quelle est l'inéquation du premier degré à deux variables qui représente cette situation?

F Dans la représentation graphique faite en **B,** identifie l'**ensemble-solution de l'inéquation du premier degré à deux variables** trouvée en **E**.

G Est-ce que les coordonnées des points situés sur la droite tracée en **B** font partie de l'ensemble-solution de l'inéquation trouvée en **E**? Propose une façon de tenir compte de ta réponse dans la représentation graphique de l'ensemble-solution de l'inéquation.

Fait divers

L'aluminium ne se dégrade pas lorsqu'il est recyclé, c'est-à-dire qu'une nouvelle boîte en aluminium peut être faite à partir d'un matériau 100 % recyclé. L'aluminium est le seul matériau d'emballage qui possède cette caractéristique. Il est donc très convoité par les ferrailleurs.

Ensemble-solution d'une inéquation du premier degré à deux variables

Ensemble des couples de valeurs qui vérifient l'inéquation.

La semaine suivante, Louis-Thomas vend de nouveau l'aluminium qu'il récupère et reçoit un montant supérieur à 54 $.

H Quelle est l'inéquation qui décrit cette situation?

I Donne un couple de valeurs possibles pour les masses d'aluminium vendues.

J Parmi les représentations graphiques ci-dessous, laquelle représente l'ensemble-solution de l'inéquation déterminée en **H**?

①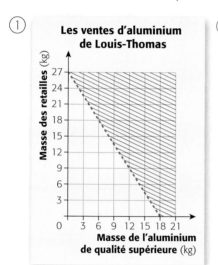

②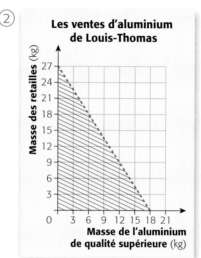

③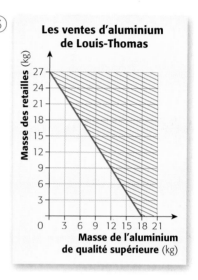

K Décris de quelle façon on peut utiliser les coordonnées d'un point pour représenter graphiquement l'ensemble-solution d'une inéquation.

L Détermine l'inéquation qui a comme ensemble-solution chacune des deux autres représentations graphiques.

Ai-je bien compris?

1. Traduis chacune des situations suivantes par une inéquation.

   a) Le résultat de Vincent est au moins égal à celui de Bruno.

   b) Martine a au plus le triple de l'âge de Marianne.

2. Laquelle des inéquations ci-dessous a pour ensemble-solution la représentation graphique ci-contre?

   ① $2x + 6y - 8 > 0$

   ③ $x - 3y + 12 \le 0$

   ② $y < \dfrac{x}{3} + 4$

   ④ $y \ge {}^-3x + 4$

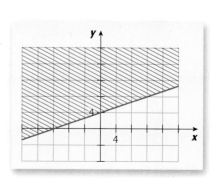

La pesée

Dans le cadre de leur cours de science et technologie, des élèves doivent déterminer la masse d'un cube vert et celle d'un cube bleu sans défaire les montages de cubes que leur remet leur enseignant. Les cubes de même couleur ont la même masse.

Camille reçoit les deux montages ci-contre.

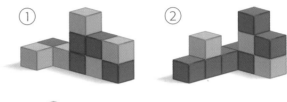

À l'aide d'une balance, elle détermine que la masse du premier montage est de 100 g.

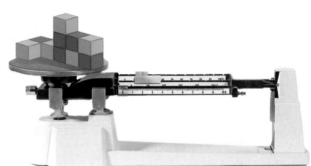

Soit b, la masse d'un cube bleu, en grammes, et v, la masse d'un cube vert, en grammes.

A Quelle équation traduit toutes les valeurs possibles de b et de v ?

B Représente graphiquement l'équation déterminée en **A**. Dans ce contexte, qu'ont en commun tous les points appartenant à cette droite ?

C Explique pourquoi il est nécessaire d'effectuer la pesée du deuxième montage pour déterminer la masse d'un cube bleu et celle d'un cube vert.

Camille a déterminé que la masse du deuxième montage est de 108 g.

D Quelle équation décrit la deuxième pesée de Camille ? Représente-la graphiquement dans le même plan cartésien qu'en **B**.

E Vérifie algébriquement que les coordonnées du point de rencontre des droites tracées en **B** et en **D** correspondent à la solution du système d'équations modélisant les deux pesées de Camille.

F Décris deux montages de cubes bleus et verts qui ne permettraient pas à Camille de déterminer la masse d'un cube bleu et celle d'un cube vert.

Renaud reçoit un seul montage composé de cubes rouges et de cubes noirs. Son enseignant lui a précisé que le cube noir a une masse trois fois plus grande que celle du cube rouge. Après avoir effectué sa pesée, Renaud modélise la situation en désignant par *r* la masse d'un cube rouge, en grammes, et par *n* la masse d'un cube noir, en grammes.

$$\begin{cases} 3n = r \\ 6r + 2n = 78 \end{cases}$$

L'accolade est utilisée pour regrouper les équations d'un système d'équations.

G Explique pourquoi la première équation que Renaud propose est incorrecte et corrige-la.

H Décris le montage de cubes que Renaud a reçu. Quelle est sa masse?

I Représente graphiquement les équations du système qui modélise correctement la situation. Peux-tu déterminer la masse exacte d'un cube rouge à partir de ta représentation graphique? Justifie ta réponse.

J À l'aide de la **méthode de comparaison**, détermine:
1) la masse d'un cube rouge; **2)** la masse d'un cube noir.

TIC

À l'aide d'une calculatrice à affichage graphique, il est possible d'ajuster la fenêtre d'affichage de façon à mettre en évidence la partie du graphique où se trouve le point de rencontre des deux droites. Pour en savoir plus, consulte la page 225 de ce manuel.

Méthode de comparaison

Méthode algébrique de résolution d'un système d'équations qui consiste à isoler la même variable dans les deux équations et à former une équation à une variable.

Ai-je bien compris?

1. Dans les graphiques suivants, les droites représentent les équations de deux systèmes. Quelle est la solution de chacun d'eux?

a)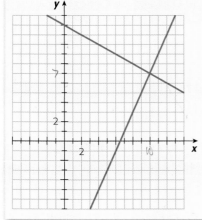

b)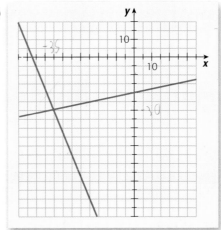

2. Utilise la méthode de comparaison pour résoudre chacun des systèmes d'équations suivants.

a) $\begin{cases} y = 2x - 6 \\ y = 8 \end{cases}$ b) $\begin{cases} x + y = 10 \\ x - y = 7 \end{cases}$ c) $\begin{cases} x + y = 8 \\ 2x + 2y = 16 \end{cases}$

Résolution algébrique d'un système d'équations : méthode de substitution

Espace réservé aux sportifs

Un terrain réglementaire de volley-ball de plage est deux fois plus long que large, et son périmètre est de 48 m. Voici deux façons de modéliser les relations entre les dimensions d'un terrain de volley-ball de plage.

1re modélisation : équation à une variable	2e modélisation : système d'équations à deux variables
Soit x, la largeur du terrain. $2x$ x ☐ On a : $2x + 2(2x) = 48$	Soit x, la largeur du terrain, et y, sa longueur. y x ☐ On a : $\begin{cases} 2x + 2y = 48 \\ y = 2x \end{cases}$

A Montre que ces deux modélisations sont équivalentes. Explique comment on peut passer du système d'équations à deux variables à l'équation à une variable.

B Quelles sont les dimensions d'un terrain réglementaire de volley-ball de plage ? Remplace les valeurs que tu as trouvées dans le contexte afin de valider ta réponse.

Il est également possible de modéliser cette situation par le système suivant.

$$\begin{cases} 2x + 2y = 48 \\ x = \dfrac{y}{2} \end{cases}$$

C Transforme ce système en une équation qui contient seulement la variable y à l'aide de la **méthode de substitution**. Trouve les dimensions du terrain et assure-toi que celles-ci sont identiques à celles trouvées en **B**.

À la finale féminine des championnats canadiens de volley-ball de plage, 48 points ont été marqués au cours de la première manche. La différence entre les pointages des deux équipes qui s'affrontaient n'était que de deux points.

Méthode de substitution

Méthode algébrique de résolution d'un système d'équations qui consiste à isoler une variable dans une des équations, puis à substituer à cette variable l'expression algébrique qui correspond à la variable isolée dans la seconde équation.

D Traduis cette situation par un système d'équations du premier degré à deux variables.

E Détermine le pointage final de la première manche à l'aide de la méthode de substitution.

La finale masculine du tournoi a été remportée en trois manches. Au total, les champions canadiens ont marqué 70 points. Ils ont marqué 45 points dans les deux premières manches et 43 dans les deux dernières.

F Soit x, le nombre de points marqués par les gagnants dans la première manche, y, le nombre de points marqués par les gagnants dans la deuxième manche, et z, le nombre de points marqués par les gagnants dans la troisième manche. Traduis cette situation par un système de trois équations du premier degré à trois variables.

G À l'aide de la méthode de substitution, détermine le nombre de points marqués par les gagnants à chacune des trois manches.

> Pour résoudre un système d'équations du premier degré, il faut autant d'équations qu'il y a de variables.

Ai-je bien compris?

1. Un filet de volley-ball est 9,5 fois plus long que large. La différence entre sa longueur et sa largeur est de 8,5 m.

   a) Traduis algébriquement, par un système d'équations à deux variables, les relations entre les dimensions du filet.

   b) Résous algébriquement, à l'aide de la méthode de substitution, le système d'équations que tu as trouvé en **a**.

2. Résous les systèmes d'équations suivants à l'aide de la méthode de substitution.

   a) $\begin{cases} 3x = y \\ x - 2y = 20 \end{cases}$

   b) $\begin{cases} 40x + 10y = 20 \\ x = y - 2 \end{cases}$

   c) $\begin{cases} x + y = 5 \\ 2x - 3y = 50 \end{cases}$

   d) $\begin{cases} 2x - 3y = 20 \\ 5x = 100 \end{cases}$

ACTIVITÉ
D'EXPLORATION
4

À contre-courant

Résolution algébrique d'un système d'équations : méthode de réduction

Les Démones, un équipage féminin de bateau-dragon, s'entraînent pour les prochains championnats mondiaux. Aujourd'hui, l'équipage s'exerce sur une rivière où il y a un courant constant. Voici une illustration de la situation.

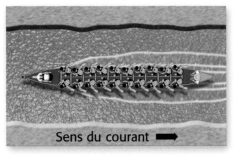

Aller | Retour

Sens du courant ➡ | Sens du courant ➡

La vitesse moyenne se calcule en divisant la distance parcourue par le temps de parcours.

$$v = \frac{d}{t}$$

À l'aller, à contre-courant, le bateau-dragon parcourt 2 km en 40 minutes. Au retour, pour parcourir la même distance dans le sens du courant, avec la même cadence et la même intensité, le bateau-dragon met 6 minutes.

A Exprime, en kilomètres par heure, la vitesse moyenne à laquelle se déplace le bateau-dragon :

1) à contre-courant ; **2)** dans le sens du courant.

B La vitesse moyenne à laquelle l'équipage propulse le bateau-dragon, en kilomètres par heure, est représentée par b et la vitesse moyenne du courant, en kilomètres par heure, par c. Lequel des systèmes d'équations suivants modélise cette situation ? Justifie ta réponse.

① $\begin{cases} b + c = 20 \\ b - c = 3 \end{cases}$ ② $\begin{cases} 20b + 20c = 2 \\ 3b - 3c = 2 \end{cases}$

Additionner membre à membre

Former une nouvelle équation dont le membre de gauche correspond à la somme des membres de gauche de chacune des équations de départ, et le membre de droite, à la somme des membres de droite de chacune des équations de départ.

C Quelle équation obtient-on quand on **additionne membre à membre** les deux équations du système identifié en **B** ?

D Détermine d'abord la valeur de b et ensuite la valeur de c. À quoi correspond cette solution dans cette situation ?

E Reprends le système d'équations que tu as identifié en **B** et soustrais la seconde équation, membre à membre, de la première. En complétant la résolution, obtiens-tu la même solution qu'en **D** ?

Au moment de la sélection de l'équipage, 50 candidates étaient présentes. Seulement la moitié des candidates de moins de 30 ans et le tiers des candidates de 30 ans et plus ont été retenues. L'équipage des Démones est constitué de 22 femmes.

Le système d'équations suivant, où x représente le nombre de femmes âgées de moins de 30 ans et y le nombre de femmes âgées de 30 ans et plus, modélise cette situation.

$$\begin{cases} x + y = 22 \\ 2x + 3y = 50 \end{cases}$$

F En additionnant ou en soustrayant les deux équations de ce système membre à membre, est-il possible de former une équation à une variable ? Explique pourquoi.

En multipliant ou en divisant les deux membres d'une équation d'un système par un même facteur, on obtient un système d'équations équivalent à celui-ci. Voici quatre systèmes équivalents à celui qui modélise l'âge des membres de l'équipage.

① $\begin{cases} ^-2x - 2y = ^-44 \\ 2x + 3y = 50 \end{cases}$ ③ $\begin{cases} x + y = 22 \\ ^-4x - 6y = ^-100 \end{cases}$

② $\begin{cases} 3x + 3y = 66 \\ 2x + 3y = 50 \end{cases}$ ④ $\begin{cases} x + y = 22 \\ x + \dfrac{3y}{2} = 25 \end{cases}$

G Pour chacun de ces systèmes :

   1) indique l'équation qui a été multipliée et le facteur par lequel elle a été multipliée ;

   2) détermine s'il est possible, en additionnant ou en soustrayant les équations membre à membre, d'obtenir une équation à une variable.

H Trouve un autre système d'équations équivalent à celui ci-dessous qu'il serait facile de résoudre à l'aide de la **méthode de réduction**.

$$\begin{cases} x + y = 22 \\ 2x + 3y = 50 \end{cases}$$

I Selon toi, est-ce que tous les systèmes d'équations du premier degré à deux variables peuvent être résolus algébriquement selon les méthodes de comparaison, de substitution et de réduction ? Explique ton raisonnement.

Point de repère

La méthode du pivot de Gauss

Considéré comme l'un des plus grands mathématiciens de tous les temps, Carl Friedrich Gauss (1777-1855) a développé une méthode pour résoudre un système de n équations du premier degré à n variables. Cette méthode, encore utilisée aujourd'hui, consiste à transformer un système en un système équivalent plus facile à résoudre. Lorsque cette méthode est appliquée pour résoudre un système d'équations du premier degré à deux variables, on l'appelle la méthode de réduction. Il s'agit de la méthode programmée dans les calculatrices scientifiques pour résoudre des systèmes d'équations à plusieurs variables.

Ai-je bien compris ?

1. Résous les systèmes d'équations suivants à l'aide de la méthode de réduction.

a) $\begin{cases} 2x + y = 15 \\ x - y = 12 \end{cases}$

c) $\begin{cases} x + y = 5 \\ 2x + 5y = 10 \end{cases}$

b) $\begin{cases} 40x + 10y = 80 \\ 40x - 20y = 50 \end{cases}$

d) $\begin{cases} 2x - 3y = 2 \\ 2x + 3y = 42 \end{cases}$

2. Pour entrer au cinéma Bellevue, un adulte et un enfant doivent débourser 14,50 $. Une famille composée de deux adultes et de trois enfants doit débourser 34 $.

a) Traduis algébriquement cette situation par un système d'équations à deux variables.

b) Résous algébriquement ce système d'équations à l'aide de la méthode de réduction.

c) Quel est le prix d'un billet pour un adulte et le prix d'un billet pour un enfant au cinéma Bellevue ?

Les inéquations du premier degré à deux variables

Une inéquation du premier degré à deux variables est un énoncé mathématique comportant une relation d'inégalité et deux variables. Résoudre une inéquation consiste à déterminer les couples de valeurs que peuvent prendre les variables pour que l'inégalité soit vraie.

La représentation graphique de l'ensemble-solution d'une inéquation

L'ensemble-solution d'une inéquation du premier degré à deux variables compte une infinité de couples de valeurs. C'est pour cette raison qu'on utilise le plan cartésien pour le représenter. La région du plan qui représente graphiquement l'ensemble-solution est nommée le «demi-plan».

Exemple : Voici les étapes à suivre pour déterminer l'ensemble-solution de l'inéquation $x + 2y < 100$.

TIC

Il est possible de tracer un demi-plan à l'aide d'une calculatrice à affichage graphique. Pour en savoir plus, consulte la page 226 de ce manuel.

Étape	Démarche
1. Remplacer le signe d'inégalité par un signe d'égalité et tracer la droite. Si le signe d'inégalité est strict (< ou >), cette droite doit être en tirets.	$x + 2y = 100$ x : 0, 100 y : 50, 0
2. Choisir un point-test et remplacer ses coordonnées dans l'inéquation.	Pour faciliter les calculs, lorsque la droite ne passe pas par l'origine, on choisit souvent l'origine du plan cartésien comme point-test : $0 + 2(0) < 100$ Puisque $0 < 100$, l'origine fait partie de la région à hachurer.
3. Hachurer la région correspondant à l'ensemble-solution selon la conclusion obtenue à l'étape **2**.	

Remarque : En contexte, l'ensemble-solution d'une inéquation doit tenir compte des valeurs prises par les variables.

Les systèmes d'équations du premier degré à deux variables

Deux relations d'égalité du premier degré qu'on impose simultanément à deux variables forment un système d'équations du premier degré à deux variables. Pour modéliser une situation à l'aide d'un système d'équations, on doit d'abord définir les variables, puis poser les équations.

La représentation graphique des équations du système permet, entre autres, de déterminer son nombre de solutions.

	Représentation graphique	Système d'équations
Solution unique	Droites sécantes	$\begin{cases} y = 2x - 4 \\ y = {}^-x + \dfrac{7}{2} \end{cases}$
Aucune solution	Droites parallèles distinctes	$\begin{aligned} y &= x + 2 \\ y &= x - 1 \end{aligned}$
Infinité de solutions	Droites parallèles confondues	$\begin{cases} y = \dfrac{{}^-x}{2} + 2 \\ 2y = {}^-x + 4 \end{cases}$

Pièges et astuces

Si les variables de la situation sont discrètes, il est possible de représenter la situation par des droites continues. Il faut cependant faire preuve de prudence dans l'interprétation de la solution en contexte.

La résolution graphique d'un système d'équations du premier degré à deux variables

Résoudre un système d'équations consiste à déterminer les valeurs des deux variables qui vérifient simultanément les deux équations.

Exemple : Une tirelire, remplie de pièces de 1 $ et de 2 $, contient 90 $. Il y a en tout 55 pièces de monnaie. Combien de pièces de 1 $ et de pièces de 2 $ y a-t-il dans la tirelire ?

Étape	Démarche
1. Définir les variables et modéliser la situation à l'aide d'un système d'équations.	x : nombre de pièces de 1 \$ y : nombre de pièces de 2 \$ $\quad \begin{cases} x + 2y = 90 \\ x + y = 55 \end{cases}$
2. Représenter graphiquement les équations et déterminer les coordonnées du point de rencontre des droites.	Les coordonnées du point de rencontre sont (20, 35).
3. Valider la solution dans les deux équations et ensuite dans le contexte.	$\begin{cases} x + 2y = 90 \\ x + y = 55 \end{cases} \Rightarrow \begin{cases} 20 + 2(35) = 90 \\ 20 + 35 = 55 \end{cases}$ Il y a bien 55 pièces en tout et un montant de 90 \$.
4. Retourner au contexte et répondre à la question.	La tirelire contient 20 pièces de 1 \$ et 35 pièces de 2 \$.

Remarque : La représentation graphique d'un système d'équations ne permet pas toujours de déterminer avec précision les coordonnées du point de rencontre des deux droites.

La résolution algébrique d'un système d'équations du premier degré à deux variables

Pour résoudre algébriquement un système d'équations du premier degré à deux variables, il faut le transformer pour obtenir une équation à une variable. Pour ce faire, on peut employer les méthodes de comparaison, de substitution et de réduction.

La méthode de comparaison

Exemple : Le billet pour une voiture et un adulte à bord d'un traversier coûte 28,25 \$. Le billet pour deux voitures et quatre adultes coûte 68 \$. Combien coûte le billet pour une voiture à bord de ce traversier ?

Étape	Démarche	
1. Définir les variables et modéliser la situation par un système d'équations.	x : tarif pour une voiture y : tarif pour un adulte	$\begin{cases} x + y = 28{,}25 \\ 2x + 4y = 68 \end{cases}$
2. Isoler une même variable dans les deux équations.	$\begin{cases} x = 28{,}25 - y \\ x = 34 - 2y \end{cases}$	
3. **Comparer** les deux expressions algébriques pour former une équation à une variable et résoudre cette équation.	$x = x$ $28{,}25 - y = 34 - 2y$ $y = 5{,}75$	
4. Remplacer la valeur trouvée en **3** dans les deux équations initiales du système pour déterminer et valider la valeur de l'autre variable.	$x + y = 28{,}25$ $x + 5{,}75 = 28{,}25$ $x = 22{,}50$	$2x + 4y = 68$ $2x + 4(5{,}75) = 68$ $2x = 45$ $x = 22{,}50$
5. Retourner au contexte et répondre à la question.	Le billet pour une voiture à bord du traversier coûte 22,50 \$.	

La méthode de substitution

Exemple: Samedi, il a fait 12 degrés de moins que dimanche. La température moyenne de ces deux jours a été de $^-5\ °C$. Quelle température a-t-il fait samedi et dimanche?

Étape	Démarche
1. Définir les variables et modéliser la situation par un système d'équations.	s: température enregistrée samedi d: température enregistrée dimanche $\quad\begin{cases} s = d - 12 \\ \dfrac{s + d}{2} = {}^-5 \end{cases}$
2. Au besoin, isoler une variable dans l'une des deux équations.	$\begin{cases} s = d - 12 \\ \dfrac{s + d}{2} = {}^-5 \end{cases}$
3. **Substituer** à cette variable, dans l'autre équation, l'expression algébrique qui correspond à la variable isolée.	$\dfrac{(d - 12) + d}{2} = {}^-5$ $2d - 12 = {}^-10$ $2d = 2$ $d = 1$
4. Remplacer la valeur trouvée en **3** dans les deux équations initiales du système pour déterminer et valider la valeur de l'autre variable.	$s = d - 12$ $\dfrac{s + d}{2} = {}^-5$ $s = 1 - 12$ $s + 1 = {}^-10$ $s = {}^-11$ $s = {}^-11$
5. Retourner au contexte et répondre à la question.	Il a fait $^-11\ °C$ samedi et $1\ °C$ dimanche.

La méthode de réduction

Exemple: Dans un club vidéo, la location de trois films et de deux jeux vidéo coûte 20 $. La location de deux films et de cinq jeux vidéo coûte 25,25 $. Combien coûte la location d'un film et de deux jeux vidéo?

Étape	Démarche
1. Définir les variables et modéliser la situation par un système d'équations.	x: coût de location d'un film y: coût de location d'un jeu vidéo $\quad\begin{cases} 3x + 2y = 20 \\ 2x + 5y = 25{,}25 \end{cases}$
2. Former un système d'équations équivalent dont les deux équations s'expriment sous la forme $ax + by = c$ et dans lequel les coefficients d'une variable sont opposés (ou égaux).	$\begin{array}{l} 2 \cdot (3x + 2y = 20) \\ {}^-3 \cdot (2x + 5y = 25{,}25) \end{array} \Leftrightarrow \begin{cases} 6x + 4y = 40 \\ {}^-6x - 15y = {}^-75{,}75 \end{cases}$
3. **Réduire** en additionnant (ou en soustrayant) les deux équations et résoudre l'équation.	$\begin{array}{r} 6x + 4y = 40 \\ {}^-6x - 15y = {}^-75{,}75 \\ \hline {}^-11y = {}^-35{,}75 \\ y = 3{,}25 \end{array}$
4. Remplacer la valeur trouvée en **3** dans les deux équations initiales du système pour déterminer et valider la valeur de l'autre variable.	$3x + 2y = 20$ $2x + 5y = 25{,}25$ $3x + 2(3{,}25) = 20$ $2x + 5(3{,}25) = 25{,}25$ $3x = 13{,}5$ $2x = 9$ $x = 4{,}5$ $x = 4{,}5$
5. Retourner au contexte et répondre à la question.	La location d'un film coûte 4,50 $ et celle d'un jeu vidéo, 3,25 $. La location d'un film et de deux jeux vidéo coûte donc 11 $.

Mise en pratique

1. Soit les situations suivantes.

   ① Michel a payé au moins 200 $ pour deux chemises et trois pantalons.

   ② Claude a obtenu, au plus, huit points de plus que Louise à l'examen d'histoire.

   ③ Lynn a écrit au moins vingt paragraphes de plus que Frank.

   ④ Cette semaine, Dominique prévoit consacrer jusqu'à 10 heures à ses devoirs de français et de mathématique.

   a) Traduis chacune des situations par une inéquation du premier degré à deux variables.

   b) Pour chaque inéquation trouvée en **a**, nomme deux couples de valeurs possibles pour les variables en jeu.

2. Représente graphiquement l'ensemble-solution des inéquations suivantes.

   a) $y \leq {}^-4x - 5$

   b) $\frac{x}{-4} + \frac{y}{4} > 1$

   c) $2x + 5y + 20 \geq 0$

   d) $y > 0{,}2x + 1{,}2$

3. Pour lequel des systèmes d'équations suivants le point $({}^-1, 1)$ est-il une solution?

   a) $\begin{cases} 5x + 6y = 1 \\ 6x + 2y = {}^-3 \end{cases}$

   b) $\begin{cases} 3x + 4y = 1 \\ 5x - 3y = {}^-8 \end{cases}$

   c) $\begin{cases} 7x - 3y = 10 \\ 6x - 5y = {}^-1 \end{cases}$

4. Résous graphiquement chacun des systèmes d'équations suivants.

   a) $\begin{cases} y = x - 4 \\ y = 2 - x \end{cases}$

   b) $\begin{cases} x + y = 5 \\ x - y = {}^-7 \end{cases}$

   c) $\begin{cases} x + 2y = 2 \\ x + y = 3 \end{cases}$

   d) $\begin{cases} 3x - 6y = 0 \\ 4x + y = 3 \end{cases}$

   e) $\begin{cases} x + 3y = {}^-1 \\ 2x + 6y + 2 = 0 \end{cases}$

   f) $\begin{cases} 2x + y = {}^-5 \\ 3x - y = {}^-5 \end{cases}$

   > **Pièges et astuces**
   >
   > Afin de valider la solution d'un système d'équations, il faut s'assurer que les valeurs trouvées pour les variables vérifient chacune des équations du système.

5. Un train quitte la gare et roule vers l'ouest à 75 km/h. Deux heures plus tard, un second train quitte la même gare sur une voie parallèle et roule vers l'ouest à 125 km/h.

   Soit t, le temps écoulé, en heures, depuis le départ du premier train, et d, la distance parcourue par ce train exprimée en kilomètres. Représente graphiquement cette situation et détermine le moment où le train le plus rapide commencera à dépasser le plus lent si leur vitesse demeure constante.

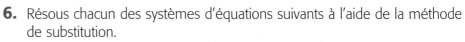

6. Résous chacun des systèmes d'équations suivants à l'aide de la méthode de substitution.

a) $\begin{cases} y = x + 15 \\ 2y = 3x - 12 \end{cases}$

d) $\begin{cases} x = \dfrac{y}{3} \\ 6x + y = 9 \end{cases}$

g) $\begin{cases} y + 10 = x \\ x + 5 = 2y - 6 \end{cases}$

b) $\begin{cases} y = 4x \\ 5x + 2y = 26 \end{cases}$

e) $\begin{cases} y + 3 = x - 5 \\ y + 2 = 2x - 6 \end{cases}$

h) $\begin{cases} 2x + 3y = 5 \\ y = \dfrac{x + 5}{3} \end{cases}$

c) $\begin{cases} x + 3y = 12 \\ y = {}^-x + 5 \end{cases}$

f) $\begin{cases} \dfrac{x}{2} = y - \dfrac{3}{4} \\ 2x - 3y = 5 \end{cases}$

i) $\begin{cases} x + 2 = 4y + 12 \\ x = 5 - y \end{cases}$

7. Voici des systèmes d'équations du premier degré à trois variables. Trouve leur solution.

a) $\begin{cases} x - y + z = 5 \\ x - 2y = 2 \\ 2z + 1 = 7 \end{cases}$

b) $\begin{cases} p + q + 2r = 1 \\ 2p - q + r = {}^-1 \\ 3p + q + r = 4 \end{cases}$

8. Résous chacun des systèmes d'équations suivants à l'aide de la méthode de réduction.

a) $\begin{cases} 2x + y = 5 \\ x - y = 7 \end{cases}$

d) $\begin{cases} x + 5y = 20 \\ 5x + y = 52 \end{cases}$

g) $\begin{cases} 0,05x + 0,10y = 2 \\ x + y = 37 \end{cases}$

b) $\begin{cases} x + y = {}^-4 \\ x + 3y = 8 \end{cases}$

e) $\begin{cases} 2x + 2y = 12 \\ 3x - 5y = 26 \end{cases}$

h) $\begin{cases} 3x + y - 2 = 0 \\ 2x - 2y + 6 = 0 \end{cases}$

c) $\begin{cases} \dfrac{x}{2} + \dfrac{y}{4} = 1 \\ {}^-x + y = 9 \end{cases}$

f) $\begin{cases} 6x - 4y = {}^-10 \\ 3x + 2y = {}^-3 \end{cases}$

i) $\begin{cases} \dfrac{x}{3} + \dfrac{y}{4} = 1 \\ 8x + 6y = 24 \end{cases}$

9. Voici quatre systèmes d'équations.

① $\begin{cases} 5x - 3y = 19 \\ 2x - 6y = 22 \end{cases}$

③ $\begin{cases} y = {}^-6x \\ 2y = 8x - 10 \end{cases}$

② $\begin{cases} 0,2x + 0,7y = 1,5 \\ 0,3x + 0,2y = 1 \end{cases}$

④ $\begin{cases} \dfrac{x}{3} + \dfrac{y}{4} = {}^-1 \\ 2x + y = {}^-8 \end{cases}$

Pour chacun de ces systèmes d'équations :

a) donne la méthode de résolution algébrique la plus efficace pour le résoudre ;

b) détermine la solution.

10. Pour chacune des situations suivantes :

a) définis les variables ;

b) traduis la situation par un système d'équations du premier degré à deux variables ;

c) résous le système d'équations. $2(256 - x) + 5(256 - y) = 767$

① On a vendu 256 billets pour un spectacle de théâtre de marionnettes à la bibliothèque. Les billets pour adultes coûtaient 5 $ chacun et les billets pour enfants, 2 $ chacun. Les recettes totales de la vente des billets s'élèvent à 767 $.

② À l'occasion d'un solde, une boutique de vêtements vend toutes les chemises au même prix et tous les chandails à un autre prix. L'achat de deux chemises et de quatre chandails coûte 98 $ avant les taxes et l'achat d'une chemise et de trois chandails coûte 69 $ avant les taxes.

$48 + 26 + 55 + 3 = 132$ $, 48 + 1,3 + 5,5 + 6 =$

③ Naomy a vidé sa tirelire, qui contenait 200 pièces de monnaie. Il y avait au total 41,53 $, dont 48 pièces de 1 ¢, 26 pièces de 5 ¢, 55 pièces de 10 ¢ et 3 pièces de 2 $. On veut connaître le nombre de pièces de 25 ¢ et de 1 $ que la tirelire de Naomy contenait.

$1(68-y) + 0,25(68-x) + 13,28 = 41,53$

$(68-y) + 0,25(68-x) = 28,25$

$68 - y + 17 - 0,25x = 28,25$

85

11. Représente graphiquement les équations d'un système du premier degré à deux variables qui a une solution unique et dont les deux droites ont :

a) des abscisses à l'origine différentes et des ordonnées à l'origine différentes ;

b) la même abscisse à l'origine, mais des ordonnées à l'origine différentes ;

c) des abscisses à l'origine différentes, mais la même ordonnée à l'origine.

$\begin{cases} x + y = 68 \\ 0,25x + y = 28,25 \end{cases}$

$\Leftrightarrow \begin{cases} x = -y + 68 \\ 0,25x + y = 28,25 \end{cases}$

$\Leftrightarrow 0,25(-y + 68) + y = 28,25$

$\Leftrightarrow -0,25y + 17 + y = 28,25$

$(=) \quad 0,75y \quad = 11,25$

$(=) \quad y = 15$

12. Voici six équations.

① $4x + 2y = 20$ ③ $2x + y = 10$ ⑤ $x - 3y = 12$

② $6x + 3y = 5$ ④ $5x - 15y = {}^-60$ ⑥ $2x - 6y = 24$

À partir de ces six équations seulement, forme deux systèmes d'équations :

a) qui n'ont aucune solution ;   b) qui ont une infinité de solutions.

13. Détermine les valeurs de x et de y dans les mesures d'angles suivantes.

a)
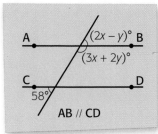

b)
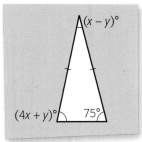

14. Dans le cadre d'un cours de science et technologie, Nicolas et Jasmine doivent déterminer la masse d'un cube rouge et la masse d'un cube vert. Ils disposent de ces montages et d'une balance.

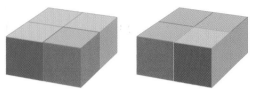

Voici les systèmes d'équations qui modélisent les pesées de Nicolas et Jasmine, où x représente la masse d'un cube rouge et y représente la masse d'un cube vert.

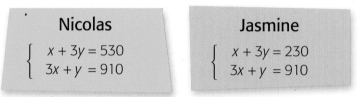

Nicolas
$$\begin{cases} x + 3y = 530 \\ 3x + y = 910 \end{cases}$$

Jasmine
$$\begin{cases} x + 3y = 230 \\ 3x + y = 910 \end{cases}$$

Qui a commis une erreur au moment de la pesée ? Justifie ta réponse.

15. Sans l'aide d'une représentation graphique, détermine si chaque système d'équations a une solution unique, s'il n'a aucune solution ou s'il a une infinité de solutions.

a) $\begin{cases} 3x + y = 4 \\ 6x + 2y = 8 \end{cases}$
   c) $\begin{cases} x + 5y = 9 \\ x - y = 3 \end{cases}$
   e) $\begin{cases} \dfrac{x}{6} + \dfrac{y}{3} = 1 \\ \dfrac{x}{2} + y = 1 \end{cases}$

b) $\begin{cases} 4x - 2y = 0 \\ 2x - y = 3 \end{cases}$
   d) $\begin{cases} x + 2y - 7 = 0 \\ 3x + 6y - 14 = 0 \end{cases}$
   f) $\begin{cases} 3x + 5y = 9 \\ 6x + 10y = 18 \end{cases}$

16. Un système d'équations du premier degré à deux variables qui a pour solutions (0, 3) et (2, 4) a-t-il nécessairement d'autres solutions ? Justifie ta réponse.

17. Les combats au sabre, une des catégories de l'escrime, se déroulent sur une surface rectangulaire ayant un périmètre de 52 m. Détermine si le périmètre et les données indiquées dans chaque énoncé suffisent à déterminer les dimensions de la surface de combat. Justifie ta réponse.

a) La somme de la longueur et de la largeur est égale à 26 m.

b) La longueur est égale à 12 fois la largeur.

18. Le système d'exploitation d'un ordinateur remplace la main du pointeur de la souris par une flèche lorsque le pointeur est dans la région définie par $2x + 3y - 15 > 0$. Si le centre de l'écran est l'origine d'un plan cartésien, quelle apparence a le pointeur lorsqu'il occupe les positions suivantes?

a) $(4, 0)$ b) $(5, 3)$ c) $(0, 5)$

19. Un petit avion prend deux heures et demie pour aller de Québec à Gaspé avec un vent arrière de 20 km/h. Le vol de retour, contre le vent qui souffle toujours à 20 km/h, prend trois heures. Soit v, la vitesse de l'avion lorsqu'il ne vente pas, et d, la distance parcourue par l'avion entre Québec et Gaspé.

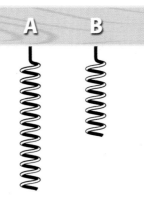

a) Modélise cette situation par un système d'équations.

b) Combien de temps faut-il pour effectuer le voyage entre Québec et Gaspé à bord de ce même avion lorsqu'il ne vente pas?

20. Pour se rendre à ses entraînements de baseball, Xavier transporte les balles dans un bac. Le bac contient 24 balles et le tout pèse 4 kg. Si on enlève 7 balles, la masse totale du bac et des balles restantes est de 3 kg.

a) Sans trouver la masse d'une balle ou du bac vide, détermine la masse:

    1) de deux bacs identiques contenant chacun 24 balles;

    2) d'un bac contenant 10 balles.

b) Formule une autre question à laquelle il est possible de répondre sans trouver la masse d'un bac vide ou d'une balle.

c) Soit b, la masse d'une balle exprimée en kilogrammes, et c, la masse du bac vide exprimée en kilogrammes. Modélise cette situation par un système d'équations.

d) Détermine la masse du bac et la masse d'une balle.

21. Lorsqu'on suspend une masse à l'extrémité d'un ressort, celui-ci s'allonge. Pour une même masse, l'allongement varie selon le ressort utilisé.

Le ressort A ci-dessus mesure 8 cm. Ce ressort s'allonge de 1 cm pour chaque masse de 100 g qu'on suspend à son extrémité. Le ressort B mesure 5 cm et s'allonge de 1 cm pour chaque masse de 75 g qu'on suspend à son extrémité.

Il est possible de suspendre une même masse à ces deux ressorts de façon qu'ils soient de même longueur, une fois allongés. Quelle est cette masse?

22. On peut résoudre algébriquement un système d'équations à l'aide des méthodes de comparaison, de substitution et de réduction. Toutefois, certains soutiennent qu'il n'existe que deux méthodes : la méthode de substitution et la méthode de réduction. Explique leur position.

23. Une entreprise de torréfaction conçoit un mélange de café maison à partir de deux sortes de grains : les grains Java, à 14,89 $ le kilogramme, et les grains Sumatra, à 12,25 $ le kilogramme. Le torréfacteur prépare 50 kg de mélange maison et son coût est de 13,99 $ le kilogramme.

Sur les sacs de café du mélange maison, le torréfacteur doit indiquer le pourcentage de chaque sorte de grains qu'il a utilisée. Qu'inscrira-t-il ?

Environnement et consommation

Le commerce équitable repose sur l'achat de denrées ou d'articles produits par des paysans réunis en petites coopératives qui respectent l'environnement. En accordant à ces paysans un revenu raisonnable pour leur travail, le commerce équitable leur permet de se nourrir, d'éduquer leurs enfants et de se doter de services communautaires.

Les produits équitables offerts au Canada incluent le café, le thé, le sucre, le chocolat, les bananes, le riz, le coton, l'huile d'olive, des articles d'artisanat et des ballons de soccer. En 2007, plus de 7 millions de personnes vivaient de cette forme de commerce.

Selon toi, pourquoi certaines entreprises annoncent-elles volontiers qu'elles vendent des produits équitables ?

La solubilité  Situation de communication

Il existe différents types de sels dont le plus connu est le sel de table, c'est-à-dire le chlorure de sodium. Tous les sels ont la propriété de se dissoudre dans l'eau. Leur solubilité se définit comme la quantité maximale de sel, en grammes, qui se dissout dans 100 mL d'eau. Elle dépend du type de sel et de la température de l'eau.

Le tableau ci-dessous présente les règles modélisant la solubilité s de trois types de sels en fonction de la température de l'eau T comprise entre 0 °C et 100 °C.

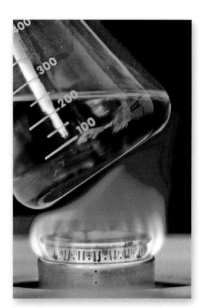

Sel	Solubilité (g/100 mL) en fonction de la température (°C)
Nitrate de sodium ($NaNO_3$)	$s_1 = 0,83T + 73$
Nitrate de potassium (KNO_3)	$s_2 = 0,0175T^2 + 0,55T + 13,6$
Chlorure de sodium (NaCl)	$s_3 = 0,02T + 36$

Les techniciens des laboratoires d'une université doivent préparer différentes solutions d'eau et de sel contenant chacune un seul de ces trois sels. Pour assurer l'uniformité des solutions, le chimiste responsable des laboratoires veut préparer une affiche informative. Celle-ci permettra de sélectionner le sel à dissoudre selon la température de l'eau désirée.

Propose une affiche destinée aux techniciens qui indique le sel qui a la plus grande solubilité et celui dont la solubilité est la plus faible pour des températures variant entre 0 °C et 100 °C. Explique pourquoi, pour certaines températures, plus d'un sel a la même solubilité.

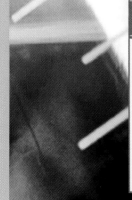

Environnement et consommation

Les sels sont des minéraux largement utilisés, car ils sont peu coûteux. Au Québec, par exemple, on répand du sel sur les routes glacées l'hiver, ce qui permet de réduire considérablement le nombre d'accidents. On utilise également certains sels dans la fabrication d'engrais synthétiques, tels les nitrates de sodium et de potassium, en raison de leur contenu en azote, un élément essentiel à la croissance des plantes.

La grande solubilité des sels fait toutefois en sorte que ceux-ci s'infiltrent dans l'eau des rivières et des lacs. Les écosystèmes s'en trouvent donc déséquilibrés, ce qui met en danger les poissons et les amphibiens. Essaie de trouver une solution de rechange plus écologique pour remplacer le sel d'épandage ainsi que les engrais synthétiques.

- **Nombre de solutions d'un système d'équations**
- **Résolution graphique d'un système d'équations**

La rencontre d'une parabole et d'une droite

Voici la représentation graphique d'une équation du premier degré et d'une équation du second degré à deux variables.

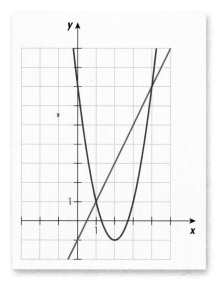

A À partir du graphique, détermine la ou les solutions du système formé par les deux équations.

B Selon toi, deux équations représentées graphiquement par une droite et une parabole peuvent-elles former un système d'équations :

1) ayant une seule solution ?

2) n'ayant aucune solution ?

3) ayant plus de deux solutions ?

Appuie tes réponses à l'aide d'esquisses graphiques.

Soit les deux équations suivantes.

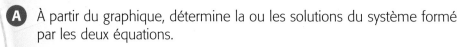

① $y_1 = \frac{1}{2}x + \frac{3}{2}$ ② $y_2 = \frac{1}{4}(x - 3)^2 + 1$

C Représente ces équations dans le même plan cartésien. Détermine graphiquement les coordonnées des points de rencontre des deux courbes.

D Que peut-on dire des valeurs de y_1 et de y_2 aux points de rencontre ?

E Détermine sur quel ou quels intervalles :

1) $y_1 \leq y_2$ **2)** $y_1 > y_2$

F Représente graphiquement l'équation du second degré $y = x^2 + 4$.

G À l'aide d'esquisses graphiques, détermine le nombre de solutions du système composé de l'équation dont il est question en **F** et de chacune des équations suivantes.

1) $y = x + 5$ **2)** $y = ^-x + 5$ **3)** $y = ^-x - 1$

H Explique pourquoi la représentation graphique d'un système d'équations ne permet pas toujours de trouver la ou les solutions du système.

Ai-je bien compris?

1. Soit l'équation $y = x^2 - 6x + 9$.

  a) Représente graphiquement, dans trois plans cartésiens distincts, cette équation et chacune des équations suivantes.

    1) $y = ^-2x - 3$ **2)** $y = 2x - 3$ **3)** $y = 2x - 7$

  b) Détermine graphiquement, s'il y a lieu, le ou les points de rencontre des courbes représentées en **a**.

2. Soit les deux courbes représentées dans le plan cartésien ci-dessous.

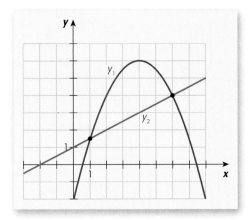

Détermine l'intervalle pour lequel $y_1 \geq y_2$.

Quand l'appétit va, tout va !

Il y a un an, Roberto et ses associés ont ouvert simultanément deux restaurants : *L'éclaté* et *Le gourmand*. Roberto gère les revenus et les dépenses de chacun des restaurants à l'aide d'un compte bancaire spécifique à chacun.

Le tableau suivant indique les règles associées aux fonctions modélisant le solde des comptes $f(x)$, en milliers de dollars, au cours de la première année d'exploitation selon le temps x, en mois, écoulé depuis l'ouverture.

Le solde des comptes des deux restaurants	
L'éclaté	$f_1(x) = 0{,}4(x - 5)^2 - 60$
Le gourmand	$f_2(x) = 2{,}5x - 30$

A Dans un même plan cartésien, représente graphiquement les fonctions modélisant le solde des comptes des deux restaurants.

B Quel emprunt initial Roberto et ses associés ont-ils fait pour ouvrir chacun des restaurants ?

C Si la tendance se maintient, à quel moment Roberto et ses associés auront-ils remboursé l'emprunt fait pour ouvrir le restaurant :

1) *L'éclaté* ?   **2)** *Le gourmand* ?

D Si la tendance se maintient, à un certain moment, les deux comptes bancaires afficheront le même solde. Détermine algébriquement ce moment à l'aide de la méthode de comparaison.

E Explique pourquoi, dans ce contexte, tu as dû rejeter l'une des solutions de l'équation du second degré obtenue en **D**.

Au moment où les deux comptes bancaires affichent le même solde, Roberto et ses associés ont la possibilité d'ouvrir un troisième restaurant.

F Selon toi, quel modèle devraient-ils considérer pour leur troisième restaurant : *L'éclaté* ou *Le gourmand* ? Justifie ta réponse.

G Si Roberto et ses associés avaient pris la décision d'ouvrir un troisième restaurant quatre mois après l'ouverture des deux premiers, leur décision aurait-elle été la même ? Justifie ta réponse.

À quelques reprises au cours du premier mois suivant l'ouverture de *L'éclaté* et du *Gourmand*, Roberto a pris en note le nombre de clients servis par jour dans chaque restaurant. Voici ce qu'il a noté.

Temps écoulé depuis l'ouverture (en jours)	Nombre de clients servis au restaurant *L'éclaté*	Nombre de clients servis au restaurant *Le gourmand*
2	54	30
6	30	50
10	22	70
14	30	90
22	94	130
28	184	160

Roberto remarque que la clientèle d'un des restaurants se modélise par une fonction du premier degré et l'autre, par une fonction quadratique.

H Quelles sont les règles de ces fonctions?

I Au cours de ce mois et selon ces modèles, est-il arrivé que les deux restaurants aient servi, le même jour, le même nombre de clients? Si oui, détermine combien de jours après l'ouverture cela s'est produit.

J Au cours de ce mois, combien de jours *Le gourmand* a-t-il servi quotidiennement plus de clients que *L'éclaté*?

Ai-je bien compris?

1. Résous algébriquement, par la méthode de comparaison, les systèmes d'équations suivants.

a) $\begin{cases} y = {}^-2x + 3 \\ y = x^2 + x - 7 \end{cases}$

b) $\begin{cases} 2x - y = 3 \\ y = \frac{x^2}{2} + x \end{cases}$

c) $\begin{cases} y - 2x - 4 = 0 \\ y = 4x^2 - 2x + 5 \end{cases}$

d) $\begin{cases} y = 3x + 1 \\ 2y - 1 = 4x^2 + 6x - 11 \end{cases}$

2. La table de valeurs ci-dessous représente des couples de valeurs appartenant à une fonction du premier degré y_1 et à une fonction du second degré y_2.

x	0	2	3	4	6	8	10
y_1	⁻15	⁻5	0	5	15	25	35
y_2	15	⁻1	⁻3	⁻1	15	47	95

Détermine les valeurs de x pour lesquelles:

a) $y_1 = y_2$

b) $y_1 > y_2$

c) $y_1 \leq y_2$

Circulation aérienne

Le radar de la tour de contrôle d'un aéroport a une portée de 50 km, c'est-à-dire qu'il capte et affiche sur l'écran tout ce qu'il détecte dans un rayon de 50 km. La limite de la zone balayée par le radar est représentée dans le plan cartésien ci-contre, où les axes sont gradués en kilomètres. L'équation correspondant au cercle qui constitue la limite de la zone est $x^2 + y^2 = 2\,500$.

Un avion se situe présentement à 50 km à l'ouest et à 15 km au nord de la tour de contrôle. Il se rapproche de la tour de contrôle en suivant une trajectoire décrite par l'équation $y = {}^-0,5x - 10$.

Limite de la zone balayée par le radar

A Est-ce que cet avion se situe présentement dans la zone balayée par le radar ? Justifie ta réponse.

Soit le système d'équations composé de l'équation du cercle et de celle de la droite.

B Pourquoi ne peut-on pas utiliser la méthode de comparaison pour résoudre ce système ?

C Comment peut-on obtenir une seule équation du second degré à une variable à partir de ces deux équations afin de résoudre le système ?

D Détermine algébriquement les coordonnées des points de rencontre de la droite et du cercle. Dans ce contexte, à quoi correspondent ces points ?

E Si l'avion traverse la zone balayée par le radar à une vitesse constante de 180 km/h, détermine le temps pendant lequel il sera dans cette zone.

Fait divers

Le mot « radar » vient de l'acronyme anglais de **Ra**dio **D**etection **A**nd **R**anging (système de détection et d'estimation de la distance par ondes radio). L'inventeur officiel du radar est l'Anglais Robert Watson-Watt ; il obtient un brevet pour le système radar en 1935. À cette époque où une seconde grande guerre se prépare, le radar est uniquement utilisé pour détecter des bombardiers ennemis.

Un second avion se déplace à une vitesse constante de 200 km/h. Il se situe présentement au point ($^-$50, $^-$30) et suit une trajectoire nord-est. Il est représenté par le point bleu dans le plan ci-contre.

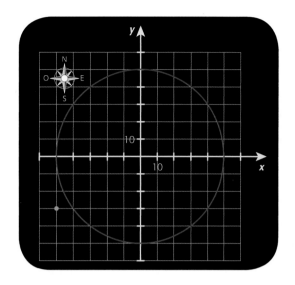

F Détermine le temps pendant lequel le second avion sera dans la zone balayée par le radar.

G À cause de leur vitesse et de leur altitude, les deux avions ne se croiseront pas. Détermine néanmoins les coordonnées du point de rencontre de leur trajectoire.

H Détermine l'équation de la trajectoire possible d'un troisième avion qui ne serait pas détecté par le radar.

Ai-je bien compris?

1. Résous algébriquement les systèmes d'équations suivants par la méthode de substitution.

a) $\begin{cases} x^2 + y^2 = 36 \\ 2x + y = 12 \end{cases}$ b) $\begin{cases} y = x - 5 \\ x^2 + y^2 = 4 \end{cases}$ c) $\begin{cases} x^2 + y^2 = 25 \\ 2x + y = {}^-5 \end{cases}$

2. Dans un plan cartésien, le système de détection radar d'un phare situé à l'origine du plan a une portée dont la limite correspond à l'équation $x^2 + y^2 = 5$. Un navire suit la trajectoire définie par l'équation $x - y = 2$. Sera-t-il détecté par le système radar du phare? Justifie ta réponse.

Faire le point

Le nombre de solutions d'un système d'équations

Un système composé d'une équation du premier degré et d'une équation du second degré à deux variables peut posséder une ou deux solutions, ou n'en posséder aucune.

Exemple : Le tableau suivant présente le nombre de solutions d'un système composé de deux équations représentées graphiquement par une droite et une parabole.

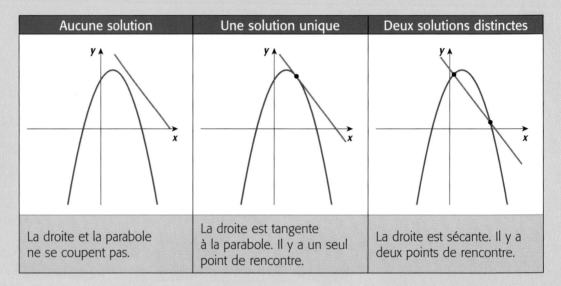

Aucune solution	Une solution unique	Deux solutions distinctes
La droite et la parabole ne se coupent pas.	La droite est tangente à la parabole. Il y a un seul point de rencontre.	La droite est sécante. Il y a deux points de rencontre.

La résolution graphique d'un système d'équations

Résoudre grahiquement un système composé d'une équation du premier degré et d'une équation du second degré à deux variables consiste à représenter graphiquement ces deux équations dans un même plan et à déterminer ensuite les coordonnées du ou des points de rencontre, s'ils existent, des deux courbes. Ces coordonnées correspondent à la ou aux solutions du système d'équations.

Exemple: Élodie s'amuse avec un pistolet à eau. La trajectoire du jet d'eau est parabolique et orientée de façon à atteindre une rampe de planche à roulettes. Dans un plan cartésien gradué en mètres, la trajectoire du jet d'eau et la position de la rampe sont modélisées par les équations $y = \frac{-1}{4}(x-2)^2 + 2$ et $y = \frac{x}{3} - \frac{1}{3}$, où x représente la distance horizontale et y, la hauteur par rapport au sol.

Voici les étapes à suivre pour déterminer à quelle hauteur et à quelle distance d'Élodie le jet d'eau touche la rampe.

Étape	Démarche
1. Au besoin, définir les variables et modéliser la situation par un système d'équations.	$\begin{cases} y = \frac{-1}{4}(x-2)^2 + 2 \\ y = \frac{x}{3} - \frac{1}{3} \end{cases}$
2. Représenter graphiquement les équations du système en tenant compte des valeurs que l'on peut attribuer à chacune des variables. Déterminer graphiquement les coordonnées du ou des points de rencontre des deux courbes. Ces coordonnées correspondent à la ou aux solutions du système d'équations.	
3. Valider la ou les solutions dans les deux équations.	(4, 1) $\begin{cases} y = \frac{-1}{4}(4-2)^2 + 2 = 1 \\ y = \frac{4}{3} - \frac{1}{3} = 1 \end{cases}$
4. Communiquer la solution ou la réponse à la question selon le contexte.	Le jet d'eau touche la rampe à une hauteur de 1 m et à une distance horizontale de 4 m d'Élodie.

Remarque: La représentation graphique ne permet pas toujours de déterminer avec précision les coordonnées des points de rencontre des courbes.

La résolution algébrique d'un système d'équations et l'interprétation de la ou des solutions

Résoudre algébriquement un système composé d'une équation du premier degré et d'une équation du second degré à deux variables consiste à le transformer afin d'obtenir une équation du second degré à une variable. Pour ce faire, on peut utiliser la méthode de comparaison ou la méthode de substitution.

Dans certains contextes, il arrive qu'une solution soit rejetée en raison des restrictions sur les valeurs prises par les variables.

La méthode de comparaison

Le tableau suivant présente les étapes à suivre pour résoudre le système traduisant la situation de l'exemple présenté à la page précédente.

Étape	Démarche
1. Au besoin, isoler une même variable dans les deux équations.	$$\begin{cases} y = \dfrac{-1}{4}(x-2)^2 + 2 \\ y = \dfrac{x}{3} - \dfrac{1}{3} \end{cases}$$
2. **Comparer** les deux expressions algébriques pour former une équation du second degré à une seule variable. Résoudre l'équation obtenue.	$$\dfrac{-1}{4}(x-2)^2 + 2 = \dfrac{x}{3} - \dfrac{1}{3}$$ $$-3(x-2)^2 + 24 = 4x - 4$$ $$-3(x^2 - 4x + 4) + 24 - 4x + 4 = 0$$ $$-3x^2 + 8x + 16 = 0$$ $$x = \dfrac{-4}{3} \text{ ou } x = 4$$
3. Remplacer la ou les valeurs trouvées en **2** dans l'une des équations du système pour déterminer les valeurs correspondantes de l'autre variable.	Si $x = \dfrac{-4}{3}$, alors $y = \dfrac{-4/3}{3} - \dfrac{1}{3} = \dfrac{-7}{9}$. Si $x = 4$, alors $y = \dfrac{4}{3} - \dfrac{1}{3} = 1$.
4. Valider la ou les solutions dans l'autre équation.	$$\dfrac{-1}{4}\left(\dfrac{-4}{3} - 2\right)^2 + 2 = \dfrac{-1}{4}\left(\dfrac{100}{9}\right) + 2 = \dfrac{-7}{9}$$ $$\dfrac{-1}{4}(4-2)^2 + 2 = \dfrac{-1}{4}(4) + 2 = 1$$
5. Communiquer la solution ou la réponse à la question selon le contexte.	Le jet d'eau touche la rampe à une hauteur de 1 m et à une distance horizontale de 4 m d'Élodie.

Remarque : Dans ce contexte, on doit rejeter la solution $x = \dfrac{-4}{3}$ puisque x ne prend que des valeurs positives.

La méthode de substitution

Exemple : Déterminer les points de rencontre de la droite d'équation $3x - y + 1 = 0$ et du cercle d'équation $x^2 + y^2 = 1$.

Étape	Démarche
1. Au besoin, isoler une variable dans l'équation du premier degré.	$$\begin{cases} 3x - y + 1 = 0 \\ x^2 + y^2 = 1 \end{cases} \Leftrightarrow \begin{cases} y = 3x + 1 \\ x^2 + y^2 = 1 \end{cases}$$
2. **Substituer** dans l'équation du second degré l'expression algébrique qui correspond à la variable isolée en **1**. Résoudre l'équation obtenue.	$$x^2 + (3x+1)^2 = 1$$ $$x^2 + 9x^2 + 6x + 1 - 1 = 0$$ $$10x^2 + 6x = 0$$ $$2x(5x + 3) = 0$$ $$x = 0 \text{ ou } x = \dfrac{-3}{5}$$
3. Remplacer la ou les valeurs trouvées en **2** dans l'une des équations du système pour déterminer les valeurs correspondantes de l'autre variable.	Si $x = 0$, alors $y = 3(0) + 1 = 1$. Si $x = \dfrac{-3}{5}$, alors $y = 3\left(\dfrac{-3}{5}\right) + 1 = \dfrac{-4}{5}$.
4. Valider la ou les solutions dans l'autre équation.	$$0^2 + 1^2 = 1$$ $$\left(\dfrac{-3}{5}\right)^2 + \left(\dfrac{-4}{5}\right)^2 = \dfrac{9}{25} + \dfrac{16}{25} = 1$$
5. Communiquer la solution ou la réponse à la question.	Les points de rencontre sont $(0, 1)$ et $\left(\dfrac{-3}{5}, \dfrac{-4}{5}\right)$.

Mise en pratique

1. Résous graphiquement chacun des systèmes d'équations suivants.

   a) $\begin{cases} y = 3x^2 \\ y = 12 \end{cases}$

   c) $\begin{cases} y = (x + 4)^2 - 3 \\ y = 1 \end{cases}$

   e) $\begin{cases} y = \dfrac{x^2}{4} + 1 \\ y = x \end{cases}$

   b) $\begin{cases} y = {}^-2x^2 + 5 \\ y = 5 \end{cases}$

   d) $\begin{cases} y = 2x^2 - 5 \\ x = {}^-2 \end{cases}$

   f) $\begin{cases} y = {}^-5(x - 10)^2 + 40 \\ y = 10x \end{cases}$

2. Combien de points de rencontre peut-il y avoir entre une parabole dont l'équation est de la forme $y = ax^2 + bx + c$ et :

   a) une droite oblique?

   b) une droite horizontale?

   c) une droite verticale?

   Appuie tes réponses à l'aide d'esquisses graphiques.

3. Une équation du second degré à deux variables est représentée graphiquement par une parabole dont les coordonnées du sommet sont $(2, {}^-3)$ et dont l'ordonnée à l'origine est 0. Détermine une équation du premier degré à deux variables qui forme avec cette dernière un système :

   a) possédant deux solutions ;   b) ne possédant aucune solution.

4. Soit les systèmes d'équations suivants.

   a) $\begin{cases} y = 4x^2 \\ 4x - y = 1 \end{cases}$

   c) $\begin{cases} y = x^2 - 3 \\ y = 2x - 3 \end{cases}$

   e) $\begin{cases} y = \dfrac{4}{3}(x - 2)^2 - 3 \\ y = \dfrac{2x}{3} + 5 \end{cases}$

   b) $\begin{cases} y = {}^-(x + 1)^2 - 4 \\ y = {}^-4x + 4 \end{cases}$

   d) $\begin{cases} y = x^2 - 17 \\ 2x + y = {}^-17 \end{cases}$

   f) $\begin{cases} y = 3x^2 + 4x - 5 \\ 2x - 3y = 4 \end{cases}$

   Résous chacun d'eux par la méthode de ton choix.

5. Quelles sont les coordonnées des points de rencontre :

   a) d'une parabole qui passe par le point $({}^-1, 0)$ et dont le sommet est $(2, 1)$, et d'une droite passant par les points $(6, {}^-1)$ et $(10, {}^-4)$?

   b) d'une droite dont la pente est ${}^-12$ et dont l'abscisse à l'origine est 10, et d'une parabole dont les abscisses à l'origine sont 2 et 10 et dont l'ordonnée à l'origine est ${}^-60$?

6. Si m est un nombre réel positif, détermine le nombre de solutions de chacun des systèmes suivants.

   a) $\begin{cases} y = m \\ y = x^2 + m \end{cases}$

   b) $\begin{cases} y = m \\ y = x^2 \end{cases}$

   c) $\begin{cases} y = m \\ y = {}^-x^2 \end{cases}$

   d) $\begin{cases} y = m \\ y = {}^-x^2 + m \end{cases}$

7. Une automobile est immobilisée à un feu rouge sur une route parallèle à une voie ferrée. Au même moment, un train se déplaçant sur la voie ferrée passe à ses côtés et la dépasse. L'automobile se met en route quatre secondes plus tard.

La table de valeurs ci-dessous indique la vitesse de l'automobile et celle du train, en mètres par seconde, selon le temps, en secondes, à partir du moment où le train passe à côté de l'automobile.

Temps (s)	0	4	8	12	16	20	24	28	32
Vitesse de l'automobile (m/s)	0	0	$\frac{25}{3}$	$\frac{40}{3}$	15	$\frac{40}{3}$	$\frac{25}{3}$	0	0
Vitesse du train (m/s)	20	18	16	14	12	10	8	6	4

Après combien de temps l'automobile et le train ont-ils la même vitesse ?

8. Les revenus provenant de la vente de billets pour une soirée de théâtre varient en fonction du coût du billet. Les équations suivantes modélisent les revenus *r*, en milliers de dollars, selon le coût du billet *x* pour deux salles de théâtre.

Théâtre *Côté Cour*

$$r(x) = {}^-0{,}0075x^2 + 0{,}6x \text{ pour } 0 \le x \le 80$$

Théâtre *Côté Jardin*

$$r(x) = \begin{cases} 0{,}15x \text{ pour } 0 \le x \le 70 \\ {}^-0{,}5x + 45{,}5 \text{ pour } 70 < x \le 91 \end{cases}$$

a) Dans ce contexte, à quoi correspond le domaine de chacune des fonctions ?

b) Détermine le ou les prix des billets pour lesquels :

    1) les revenus des deux théâtres sont les mêmes ;

    2) les revenus du théâtre Côté Jardin sont supérieurs à ceux du théâtre Côté Cour.

c) Laquelle de ces deux salles de théâtre est susceptible de rapporter les revenus les plus élevés ? Quel est alors le prix du billet ?

Fait divers

Au théâtre, le « côté jardin » désigne le côté gauche de la scène du point de vue des spectateurs alors que le « côté cour » désigne le côté droit. Ce vocabulaire date du 18ᵉ siècle, à l'époque où les comédiens français faisaient des représentations dans la résidence du roi, le Palais des Tuileries. Le côté droit de la scène coïncidait avec le Jardin des Tuileries, alors que le côté gauche donnait sur la cour. Cette astuce permet maintenant aux metteurs en scène et aux comédiens d'éviter de confondre la gauche et la droite quand une personne regarde dans une direction et les autres, dans l'autre direction.

9. Résous algébriquement les systèmes d'équations suivants.

a) $\begin{cases} y = x - 1 \\ x^2 + y^2 = 25 \end{cases}$ c) $\begin{cases} y + 3x = 0 \\ x^2 + y^2 = 10 \end{cases}$ e) $\begin{cases} x^2 - 64y^2 = 1 \\ x + 8y = 0 \end{cases}$

b) $\begin{cases} 4x^2 + y^2 = 25 \\ 2x + y = 1 \end{cases}$ d) $\begin{cases} (y - 5)^2 = x + 4 \\ y = x - 3 \end{cases}$ f) $\begin{cases} y = 0,5x + 2 \\ 9 = (x + 1)^2 + (y + 1)^2 \end{cases}$

10. Soit $f(x) = \frac{1}{4}(x - 5)^2 - 2$ et $g(x) = {}^-3x^2 - 6x + 1$, les règles de deux fonctions quadratiques, et h, une fonction du premier degré passant par les sommets des deux paraboles associées aux fonctions f et g.

a) Quelle est la règle de la fonction h?

b) Détermine les valeurs de x pour lesquelles:

   1) $h(x) < f(x)$ **2)** $h(x) \geq g(x)$

11. Voici la démarche qu'Emilio a utilisée pour résoudre un système d'équations.

$$\begin{cases} 2x - y = 5 \\ y = x^2 + 3x - 11 \end{cases}$$

Additionner les deux équations.	$2x = x^2 + 3x - 6$
Résoudre l'équation obtenue.	$x^2 + x - 6 = 0$ $(x + 3)(x - 2) = 0$ $x = {}^-3$ et $x = 2$
Trouver les solutions du système.	$({}^-3, {}^-11)$ et $(2, {}^-1)$

a) Emilio a-t-il trouvé les solutions du système? Justifie ta réponse.

b) Penses-tu qu'avec cette démarche Emilio pourrait résoudre tous les systèmes composés d'une équation du premier degré et d'une équation du second degré à deux variables? Appuie ton raisonnement par un exemple.

12. Un parc municipal est représenté dans un plan cartésien gradué en mètres. Un arroseur se trouvant à l'origine de ce plan asperge une surface circulaire dont le pourtour est représenté par l'équation $x^2 + y^2 = 20$. Un sentier traversant le parc est représenté dans le même plan par l'équation $2x - y = 12$. Les gens qui empruntent ce sentier se feront-ils arroser? Justifie ta réponse à l'aide d'arguments mathématiques.

Consolidation

1. Vrai ou faux? Justifie tes réponses.

   a) L'équation $2x - 5 = 0$ décrit une droite horizontale.

   b) L'équation $y - x = 0$ décrit une droite horizontale.

   c) La pente d'une droite horizontale est zéro.

   d) La pente d'une droite verticale est indéterminée.

   e) Il est impossible d'exprimer l'équation d'une droite verticale sous la forme fonctionnelle.

2. Quelle est l'équation de la droite:

   a) parallèle à la droite d'équation $2x - 3y + 1 = 0$ et qui passe par le point $P(1, {}^-2)$?

   b) perpendiculaire à la droite d'équation $y = {}^-6x + 4$ et qui a la même ordonnée à l'origine que la droite d'équation $y = 8x - 3$?

   c) parallèle à la droite d'équation $3x - 12y + 16 = 0$ et qui a la même abscisse à l'origine que la droite d'équation $14x - 13y - 52 = 0$?

   d) perpendiculaire à la droite d'équation $\frac{x}{2} + \frac{y}{-2} = 1$ et qui passe par l'origine?

3. Trouve la valeur de k qui fait en sorte que les droites d'équations $3x - 2y - 5 = 0$ et $kx - 6y + 1 = 0$ sont:

   a) parallèles;   b) perpendiculaires.

4. Une entreprise fabrique des motocyclettes et des scooters. En une semaine, elle peut fabriquer un maximum de 400 véhicules au total.

   a) Définis les variables et traduis cette situation par une inéquation.

   b) Dans un plan cartésien, représente graphiquement l'ensemble-solution de l'inéquation déterminée en **a**.

   c) Est-ce que tous les points appartenant au demi-plan tracé en **b** sont des solutions dans ce contexte? Donne un exemple.

5. Pour lequel ou lesquels des systèmes suivants le point $(2, {}^-3)$ est-il une solution?

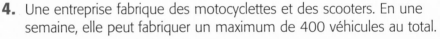

   ① $\begin{cases} x - y = 5 \\ 3x + 4y = {}^-6 \end{cases}$ ② $\begin{cases} 2x + y = 7 \\ x - 3y = 10 \end{cases}$ ③ $\begin{cases} 4x - y = 11 \\ {}^-12x - 3y = {}^-16 \end{cases}$

6. Résous algébriquement les systèmes d'équations du premier degré à deux variables suivants.

   a) $\begin{cases} y = 2x + 1 \\ y = {}^-x - 5 \end{cases}$ c) $\begin{cases} 2(x + y) = 48 \\ y = x + 10 \end{cases}$ e) $\begin{cases} x - 2y + 6 = 0 \\ 3x = 2y \end{cases}$

   b) $\begin{cases} x + 2y = 33 \\ x - y = 6 \end{cases}$ d) $\begin{cases} 2x + 5y = 114 \\ x + y = 33 \end{cases}$ f) $\begin{cases} \frac{x}{4} + \frac{y}{-8} = 1 \\ 2x + 3y = 20 \end{cases}$

7. Soit $\begin{cases} x + y = 4 \\ \blacksquare x + 2y = \blacksquare \end{cases}$

a) Remplace les cartons de couleur par les valeurs appropriées afin de former un système :

1) qui n'a aucune solution ;

2) qui a une infinité de solutions ;

3) qui a une solution unique.

b) Représente graphiquement chacun des systèmes que tu as formés en **a**.

8. Trois droites sont décrites par les équations suivantes.

① $y = \dfrac{1}{3}x - 2$ ② $x - y = 4$ ③ $x + 3y = 4$

Quelles sont les coordonnées des sommets du triangle que déterminent ces droites lorsqu'on les trace dans un plan cartésien ?

9. Résous les systèmes d'équations suivants.

a) $\begin{cases} y = 4x \\ x^2 - y + 4 = 0 \end{cases}$

c) $\begin{cases} y = x^2 + x + 3 \\ 3x + y = 1 \end{cases}$

e) $\begin{cases} x^2 + y^2 = 16 \\ x - 2y = 7 \end{cases}$

b) $\begin{cases} x - y = 0 \\ x^2 + y^2 - 32 = 0 \end{cases}$

d) $\begin{cases} y = 2x^2 + 4x + 5 \\ \dfrac{x}{2} + \dfrac{y}{2} = 1 \end{cases}$

f) $\begin{cases} x^2 + y^2 = 13 \\ 2x - y = 7 \end{cases}$

10. Dans le plan cartésien ci-dessous, on a tracé une droite et une parabole. Le point **A** correspond au sommet de la parabole dont l'équation est $y = \dfrac{5}{18}(x - 6)^2 + 5$. L'abscisse à l'origine de la droite est 3. Quelles sont les coordonnées du point **B** ?

11. Une question de signe

Formule une conjecture permettant de déterminer le signe de la pente d'une droite à partir de la forme générale de son équation.

12. Quatre droites, quatre côtés

Les quatre équations de droites suivantes déterminent un quadrilatère.

$$y = \frac{^-x}{2} + 5 \qquad \frac{x}{^-3} + \frac{y}{3} = 1 \qquad y = x - 2 \qquad x + 2y + 12 = 0$$

De quel type de quadrilatère s'agit-il? Justifie ta réponse.

13. Décision de placement

Rosalie a acheté des obligations d'épargne qui lui rapportent 3 % d'intérêt par année. Elle a aussi acheté un fonds de placement à rendement indéterminé. En tout, elle a placé 1 500 $.

Un an plus tard, la somme placée vaut 1 562 $. Rosalie sait maintenant que le rendement du fonds de placement était de 5 % par année.

Rosalie aurait-elle plus d'argent aujourd'hui si elle avait utilisé le montant des obligations d'épargne pour acheter le fonds de placement et utilisé le montant du fonds de placement pour acheter les obligations d'épargne? Justifie ta réponse.

14. Pression sous l'eau

Un bar correspond à une pression de 1 kg par centimètre carré.

En plongée, on utilise le bar pour exprimer la pression exercée sur les plongeurs. Le tableau ci-dessous indique la pression exercée, en bars, sur un plongeur au cours d'une plongée sous le niveau de la mer et au cours d'une plongée en altitude, c'est-à-dire lorsque le lac où a lieu la plongée est situé au-dessus du niveau de la mer.

Plongée sous le niveau de la mer		Plongée en altitude	
Profondeur sous la surface de l'eau (m)	Pression (bars)	Profondeur sous la surface de l'eau (m)	Pression (bars)
10	2	15	2,1
20	3	18	2,4
30	4	21	2,7
40	5	24	3
50	6	27	3,3

En supposant que la tendance observée dans le tableau se maintienne, démontre que le plongeur se trouvant à une profondeur x sous le niveau de la mer ne peut ressentir la même pression que lorsqu'il se trouve à la même profondeur x lors d'une plongée en altitude. Ta démonstration doit reposer sur deux autres modes de représentation de cette situation.

15. Faire autrement

Vanessa affirme qu'elle peut déterminer la pente et l'ordonnée à l'origine d'une droite à partir de deux de ses points en résolvant un système d'équations du premier degré à deux variables. Explique son raisonnement en prenant comme exemple la droite qui passe par les points (3, 4) et (6, 6).

16. Zone sinistrée

On prévoit une importante éruption volcanique dans une région de l'Équateur. Par mesure de sécurité, on ferme des portions de routes susceptibles d'être touchées par la lave. Dans un plan cartésien où les axes sont gradués en kilomètres, la bouche du volcan est située au point **B**(20, 10). Les limites de la zone de sécurité se traduisent par l'équation $(x - 20)^2 + (y - 10)^2 = 49$. La route 1 est représentée par l'équation $y = 0{,}2x$.

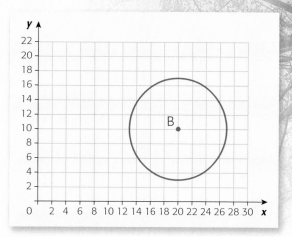

Quelle est la longueur de la portion de la route 1 qui sera fermée?

17. Croissance d'un arbre

Pour déterminer l'âge d'un arbre sans l'endommager, on peut utiliser la méthode de Suzanne Hardy, destinée aux essences canadiennes. Cette méthode se décrit comme suit: mesurer le diamètre de l'arbre à une hauteur de 1,4 m et multiplier cette valeur par le facteur correspondant à l'essence de celui-ci. Les facteurs sont indiqués dans le tableau ci-dessous pour quelques essences d'arbres.

Facteur	Essences d'arbres
1,5	Érable argenté, orme d'Amérique, peuplier faux-tremble
2	Bouleau, pin, frêne d'Amérique
2,5	Thuya occidental, sapin baumier, hêtre
3	Chêne rouge, noyer

Sur son terrain à la campagne, au cours de l'été 2009, Sandrine calcule qu'un thuya occidental a 100 ans et qu'un peuplier faux-tremble a 30 ans. Elle s'intéresse à l'évolution du diamètre de chacun de ces deux arbres pour les trente prochaines années.

a) Traduis cette situation par un système d'équations dont les variables en jeu représentent le nombre d'années depuis 2009 et le diamètre du tronc de chaque arbre.

b) Au cours des trente prochaines années, est-il possible que Sandrine observe à un certain moment que les deux arbres ont le même diamètre? Justifie ta réponse.

Le Stalag Luft III, photo prise en 1944.

18. La grande évasion

Pendant la Seconde Guerre mondiale, dans la nuit du 24 au 25 mars 1944, 76 prisonniers de guerre du Stalag Luft III, une prison allemande située près de Berlin, ont tenté de s'évader par un tunnel qu'ils ont mis près d'un an à creuser. Le soir de l'évasion, les prisonniers ont constaté que la sortie du tunnel, au lieu d'être dissimulée dans la forêt, se trouvait plutôt à l'orée de celle-ci, à la vue des gardiens.

Pour planifier leur évasion, les prisonniers ont probablement supposé que les clôtures principale et mitoyenne, représentées dans le plan cartésien ci-contre, étaient perpendiculaires. Ils ont ensuite calculé la longueur que devait avoir leur tunnel, à partir de leur supposition que les clôtures étaient perpendiculaires, pour que sa sortie soit dans la forêt.

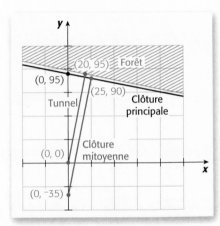

Montre que les prisonniers avaient raison de supposer que les clôtures principale et mitoyenne étaient perpendiculaires, mais que le tunnel qu'ils ont creusé n'était pas parallèle à la clôture mitoyenne.

19. Rattrapage

Dans le cadre d'un concours de robotique, des élèves construisent des bolides qui participeront à des courses dans le gymnase de l'école. L'enseignant de mathématique profite de cette occasion pour leur soumettre le problème suivant.

On considère un bolide rouge qui roule à une vitesse constante de 4 m/s et un bolide bleu dont l'accélération est constante à 2 m/s^2. Les couloirs dans lesquels roulent les bolides sont parallèles. Le bolide rouge part avant et d'un peu plus loin et, au moment où il arrive au niveau du bolide bleu, ce dernier démarre. On s'intéresse à l'endroit où l'on doit positionner le fil d'arrivée afin que les deux bolides le franchissent en même temps.

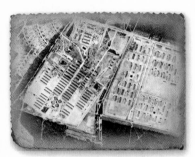

L'enseignant fournit aux élèves les équations ci-contre traduisant la distance d parcourue par un bolide en fonction du temps t écoulé depuis le départ, en secondes.

> Avec une vitesse v constante : $d = vt$

> Avec une accélération a constante : $d = \frac{a}{2}t^2$

À quelle distance devant la position de départ du bolide bleu doit-on positionner le fil d'arrivée ?

20. Le code ASCII

La mémoire d'un ordinateur conserve toutes les données sous forme numérique, car il n'existe pas de méthode pour stocker directement les caractères. Chaque caractère possède donc son équivalent en code numérique. Le plus connu de ces codes est le code ASCII. Voici les codes utilisés pour transformer un caractère sous forme numérique.

- Les codes 48 à 57 représentent respectivement les chiffres 0 à 9.
- Les codes 65 à 90 représentent respectivement les lettres majuscules.
- Les codes 97 à 122 représentent respectivement les lettres minuscules.

Utilise ces données pour déterminer et écrire les mots de deux et trois lettres qui sont décrits ci-dessous.

a) La somme des deux codes formant ce mot est 225, et le deuxième code est supérieur de trois au premier code.

b) La somme des trois codes formant ce mot est 208, la somme des deux premiers codes est 141, tandis que la somme des deux derniers est 132.

21. Deux couleurs

Un agriculteur a testé un insecticide biologique sur une partie de son champ de maïs. Il a vaporisé cet insecticide sur la zone délimitée par le sentier bleu, perpendiculaire à la route principale. La zone qu'il a vaporisée apparaît en bleu dans le plan cartésien ci-contre, qui représente les alentours de la ferme.

Si la route principale passe par l'origine et par le point (150, 100), quelle inéquation décrit la zone où l'agriculteur a vaporisé l'insecticide?

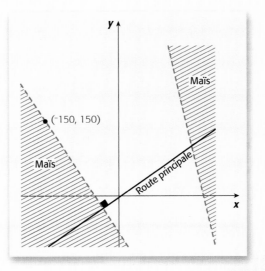

Environnement et consommation

Un pesticide est un produit conçu pour détruire des organismes considérés comme indésirables ou nuisibles. Depuis 2006, tous les produits antiparasitaires vendus au Canada doivent être homologués par une agence du gouvernement fédéral, l'Agence de réglementation de la lutte antiparasitaire (ARLA). Au Québec, depuis 2003, Le Code de gestion des pesticides interdit la vente et l'utilisation de 20 types d'ingrédients actifs, présents dans quelque 200 produits. Malgré le contrôle exercé sur la vente de ces produits, plusieurs groupes environnementaux militent contre l'utilisation des pesticides synthétiques et privilégient celle des pesticides biologiques, faits à partir de sources naturelles comme des plantes et des minéraux.

Nomme deux moyens d'éliminer les mauvaises herbes ou les insectes indésirables sans recourir aux pesticides. Selon toi, quelles conséquences peut avoir l'utilisation des pesticides synthétiques sur notre santé?

22. Reproduction

Dans le plan cartésien ci-dessous, on a représenté un masque de hockey. Les équations modélisant le contour du masque sont $y = {}^-x^2 + 4x - 1$ et $y = 2x^2 - 8x + 7$.

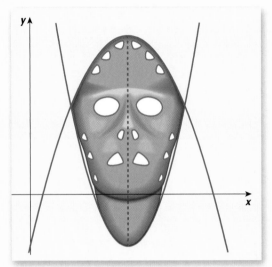

a) Si une unité du plan équivaut à 1 dm, détermine la hauteur et la largeur du masque.

b) Transforme les équations en inéquations de manière à représenter la zone occupée par le masque dans le plan cartésien.

23. Une solution en or

Dans sa forme pure, l'or est très malléable. C'est notamment pour cette raison qu'en joaillerie on travaille davantage avec des alliages, c'est-à-dire des mélanges d'or et d'autres métaux plus résistants et moins dispendieux. Le carat (ct) est l'unité de pureté de l'or. On considère que de l'or 24 ct est de l'or pur. Un alliage 1 ct est un alliage dont $\frac{1}{24}$ de la masse est composé d'or pur.

Juanita est finissante dans une école de design de bijoux. Ses enseignants l'ont choisie, parmi sa cohorte, pour représenter le Québec à une compétition internationale de jeunes designers-joailliers. Juanita a fabriqué un prototype de bague. Pour la réalisation de sa bague, elle a besoin de 180 g d'un alliage d'or 14 ct.

Voici les quantités d'alliage d'or dont elle dispose dans son atelier.

| Alliage 18 ct: 100 g | Alliage 14 ct: 30 g |

| Alliage 10 ct: 95 g | Alliage métallique sans or: 250 g |

Propose deux façons différentes de produire l'alliage nécessaire à la réalisation de sa bague.

24. Improvisation mixte

Deux soirs consécutifs, une partie d'improvisation enseignants-élèves a été présentée à l'auditorium d'une école secondaire afin d'amasser des fonds pour la troupe de théâtre. Les billets ont été vendus au coût de 5 $ pour les élèves et de 8 $ pour leurs invités. Le premier soir, il y a eu 400 spectateurs. La recette a été de 2 258 $.

a) Traduis cette situation par un système d'équations du premier degré à deux variables.

b) Détermine le nombre d'élèves et le nombre d'invités présents à cette première soirée.

Le second soir, il y a eu plus de 400 spectateurs, et on a amassé plus de 2 258 $.

c) Traduis cette situation par un système d'inéquations du premier degré à deux variables.

d) Représente graphiquement ce système d'inéquations.

e) Énumère cinq possibilités quant au nombre d'élèves et d'invités présents la deuxième soirée.

25. Indice UV

Le rayonnement ultraviolet (UV) fait partie du spectre électromagnétique émis par le soleil. Les rayons UVA et UVB atteignent la surface de la Terre et peuvent avoir des effets importants sur notre santé. À cet égard, Environnement Canada a créé l'indice UV en 1992 afin de renseigner les gens sur l'intensité des rayons ultraviolets (UV) invisibles du soleil. Au Canada, l'indice varie de 0 à 10, alors qu'il est assez courant qu'il atteigne 16 dans les régions tropicales.

L'évolution de l'indice UV mensuel moyen pour deux grandes villes au cours d'une année est modélisée par les fonctions dont les règles sont les suivantes et où y représente l'indice UV et x, le ixième mois de l'année.

Toronto, Canada

$$y = {}^-0{,}25(x - 6{,}5)^2 + 9$$
$$\text{pour } x \in \{1, 2, \ldots, 12\}$$

Sydney, Australie

$$y = \begin{cases} {}^-2{,}5x + 13{,}5 & \text{pour } x \in \{1, 2, 3, 4, 5\} \\ 1 & \text{pour } x \in \{5, 6, 7\} \\ \dfrac{5x}{3} - \dfrac{32}{3} & \text{pour } x \in \{7, 8, \ldots, 12\} \end{cases}$$

a) Représente les deux fonctions dans le même plan cartésien.

b) Au cours de quels mois de l'année la ville de Toronto présente-t-elle un indice UV supérieur à celui de la ville de Sydney? Dans le contexte, comment expliques-tu ta réponse?

26. Choisir son moment

Lorsqu'une personne fait un saut en parachute à 3 500 m d'altitude, la force gravitationnelle fait accélérer le parachutiste jusqu'à ce qu'il atteigne une vitesse maximale de 53 m/s. Au cours de cette phase d'accélération, l'altitude du parachutiste varie selon la règle $a(t) = {}^-4,9t^2 + 3\,500$, où a est l'altitude, en mètres, et t est le temps écoulé depuis le saut, en secondes. Dans la seconde phase du saut, alors que le parachutiste a atteint une vitesse constante de 53 m/s, son altitude est donnée par la règle $a(t) = {}^-53t + 3\,430$. À une altitude de 1 000 m, alors qu'il ouvre son parachute, le parachutiste ralentit à une vitesse de 4 m/s, et peut alors atterrir sans danger.

À l'aide d'une esquisse graphique, décris l'évolution de l'altitude du parachutiste au cours d'un saut et indique la durée approximative de chacune des trois phases du saut.

27. À pied dans le quartier

Dans le cadre d'un projet de revitalisation urbaine, une ville désire aménager un accès piétonnier perpendiculaire à la rue Montmartre. Le nouvel accès piétonnier relierait l'épicerie et la bibliothèque à la rue Montmartre, où se trouvent une chocolaterie et un restaurant.

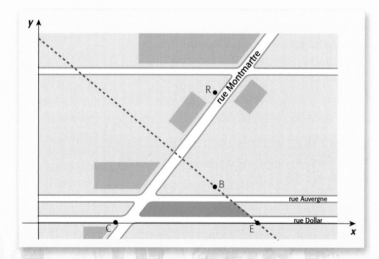

Voici une carte du quartier placée dans un plan cartésien gradué en mètres. La rue Dollar est située sur l'axe des abscisses, et l'emplacement de l'accès piétonnier est indiqué en tirets verts. La chocolaterie, le restaurant et la bibliothèque sont représentés respectivement par les points **C**(100, 0), **R**(300, 250) et **B**(300, 40).

Selon ce plan, quelle sera la distance à parcourir pour se rendre de l'épicerie **E** à la rue Montmartre par l'accès piétonnier?

28. Le rideau d'eau

En cas de fuite de gaz toxique, les services de mesures d'urgence utilisent ce qu'on appelle un rideau d'eau afin de limiter les risques pour la santé et l'environnement. En effet, on pulvérise de l'eau froide en fines gouttelettes au-dessus de la fuite de gaz, ce qui permet de former un écran liquide limitant la dispersion du gaz.

Le graphique ci-dessous présente une vue transversale du rideau d'eau et de la trajectoire du gaz qui s'échappe d'un camion.

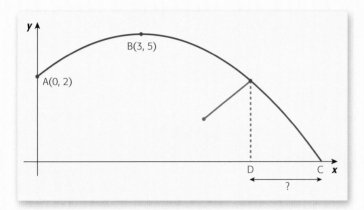

Le jet d'eau, dont la trajectoire est parabolique, est émis du point **A**. Il atteint sa hauteur maximale au point **B** et retombe au sol au point **C**. La trajectoire du gaz est donnée par l'équation $y = \frac{2x}{5} - \frac{11}{5}$. Au contact de l'eau, une partie du gaz se dissout et retombe au sol sous forme de solution au point **D** situé sur l'axe des abscisses.

Si le plan cartésien est gradué en mètres, à quelle distance de l'endroit où le jet d'eau touche le sol récupérera-t-on la solution d'eau et de gaz au sol?

29. Seuil de rentabilité

Avant d'augmenter leur production, les entreprises doivent déterminer les bénéfices que rapporteront d'éventuels investissements. Une entreprise fabrique des chandails. Ses coûts fixes de production s'élèvent actuellement à 10 000 $ par mois, et chaque chandail coûte 8 $ à produire. Les chandails se vendent 10 $ chacun.

a) Détermine le nombre de chandails que l'entreprise doit vendre pour atteindre son seuil de rentabilité, c'est-à-dire le moment où les coûts et les revenus sont égaux.

b) Quels sont les coûts de production et les revenus lorsque l'entreprise atteint son seuil de rentabilité?

L'achat d'une nouvelle machine ferait passer les coûts fixes à 50 000 $, mais les chandails coûteraient seulement 5 $ à produire.

c) En supposant que l'entreprise vend en moyenne 15 000 chandails par mois, devrait-elle acheter la nouvelle machine?

30. Format idéal

Pour traiter certaines maladies, il n'est pas rare de devoir prendre simultanément plusieurs médicaments. Pour optimiser l'effet thérapeutique des médicaments et pour prévenir leurs effets secondaires chez les patients, on étudie leurs substances actives et leur combinaison.

Certaines de ces études ont permis de montrer que l'efficacité d'une certaine combinaison de médicaments est parfois supérieure à la somme des effets de chacun d'eux pris séparément.

À la suite de la réalisation d'un projet de recherche, un pharmacologue a pu déterminer la quantité nécessaire de deux substances actives (U et V) pour optimiser l'effet thérapeutique des médicaments A et B lorsque ces derniers sont pris simultanément.

Le tableau ci-dessous indique la quantité des substances actives U et V présentes dans les comprimés des médicaments A et B, ainsi que la quantité totale nécessaire, par dose, pour obtenir un effet optimal.

	Comprimé du médicament A	Comprimé du médicament B	Quantité nécessaire par dose
Substance active U	120 mg	300 mg	960 mg
Substance active V	25 mg	80 mg	235 mg

En tant que pharmacologue, propose aux pharmacies un nombre de comprimés par bouteille pour le médicament A et un autre pour le médicament B qui font en sorte que les deux bouteilles seront vides en même temps à la fin d'un traitement de 20 doses.

La pharmacologie

La pharmacologie est une spécialité médicale qui étudie les mécanismes d'interaction entre un principe actif et l'organisme dans lequel il évolue. Par le biais d'expérimentations et d'analyses, les pharmacologues étudient les différents modes d'administration des médicaments, leurs interactions et leurs effets négatifs sur l'organisme. Ils participent également à l'élaboration de médicaments ou à leur amélioration.

La profession de pharmacologue se distingue de celle de pharmacien. En effet, les pharmaciens sont des professionnels qui travaillent directement avec les patients. Leur tâche consiste à préparer les médicaments élaborés par les pharmacologues, à répondre aux questions des clients et à les conseiller en matière de médication.

Les personnes qui veulent travailler dans le domaine de la pharmacologie doivent s'intéresser à la santé et au fonctionnement de l'organisme. Elles doivent également posséder des aptitudes pour les sciences, le calcul, l'analyse et la résolution de problèmes.

Pour exercer cette profession, il faut obtenir un baccalauréat en pharmacologie. Les pharmacologues peuvent travailler dans des compagnies pharmaceutiques, des laboratoires de recherche ou des établissements d'enseignement universitaire.

En raison du vieillissement de la population, on prévoit que la consommation de médicaments augmentera considérablement au cours des prochaines années. Les professionnels du domaine pharmaceutique et pharmacologique (chercheurs, chimistes, techniciens, pharmaciens) seront ainsi appelés à jouer un rôle de premier plan dans le système de santé.

La trigonométrie

Il y a plus de 2 000 ans, les astronomes étaient à la fois philosophes, mathématiciens et géographes. Certains ont d'ailleurs pu établir, à partir de leurs observations célestes, des liens entre les mesures des angles et les côtés des triangles.

Au fil du temps, l'étude de ces liens a mené au développement d'une branche de la mathématique, aujourd'hui appelée la trigonométrie (du grec *trigonos*, «triangle», et *metron*, «mesure»). Cette dernière fait partie du quotidien de plusieurs gens qui travaillent dans les domaines scientifiques.

Les métiers se sont spécialisés avec la révolution industrielle, époque à laquelle l'éducation est devenue plus accessible. Quels sont les avantages et les inconvénients de la spécialisation des métiers? Pense à un métier qui t'intéresse et nomme quelques métiers qui y sont complémentaires.

Survol

Contenu de formation

- Rapports trigonométriques dans le triangle rectangle :
  sinus, cosinus, tangente

- Relations trigonométriques dans un triangle quelconque :
  loi des sinus et loi des cosinus

- Recherche de mesures manquantes mettant à profit des
  relations trigonométriques et des propriétés de figures :
  angles et côtés d'un triangle et d'une figure se décomposant
  en triangles

- Aire de figures

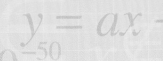

Les pages 160 à 162 font appel à tes connaissances sur les triangles.

En contexte

Les avancées technologiques fulgurantes de la dernière décennie ont transformé la pratique de la médecine. En effet, diverses techniques d'imagerie permettent maintenant de connaître la nature précise d'une blessure ou de détecter une anomalie telle qu'une tumeur.

L'imagerie par résonance magnétique (IRM) utilise une technologie qui repose essentiellement sur le champ magnétique que produit un aimant. L'appareil fournit des images détaillées des organes internes et des tissus en effectuant un balayage de plusieurs coupes transversales.

Voici deux images de l'épaule droite d'une patiente. Ces images proviennent de deux coupes transversales de résonance magnétique et présentent donc des surfaces différentes de la structure de l'épaule. Certaines mesures de l'omoplate y sont notées.

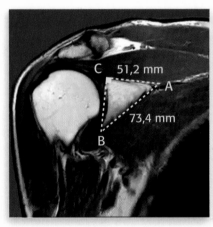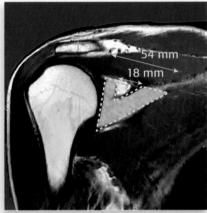

1. Sur l'image de gauche, la surface visible de l'omoplate peut être modélisée par le triangle rectangle **ABC**.

   a) Quelle est l'aire de la surface visible de l'omoplate?

   b) Quelle est la mesure de la hauteur issue de **C**?

2. Dans l'image de droite, la surface visible de l'omoplate peut être modélisée par un triangle duquel on a retranché un plus petit triangle semblable.

   a) Quel est le rapport de similitude des deux triangles?

   b) Sachant que l'aire du petit triangle de cette modélisation est de 142,5 mm², détermine l'aire approximative de la surface visible de l'omoplate.

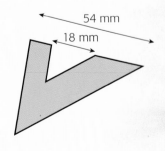

La tomodensitométrie, aussi appelée scanner, est une technique qui recrée une image des tissus à partir d'une série de rayons X. Les images par rayons X sont obtenues grâce à la différence d'opacité des tissus.

La tomodensitométrie de l'abdomen d'un patient révèle la présence d'un kyste sur le foie, représenté par une tache sombre sur l'image ci-dessous. La surface visible du foie peut être modélisée par un secteur de cercle et un triangle rectangle. Certaines mesures y sont notées.

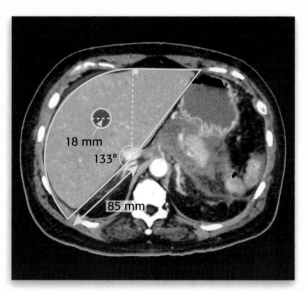

3. Sur cette image, le kyste couvre environ 2,2 % de la surface de cette coupe du foie. Estime :

a) l'aire de cette coupe du foie ;

b) le périmètre de cette coupe du foie.

En bref

1. Les mesures suivantes peuvent-elles être celles des côtés d'un triangle rectangle? Justifie ta réponse.

   a) 8 cm, 15 cm et 17 cm   **c)** 35 cm, 120 cm et 125 cm

   b) $\sqrt{3}$ m, $\sqrt{5}$ m et 2 m   **d)** 1 m, 2 m et $\sqrt{3}$ m

2. Dans le plan cartésien ci-contre, les triangles **ABC** et **DEF** se coupent aux points **G** et **H**.

   a) Démontre que:

   1) $\triangle ABC \sim \triangle DEF$

   2) $\triangle DEF \sim \triangle DGH$

   b) Quel est le rapport de similitude entre le triangle **DEF** et le triangle **DGH**?

   c) En utilisant le rapport calculé en **b**, calcule l'aire du triangle **DGH**.

   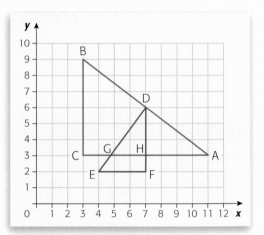

3. Résous les proportions suivantes.

   a) $\dfrac{x}{0,6} = \dfrac{4}{0,48}$ **b)** $\dfrac{2}{x} = 1,28$ **c)** $\dfrac{150}{0,32} = \dfrac{72}{x}$ **d)** $\dfrac{x}{x+2} = \dfrac{3}{8}$

4. Détermine le périmètre et l'aire de chaque figure.

   a)
   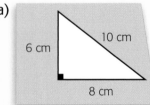

   b)
   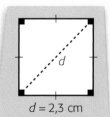
   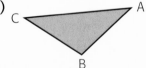

5. Reproduis les triangles suivants et trace, pour chacun d'eux, la hauteur relative au côté **AB**.

   a)

   b)
   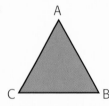

6. Vrai ou faux?

   a) Tous les triangles rectangles qui ont une hypoténuse mesurant 20 cm sont isométriques.

   b) Tous les triangles rectangles isocèles sont semblables.

   c) Deux triangles semblables ont des angles homologues isométriques.

Les rapports trigonométriques dans le triangle rectangle

Compétition de bolides  Situation-problème

Dans le cadre du Défi génie inventif, des élèves doivent concevoir des bolides capables de gravir le plus de plans inclinés parmi les huit proposés. Deux de ces plans inclinés ont un angle d'inclinaison de plus de 45°. Un bolide est éliminé dès qu'il ne réussit pas à gravir un des plans inclinés.

Madame Lorrain, l'enseignante qui organise l'événement, sollicite l'aide de ses collègues pour trouver ou concevoir des plans inclinés. La longueur de la partie inclinée de chaque plan doit être d'au moins 1 m. En attendant le jour de la compétition, elle invite ses collègues à lui fournir deux mesures parmi celles qui sont indiquées dans le schéma ci-contre pour chacun des plans qu'ils proposent.

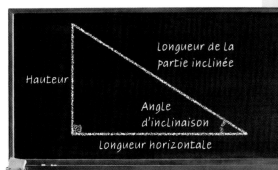

Voici les mesures qu'elle reçoit à propos de six plans.

Dimension \ Plan	①	②	③	④	⑤	⑥
Hauteur (cm)		84		79	82	55
Longueur horizontale (cm)	109	84	140			
Longueur de la partie inclinée (cm)	116		145	123	100	110

Madame Lorrain te remet ce tableau et te demande de lui fournir des mesures pour les deux plans manquants. Elle te demande aussi d'établir un ordre pour l'utilisation des huit plans inclinés durant la compétition.

Orientation et entrepreneuriat

Le milieu scolaire est un lieu propice pour s'engager dans des comités, faire partie d'équipes sportives, participer à des concours, etc. La participation à ces différentes facettes de la vie scolaire et parascolaire procure une motivation et permet de vivre des expériences variées. Parfois, ces expériences forgent les souvenirs les plus marquants des années passées à l'école.

Nomme des activités parascolaires auxquelles tu participes dans ton école. Que fais-tu pour dynamiser ta vie scolaire? En quoi participer à des activités parascolaires peut-il avoir un effet sur ton avenir?

Demi-triangle

Rapports trigonométriques dans le triangle rectangle : sinus, cosinus et tangente

Voici trois triangles rectangles semblables dont les côtés formant l'angle de 30° sont alignés.

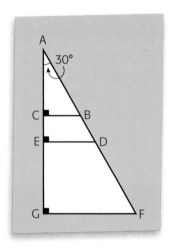

TIC

Le logiciel de géométrie dynamique permet d'étudier les rapports que forment les mesures des côtés d'un triangle rectangle. Pour en savoir plus, consulte la page 232 de ce manuel.

A En effectuant la réflexion de cette figure par rapport à l'axe de réflexion **AG**, détermine de quel type est le triangle dont les sommets sont le point **A**, le point **F** et l'image du point **F**.

B Établis une proportion entre les mesures des trois côtés des triangles **ABC** et **ADE**.

C Est-ce que $\frac{m\,\overline{BC}}{m\,\overline{AB}} = \frac{m\,\overline{DE}}{m\,\overline{AD}}$? Justifie ta réponse.

La lettre **A** désigne à la fois le sommet, l'angle et la mesure de cet angle.

D Selon toi, est-ce que le rapport $\frac{\text{mesure du côté opposé à } \angle A}{\text{mesure de l'hypoténuse}}$, qui correspond au sinus de l'angle **A**, a la même valeur dans les trois triangles rectangles ? Justifie ta réponse.

E Transcris et complète l'énoncé suivant.

> Dans un triangle rectangle, le côté opposé à un angle de 30° mesure ▨▨▨ de l'hypoténuse.

Côté adjacent à un angle

Cathète qui forme l'angle dans un triangle rectangle.

Le cosinus d'un angle correspond au rapport suivant : $\frac{\text{mesure du \textbf{côté adjacent à un angle}}}{\text{mesure de l'hypoténuse}}$. Ce rapport est noté cos **A**.

F Sachant que l'hypoténuse du triangle rectangle **AFG** mesure 5 cm, détermine :

    1) cos 30°   **2)** cos 60°

Sur une calculatrice scientifique, les touches SIN et COS permettent de calculer la valeur du sinus ou du cosinus d'un angle. La touche TAN permet de calculer la valeur de la tangente d'un angle.

G Reproduis et remplis le tableau suivant à l'aide de ta calculatrice.

Angle (A)	10°	20°	30°	40°	50°	60°	70°	80°
sin A	0,1736	0,3420	0,5000					
cos A			0,8660			0,5000		
tan A			0,5774					

Pièges et astuces

Avant de calculer les valeurs des rapports trigonométriques, assure-toi que ta calculatrice est en mode DEGRÉ.

H À l'aide de ta calculatrice, détermine comment on peut obtenir la valeur de tan **A** à partir des valeurs de sin **A** et de cos **A**.

I À partir de ce que tu as déduis en **H**, définis la tangente d'un angle par un rapport de mesures de côtés d'un triangle rectangle.

J Y a-t-il un rapport trigonométrique qui soit proportionnel aux mesures des angles? Justifie ta réponse.

K Dans le tableau en **G**, sin 30° = cos 60°. Est-ce une coïncidence? Énonce une conjecture à cet effet. Ensuite, démontre-la.

L Dessine un triangle **ABC** rectangle en **C** dans lequel:

1) sin **A** > cos **A**   **2)** cos **A** < cos **B**   **3)** tan **A** > sin **A**

Ai-je bien compris?

1. Soit le triangle rectangle **ABC** ci-contre. Sachant que sin **A** = $\frac{3}{5}$, détermine la valeur de:

a) cos **B**   b) cos **A**   c) tan **A**

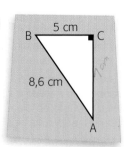

2. Dans chacun des triangles suivants, détermine le rapport qui correspond à:

a) sin **A**   b) cos **A**   c) tan **A**

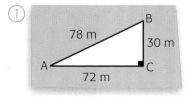

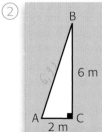

La grotte du mont Bossu

Pour cartographier les grottes, il faut s'y aventurer et prendre des mesures. Daniel et Louise pratiquent la spéléologie comme loisir et s'exercent avec les instruments de mesure à relever les données relatives au passage de la grotte du mont Bossu.

Daniel est muni d'un ruban à mesurer et d'un clinomètre. Dès l'entrée de la grotte, il mesure la distance qu'il parcourt et s'arrête, 14,1 m plus loin, au premier changement marqué dans l'inclinaison du passage, soit au point **A**. À cet endroit, il mesure l'angle d'inclinaison du premier segment parcouru. Ce premier segment est schématisé par l'hypoténuse du triangle orange dans l'illustration ci-dessous.

Le clinomètre est un instrument qui permet de mesurer un angle formé par une ligne de visée et la direction horizontale.

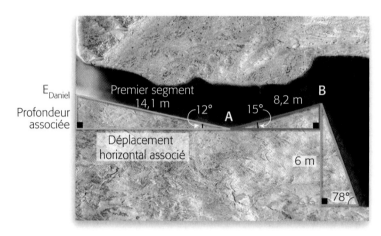

A Quel rapport trigonométrique met en relation l'angle d'inclinaison de 12°, la mesure du premier segment et la profondeur qui lui est associée?

B Pose une égalité avec le rapport nommé en **A** et détermine cette profondeur.

C Calcule, de deux façons différentes, le déplacement horizontal associé à ce segment du passage.

Daniel poursuit sa marche et s'arrête au point **B** qui correspond au prochain changement marqué de l'inclinaison du passage. Ce segment de 8,2 m, qui remonte vers le niveau du sol, est représenté dans le schéma ci-dessus par l'hypoténuse du triangle mauve. L'angle d'inclinaison de ce segment du passage est de 15°.

D Détermine le déplacement horizontal associé à ce segment du passage.

E Après le point **B**, Daniel doit descendre avec le matériel d'escalade dans une cavité d'une profondeur de 6 m. L'angle d'inclinaison du segment du passage est de 78°. Quelle est la mesure de ce segment du passage?

Par une autre entrée de la grotte, Louise s'aventure dans le passage équipée d'un odomètre et d'un altimètre. À l'entrée, elle a réinitialisé les deux instruments de mesure de façon à ce qu'ils indiquent 0 m.

Louise avance dans le passage, s'arrêtant au point **C** représenté ci-contre. À ce point, l'odomètre de Louise indique 10,3 m et son altimètre, ⁻2,3 m.

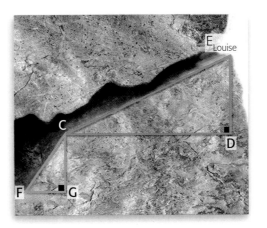

Un odomètre est un instrument de mesure muni d'une roue qui roule sur le sol et indique la distance parcourue.

Un altimètre est un instrument électronique qui indique l'altitude par rapport à un repère.

F Selon toi, pourquoi l'altimètre de Louise fournit-il une mesure négative ?

G Quel rapport trigonométrique met en relation l'angle **DCE**, l'angle d'inclinaison de ce premier segment, et les deux mesures de côtés connues ? Pose une égalité avec ce rapport.

H À l'aide de la table de rapports trigonométriques qui se trouve à la page 273 de ce manuel, estime l'angle d'inclinaison de ce premier segment.

L'arc sinus permet de trouver la mesure d'un angle à partir de son sinus. Voici la démarche qui permet de trouver la mesure de l'angle **C**.

Sur la calculatrice, l'arc sinus s'effectue en appuyant sur la touche SIN^{-1}, INVSIN ou ARC SIN.

$$\sin \mathbf{C} = \frac{2,3}{10,3}$$
$$\text{arc sin } (\sin \mathbf{C}) = \text{arc sin } \left(\frac{2,3}{10,3}\right)$$
$$\mathbf{C} = \text{arc sin } \left(\frac{2,3}{10,3}\right) \text{ ou } \sin^{-1}\left(\frac{2,3}{10,3}\right)$$

I Explique chaque étape de cette démarche et détermine l'angle d'inclinaison de ce premier segment du passage.

Orientation et entrepreneuriat

Bien que la spéléologie soit un loisir, certaines personnes obtiennent des accréditations qui leur permettent de devenir guides d'expédition, de pratiquer des sauvetages ou de cartographier les passages souterrains. Pour obtenir une telle accréditation, il faut effectuer de nombreuses visites souterraines, participer à des séminaires et réussir certains examens. Il s'agit d'une démarche de formation complémentaire dans laquelle certains géologues s'engagent.

Nomme d'autres accréditations ou formations non offertes par le réseau scolaire, mais qui peuvent être des atouts dans le cadre d'une profession.

Avant de quitter le point **C**, Louise remet l'altimètre et l'odomètre à zéro. Elle reprend sa marche et s'arrête au point **F**. Louise fait de nouveau la lecture de ses instruments : l'odomètre indique 4,1 m et l'altimètre, ⁻2,6 m.

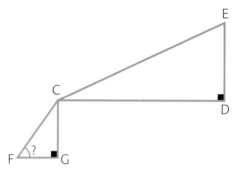

J À l'aide du schéma de la grotte reproduit ci-dessus, détermine l'angle d'inclinaison de ce deuxième segment du passage.

Ai-je bien compris ?

1. Détermine la valeur de *x* dans chacun des triangles suivants.

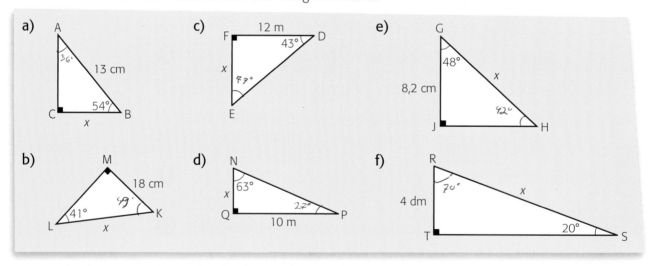

a)

b)

c)

d)

e)

f)

2. Détermine la mesure des angles de chacun des triangles suivants.

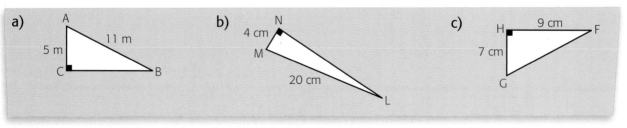

a)

b)

c)

L'hypoténuse qui rayonne

Un applet est programmé pour tracer un cercle centré à l'origine à partir du point **A**(1, 0). Cet applet permet d'interrompre le tracé du cercle et d'obtenir les coordonnées de certains points.

Valeurs trigonométriques remarquables

①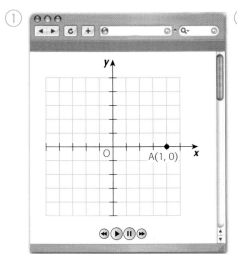

②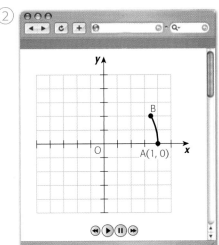

③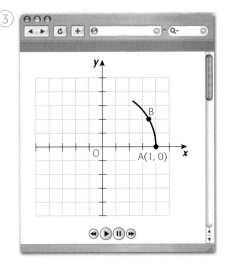

A L'ordonnée du point **B** est $\frac{1}{2}$. Quelle est la mesure de l'angle au centre qui intercepte $\overset{\frown}{AB}$?

$\overset{\frown}{AB}$ désigne l'arc **AB**.

B Reproduis la figure ② fournie par l'applet. Trace $\overline{OB}$ et sa projection orthogonale, $\overline{OB'}$, sur l'axe des abscisses.

C L'abscisse du point **B** est un nombre irrationnel. Quelle est sa valeur exacte ?

D Poursuis l'arc de cercle jusqu'au point **C**, où l'angle au centre qui intercepte $\overset{\frown}{AC}$ mesure 60°. Quelles sont les coordonnées du point **C** ?

E Compare les coordonnées du point **C** aux rapports trigonométriques de l'angle de 60°. Que remarques-tu ?

F Ce que tu as remarqué se vérifie-t-il aussi pour les coordonnées :
   1) du point **B** ?   **2)** des autres points du cercle ?

G Lorsqu'un angle s'approche de 90°, comment varie :

1) le sinus de l'angle ?   **2)** le cosinus de l'angle ?   **3)** la tangente de l'angle ?

H Détermine les valeurs que peut prendre :

1) le sinus d'un angle aigu ;

2) le cosinus d'un angle aigu ;

3) la tangente d'un angle aigu.

Lorsque le logiciel poursuit son tracé dans le 2ᵉ quadrant, le cercle passe par le point **E**, dont l'ordonnée est la même que celle du point **B**.

I Quelle est l'abscisse du point **E** ?

J Quelle est la mesure de l'angle au centre qui intercepte $\overset{\frown}{AE}$?

K Établis trois relations d'égalité entre les rapports trigonométriques d'un angle et ceux de l'angle qui lui est supplémentaire.

L Prouve ou réfute les conjectures suivantes.

1) Le sinus d'un angle obtus est toujours positif.

2) Le cosinus d'un angle obtus est toujours négatif.

3) La tangente d'un angle obtus est toujours comprise entre ⁻1 et 0.

Ai-je bien compris ?

1. Le point **A**(1, 0) appartient au cercle de rayon 1 centré à l'origine. Sur ce cercle, il existe un seul point **P**, situé dans le premier quadrant et dont l'abscisse et l'ordonnée ont la même valeur.

a) Quelle est la mesure de l'angle au centre qui intercepte $\overset{\frown}{AP}$?

b) Quelles sont les coordonnées exactes de **P** ?

c) Multiplie les coordonnées du point **P** par le rapport unitaire $\frac{\sqrt{2}}{\sqrt{2}}$. Qu'obtiens-tu ?

d) À l'aide des coordonnées trouvées en **c**, détermine :

1) sin 135°   **2)** cos 135°   **3)** tan 135°

2. Explique pourquoi tan 90° n'est pas définie.

Faire le point

Les rapports trigonométriques dans le triangle rectangle

Puisque tous les triangles rectangles ayant un angle aigu isométrique sont semblables et que les mesures de leurs côtés homologues sont proportionnelles, les rapports entre les mesures des côtés d'un triangle rectangle, pour un angle aigu donné, sont uniques.

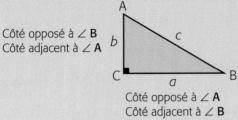

Côté opposé à ∠ **B**
Côté adjacent à ∠ **A**

Côté opposé à ∠ **A**
Côté adjacent à ∠ **B**

> Dans un triangle **ABC** rectangle en **C** :
>
> $$\text{sinus } \mathbf{A} = \frac{\text{mesure du côté opposé à } \angle \mathbf{A}}{\text{mesure de l'hypoténuse}} \text{ ou } \sin \mathbf{A} = \frac{a}{c}$$
>
> $$\text{cosinus } \mathbf{A} = \frac{\text{mesure du côté adjacent à } \angle \mathbf{A}}{\text{mesure de l'hypoténuse}} \text{ ou } \cos \mathbf{A} = \frac{b}{c}$$
>
> $$\text{tangente } \mathbf{A} = \frac{\text{mesure du côté opposé à } \angle \mathbf{A}}{\text{mesure du côté adjacent à } \angle \mathbf{A}} \text{ ou } \tan \mathbf{A} = \frac{a}{b} \text{ ou } \tan \mathbf{A} = \frac{\sin \mathbf{A}}{\cos \mathbf{A}}$$

Le sinus et le cosinus d'un angle aigu sont compris entre 0 et 1. La tangente d'un angle aigu est positive.

Les relations entre les rapports trigonométriques d'angles complémentaires

Dans un triangle rectangle, les angles aigus sont complémentaires et le côté opposé à un angle aigu est nécessairement le côté adjacent à l'autre angle aigu. Ces propriétés permettent d'établir certaines relations entre les rapports trigonométriques.

Soit le triangle rectangle **ABC**.

Égalités	Relations entre les rapports trigonométriques
$\sin \mathbf{A} = \cos \mathbf{B} = \frac{3}{5} = 0{,}6$ $\cos \mathbf{A} = \sin \mathbf{B} = \frac{4}{5} = 0{,}8$	$\sin \mathbf{A} = \frac{a}{c} = \cos \mathbf{B} = \cos (90° - \mathbf{A})$
$\tan \mathbf{A} = \frac{3}{4} = 0{,}75$ $\tan \mathbf{B} = \frac{4}{3} = 1{,}\overline{3}$	$\tan \mathbf{A} = \frac{a}{b} = \frac{1}{\tan \mathbf{B}} = \frac{1}{\tan (90° - \mathbf{A})}$

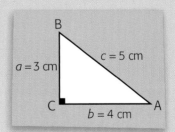

La recherche de mesures dans un triangle rectangle

Pour trouver une mesure manquante dans un triangle rectangle, il faut connaître, en plus de l'angle droit, au moins deux autres mesures, dont une mesure de côté.

Trouver une mesure manquante dans un triangle rectangle dont on connaît une mesure de côté et une mesure d'angle aigu

Exemple : Voici les étapes à suivre pour déterminer la mesure de l'hypoténuse du triangle **ABC**.

Étape	Démarche
1. Identifier le côté dont on cherche la mesure.	
2. À partir de l'angle aigu dont on connaît la mesure, identifier le rapport trigonométrique qui met en relation le côté dont on cherche la mesure et celui dont on connaît la mesure et poser une égalité.	$\cos 65° = \dfrac{150}{c}$
3. Trouver la valeur de l'inconnue.	$c = \dfrac{150}{\cos 65°} \approx 354,9$ L'hypoténuse mesure environ 354,9 cm.
4. Au besoin, résoudre le triangle. Déduire la mesure du troisième angle et celle du troisième côté.	$m \angle \mathbf{A} = 90° - 65° = 25°$ $b \approx \sqrt{(354,9)^2 - (150)^2} \approx 321,6$ $\overline{\mathbf{AC}}$ mesure environ 321,6 cm.

> Résoudre un triangle, c'est trouver toutes les mesures de ses côtés et de ses angles.

Trouver une mesure manquante dans un triangle rectangle dont on connaît deux mesures de côtés

Exemple : Voici les étapes à suivre pour déterminer la mesure de l'angle **E** du triangle **DEF**.

Étape	Démarche
1. Identifier l'angle dont on cherche la mesure.	
2. À partir de l'angle recherché, déterminer le rapport trigonométrique qui met en relation les deux côtés dont on connaît les mesures et poser une égalité.	$\tan \mathbf{E} = \dfrac{24}{10}$
3. Trouver la mesure de l'angle à l'aide de arc sinus, arc cosinus ou arc tangente.	$m \angle \mathbf{E} = \tan^{-1}\left(\dfrac{24}{10}\right)$ $m \angle \mathbf{E} \approx 67,4°$ L'angle **E** mesure environ 67,4°.
4. Au besoin, résoudre le triangle. Déduire la mesure du deuxième angle aigu et celle du troisième côté.	$m \angle \mathbf{D} \approx 90° - 67,4° \approx 22,6°$ $f = \sqrt{(24)^2 + (10)^2} = 26$ $\overline{\mathbf{DE}}$ mesure 26 cm.

> L'arc tangente permet de calculer la mesure de l'angle à partir de la tangente. On la note aussi $\tan^{-1}$.

Les valeurs trigonométriques remarquables

Lorsque l'hypoténuse d'un triangle rectangle vaut 1, les côtés opposé et adjacent à un angle aigu de ce triangle ont pour valeurs respectives le cosinus et le sinus de cet angle.

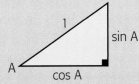

Il existe un lien étroit entre les coordonnées des points du premier quadrant appartenant au cercle de rayon 1 centré à l'origine et les rapports trigonométriques d'un triangle rectangle dont l'hypoténuse mesure 1. Il est possible de déduire que tous les points de ce cercle ont pour coordonnées (cos **A**, sin **A**) où **A** est l'angle qui intercepte l'arc délimité par un point de ce cercle et le point (1, 0), dans le sens antihoraire.

Exemples :

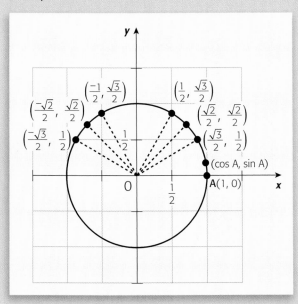

$$\sin 45° = \frac{\sqrt{2}}{2}$$

$$\cos 30° = \frac{\sqrt{3}}{2}$$

$$\tan 60° = \frac{\sin 60°}{\cos 60°} = \frac{\frac{\sqrt{3}}{2}}{\frac{1}{2}} = \sqrt{3}$$

Certains points du cercle, situés dans le premier quadrant, ont des coordonnées qui correspondent à des valeurs trigonométriques remarquables. Ces dernières correspondent aux valeurs exactes des coordonnées des points sur le cercle dont les angles au centre mesurent 30°, 45° et 60°. Pour déterminer ces valeurs exactes, on utilise la relation de Pythagore, qui devient (sin **A**)^2 + (cos **A**)^2 = 1 ou $\sin^2 \mathbf{A} + \cos^2 \mathbf{A} = 1$.

Par symétrie, on peut déduire les valeurs remarquables des rapports trigonométriques associés aux angles de 120°, 135° et 150°.

On remarque aussi les égalités suivantes.

Les relations entre les rapports trigonométriques d'angles supplémentaires
sin **A** = sin (180° − **A**)
cos **A** = ⁻cos (180° − **A**)
tan **A** = ⁻tan (180° − **A**)

Remarque : Il existe aussi des points remarquables situés dans les troisième et quatrième quadrants, mais on se limite ici à l'étude des angles possibles d'un triangle.

Mise en pratique

1. Soit le triangle **RST** ci-contre. Donne les appellations possibles des rapports suivants.

a) $\dfrac{r}{s}$ b) $\dfrac{s}{t}$ c) $\dfrac{r}{t}$ d) $\dfrac{s}{r}$

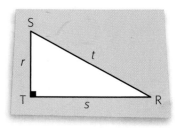

2. Pour chacun des triangles suivants, détermine :

a) sin **A**   b) cos **A**   c) tan **A**

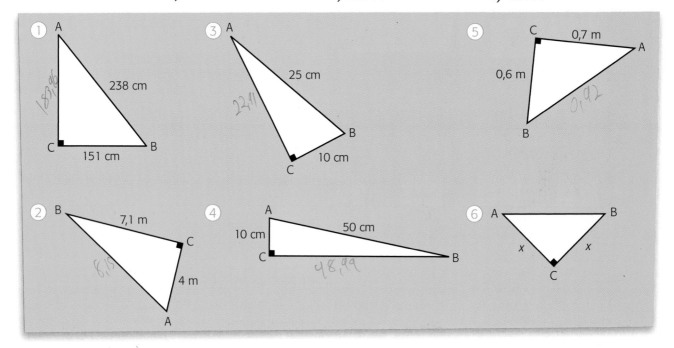

3. a) À l'aide de ta calculatrice ou de la table de rapports trigonométriques qui se trouve à la page 273 de ce manuel, trouve la valeur de :

     1) sin 35°   **2)** cos 35°

b) À l'aide des valeurs trouvées en **a**, déduis les valeurs de :

     1) tan 35°   **2)** cos 55°   **3)** tan 55°

L'angle d'élévation est l'angle formé par la ligne de visée et la direction horizontale en un point d'observation lorsque l'objet observé est situé plus haut que l'observateur. Si l'objet observé se situe plus bas que l'observateur, l'angle formé est un angle de dépression.

4. Le phare de Peggy's Cove, en Nouvelle-Écosse, est l'un des phares les plus photographiés au monde. Du poste d'observation de ce phare, situé à environ 20 m au-dessus du niveau de la mer, Maïka aperçoit un bateau. L'angle de dépression avec lequel elle voit le bateau est de 6°. Quelle distance sépare le bateau du pied du phare ?

5. Dans chacun des triangles suivants, détermine la valeur de *x*.

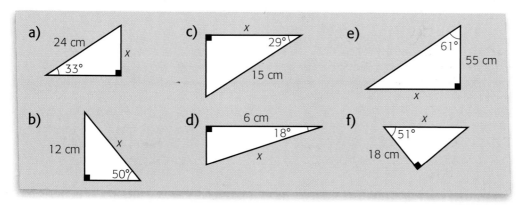

a) 24 cm, 33°, *x*

b) 12 cm, *x*, 50°

c) *x*, 29°, 15 cm

d) 6 cm, 18°, *x*

e) 61°, 55 cm, *x*

f) *x*, 51°, 18 cm

6. Dans chacun des triangles suivants, détermine les valeurs de *x* et de *y*.

a)

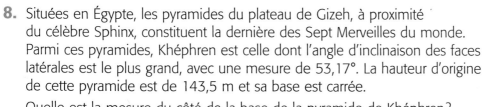

A, *x*, C, 48°, *y*, D, 10 m, 35°, B

b)

P, 21°, 57°, 36°, 60 m, *y*, S, 43,57, R, *x*, Q, 92,39

7. Vrai ou faux? Justifie tes réponses.

a) Dans un triangle rectangle, plus l'angle aigu est grand, plus le sinus de cet angle est grand.

b) Dans un triangle rectangle, la tangente de chacun des deux angles aigus peut être plus petite que 1.

c) Le sinus d'un angle aigu est toujours plus petit que la tangente de ce même angle.

8. Situées en Égypte, les pyramides du plateau de Gizeh, à proximité du célèbre Sphinx, constituent la dernière des Sept Merveilles du monde. Parmi ces pyramides, Khéphren est celle dont l'angle d'inclinaison des faces latérales est le plus grand, avec une mesure de 53,17°. La hauteur d'origine de cette pyramide est de 143,5 m et sa base est carrée.

Quelle est la mesure du côté de la base de la pyramide de Khéphren?

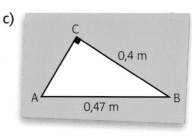

9. Quelle est la mesure de l'angle **B** dans chacun des triangles suivants?

a)

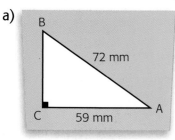

B, 72 mm, C, 59 mm, A

b)

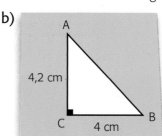

A, 4,2 cm, C, 4 cm, B

c)

C, 0,4 m, A, 0,47 m, B

10. Voici les mesures de certains éléments de triangles rectangles. Résous ces triangles.

a) △ABC dont m ∠ **C** = 90°, m $\overline{AC}$ = 11 cm et m $\overline{AB}$ = 13 cm.

b) △DEF dont m ∠ **F** = 90°, m ∠ **D** = 43,5° et m $\overline{EF}$ = 12 cm.

11. Détermine les mesures de x et de y dans les triangles suivants.

a)

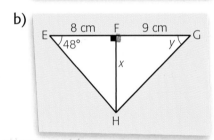

c)

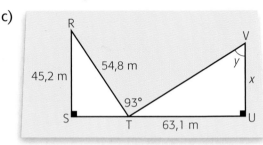

b)

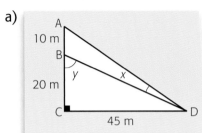

d)

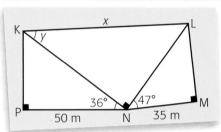

12. Un club d'alpinisme projette l'escalade d'une falaise qui surplombe une rivière. À cette fin, un arpenteur prend quelques mesures dans le but de déterminer la hauteur de la falaise. À partir du schéma, détermine la hauteur de la falaise.

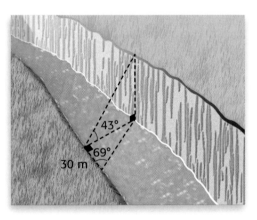

13. Une échelle est appuyée contre un arbre. Sa base se trouve à 1,2 m du tronc de l'arbre et forme, avec le sol, un angle de 64°.

a) À quelle hauteur l'échelle touche-t-elle l'arbre?

b) Quelle est la longueur de l'échelle?

14. Un funambule fixe un câble entre les toits des deux édifices voisins représentés dans le schéma ci-dessous.

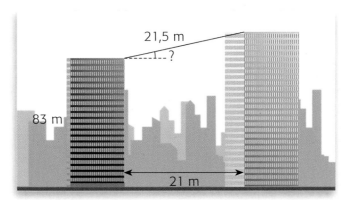

Quel est l'angle que forme le câble avec l'horizontale ?

15. L'escalier mécanique le plus long du monde se trouve en Russie, dans le métro de Saint-Pétersbourg. Cet escalier a une longueur de 330,7 m et gravit une distance verticale de 59,7 m. Quel est l'angle que forme l'escalier avec le sol, au degré près ?

16. Est-il possible de résoudre un triangle rectangle dont on ne connaît que deux mesures de côtés en ayant seulement recours au rapport trigonométrique sinus ? Explique ton raisonnement.

17. Sans utiliser la calculatrice :

a) associe les rapports trigonométriques qui ont la même valeur ;

b) trouve une expression équivalente aux rapports qui n'ont pas été utilisés en **a**.

① $\sin 62°$ ④ $\cos 62°$ ⑦ $\sin 28°$ ⑩ $\tan 28°$

② $\cos 118°$ ⑤ $\sin 152°$ ⑧ $\sin 118°$ ⑪ $\tan 62°$

③ $\tan 118°$ ⑥ $\tan 152°$ ⑨ $\cos 152°$ ⑫ $\cos 28°$

18. Soit le cercle de rayon 1 centré à l'origine ci-contre.

a) Complète les coordonnées des points **A**, **B**, **C** et **D**.

b) Quelles sont les coordonnées des points images **A'**, **B'**, **C'**, **D'** si on effectue une homothétie de centre **O** dont le rapport est 5 ?

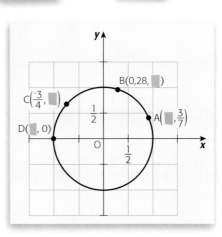

19. Le plus haut pylône électrique au Canada est situé à Sorel-Tracy, près de la centrale thermique. Pour en déterminer la hauteur, Francine se place à exactement 315 m du centre de la base du pylône et mesure l'angle d'élévation de son plus haut point. Cet angle mesure 29°.

  a) Calcule la hauteur du pylône en utilisant la valeur du rapport trigonométrique:

   1) fournie par la table de rapports trigonométriques;

   2) exacte fournie par la calculatrice;

   3) fournie par la calculatrice et arrondie au millionième près.

  b) La mesure de l'angle d'élévation du plus haut point du pylône est comprise entre 28,9° et 29,1°, l'instrument de mesure de Francine ne permettant pas de la déterminer de façon plus précise. Détermine l'intervalle dans lequel se situe la hauteur du pylône.

  c) Qu'est-ce qui est le plus important: la précision de l'angle ou la précision du rapport trigonométrique? Justifie ta réponse.

20. Le point **Q** appartient au cercle de rayon 1 centré à l'origine.

  a) Quelle est la mesure de l'angle au centre qui intercepte $\overparen{AQ}$?

  b) Exprime les coordonnées de **Q** en fonction de cet angle.

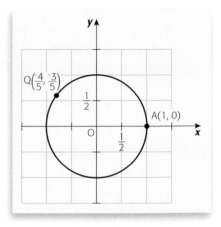

21. Soit le triangle **ABC** rectangle en **C**. Détermine la mesure de **A** si sin **A** = 4cos **A**.

22. Si un manuel ouvert est posé à plat sur un bureau, les deux pages forment un angle de 180°. Décris l'évolution des valeurs que prennent le sinus et le cosinus de cet angle lorsqu'on referme le livre.

23. Un réservoir de pétrole de forme cylindrique a une hauteur de 55,3 m et un diamètre de 28,4 m. On peut monter sur le toit du réservoir par un escalier en spirale qui fait exactement une fois le tour du réservoir. Quel est l'angle d'inclinaison de l'escalier?

La recherche de mesures dans un triangle quelconque

Une tyrolienne dans le parcours

Propriétaire d'un parc d'hébertisme, monsieur Ipperciel envisage d'agrandir ses installations en y aménageant un parcours aérien. Il songe à mettre en place une tyrolienne qui relierait le haut d'une paroi rocheuse et une plateforme installée dans un arbre à proximité.

Dans le but de déterminer la longueur de la tyrolienne, monsieur Ipperciel se rend sur le terrain et mesure la distance qui sépare la paroi rocheuse de l'arbre. Ensuite, il se place à mi-chemin entre l'arbre et le rocher et mesure les angles d'élévation du haut de la paroi rocheuse et de la plateforme. Le schéma ci-dessous décrit son parcours et les mesures qu'il a prises.

Monsieur Ipperciel croit qu'en se servant de ses mesures et en traçant une hauteur dans le triangle **APS**, il pourra déterminer la longueur de la tyrolienne. Par conséquent, il n'aura pas besoin de payer une équipe de spécialistes pour faire les calculs.

Prouve que monsieur Ipperciel a raison et détermine la longueur de la tyrolienne.

Voguer à Venise

- Loi des sinus
- Recherche de mesures dans un triangle quelconque

Venise est une ville célèbre d'Italie. Elle compte 177 canaux et près de 200 îles. À Venise, les gens se déplacent en bateau ou en empruntant les rues piétonnières.

Ce soir, Adriano soupe chez son amie Cecilia, qui habite à 350 m de chez lui. Avant de s'y rendre, Adriano doit se procurer un pain à la boulangerie. Celle-ci n'est pas très loin, mais elle est située sur l'autre rive du canal. Adriano s'y rendra donc en bateau.

Sur le schéma ci-contre sont indiquées la demeure d'Adriano (**A**), celle de Cecilia (**C**) et la boulangerie (**B**). On y trouve aussi les mesures d'angles avec lesquels chacun des deux amis aperçoit, de sa demeure, la boulangerie.

On s'intéresse à la distance que franchit Adriano pour se rendre à la boulangerie.

A Représente le triangle **ABC** et trace h_A, la hauteur issue du sommet **A**.

B Estime la distance qui sépare la demeure d'Adriano de la boulangerie.

C Le tableau suivant présente les étapes d'un raisonnement qui met en relation des mesures d'angles et de côtés du triangle **ABC**. Reproduis ce tableau et remplis-le.

Étape		Justification
1re égalité	2e égalité	
1. $\sin C = \dfrac{h_A}{b}$		Dans un triangle rectangle, le sinus d'un angle est le rapport entre la mesure de son côté opposé et la mesure de l'hypoténuse.
2.		On isole h_A dans chacune des équations.
3.		On pose une égalité entre les deux expressions équivalentes à h_A.

D Explique pourquoi l'équation que tu as posée à l'étape **3** de la question **C** est équivalente à $\dfrac{b}{\sin B} = \dfrac{c}{\sin C}$.

E Calcule la distance qui sépare la demeure d'Adriano de la boulangerie.

F À l'aide d'un raisonnement semblable à celui présenté en **C**, calcule la distance qui sépare la demeure de Cecilia de la boulangerie.

G La généralisation de ce raisonnement mène à $\frac{a}{\sin A} = \frac{b}{\sin B} = \frac{c}{\sin C}$, qu'on appelle la loi des sinus. Exprime la loi des sinus en mots.

H À l'aide de la loi des sinus, détermine la mesure manquante dans chacun des triangles ci-dessous.

①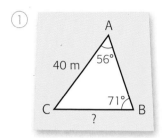

②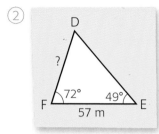

③

I La loi des sinus permet-elle de résoudre tous les triangles dont on connaît :

1) deux mesures de côtés et une mesure d'angle ?

2) deux mesures d'angles et une mesure de côté ?

Appuie ta réponse à l'aide d'une illustration et d'arguments mathématiques.

Ai-je bien compris ?

1. Pour chacun des triangles suivants, détermine la mesure manquante.

a)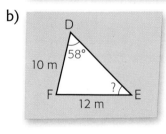

c)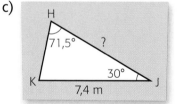

b)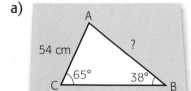

d)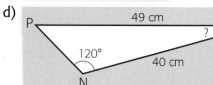

2. Quel est le périmètre du triangle **RST** ?

ACTIVITÉ
D'EXPLORATION **2**

Recherche de mesures
d'angles dans un
triangle quelconque

Oiselet

Ce matin, Patrice a réussi un trou de 208 m en 2 coups seulement. Au premier coup, la balle a emprunté une trajectoire formant un angle de 13° avec la trajectoire optimale, représentée par un segment en tirets. Au coup suivant, Patrice a projeté la balle directement dans la coupe (**C**) grâce à un coup de 57 m.

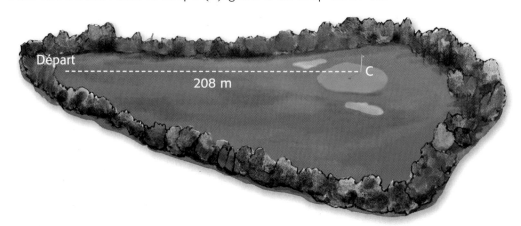

Départ
208 m
C

A Sachant qu'au premier coup, la balle a parcouru moins de 208 m, reproduis ce parcours et traces-y, à l'échelle, la représentation des coups de Patrice.

B À l'aide de la loi des sinus, détermine la mesure de l'angle formé par les trajectoires des deux coups de Patrice.

C Explique pourquoi il existe une mesure d'angle différente de celle que tu as calculée en **B** et qui satisfait à la loi des sinus.

D Dessine l'autre représentation possible des deux coups de Patrice.

E Détermine, pour ces deux représentations, la distance parcourue par la balle de Patrice au premier coup.

Ai-je bien compris?

1. Détermine la mesure de l'angle **A** dans le triangle obtusangle **ABC**.

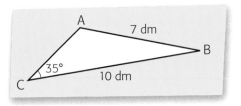

A
7 dm
B
35°
C
10 dm

2. Dans le triangle **DEF**, m ∠D = 12°, m $\overline{EF}$ = 135 cm et m $\overline{DF}$ = 184 cm. Résous les deux triangles qui peuvent avoir ces mesures.

Triangulation planétaire

Grâce à l'étude du déplacement orbital des planètes, des astronomes ont mis au point des outils qui fournissent la distance séparant la Terre des autres planètes, et ce, à tout moment.

Le schéma ci-dessous illustre les positions de la Terre, de Vénus et de Mars un soir où Vénus et Mars sont visibles à l'aide d'un télescope. À un certain moment, les distances respectives qui séparent la Terre de ces deux planètes sont de 75 Gm et de 105 Gm. L'angle formé par les lignes de visée de Vénus et de Mars à partir de la Terre mesure 70°. On cherche, à ce moment précis, la distance qui sépare Vénus de Mars.

Loi des cosinus

Un gigamètre (Gm) représente 10^9 m.

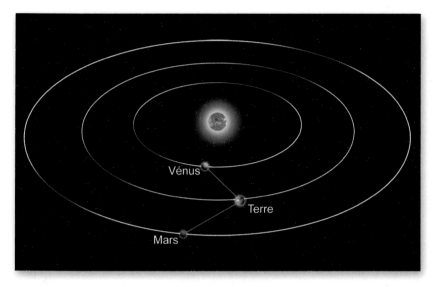

Fait divers

Vénus a longtemps été considérée comme la planète jumelle de la Terre de par sa taille et sa date de formation. Néanmoins, elle tourne sur elle-même dans l'autre sens et beaucoup plus lentement. Une journée sur Vénus dure un peu plus de 243 jours terrestres!

La position des trois planètes peut être modélisée par le triangle **TMV** ci-dessous.

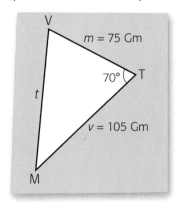

A Peut-on trouver la distance séparant Vénus de Mars à l'aide de la loi des sinus? Justifie ta réponse.

B Cette distance sera-t-elle plus petite ou plus grande que $\sqrt{(75)^2 + (105)^2}$ Gm? Justifie ta réponse.

C Calcule la mesure de la hauteur issue de **V**.

D Détermine la distance qui sépare Mars de Vénus.

Pour déterminer la distance séparant Mars de Vénus à partir des informations dont il dispose, un astrophysicien a procédé de la façon suivante.

$$t^2 = m^2 + v^2 - 2mv \cdot \cos \mathbf{T}$$
$$t^2 = 75^2 + 105^2 - 2 \cdot 75 \cdot 105 \cdot \cos 70°$$
$$t \approx \sqrt{11\ 263,18}$$
$$t \approx 106,13 \text{ Gm}$$

La formule utilisée par l'astrophysicien, appelée loi des cosinus, permet de résoudre des triangles.

E Pour le triangle **ABC** suivant, complète la loi des cosinus.

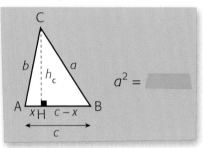

$$a^2 = \rule{2cm}{0.4pt}$$

F Dans le triangle **ABC**, la hauteur issue de **C**, h_c, détermine deux triangles rectangles. Pour chacun de ces deux triangles rectangles, exprime la relation de Pythagore.

G En posant d'abord une égalité entre les expressions équivalentes à $h_c{}^2$, démontre la loi des cosinus.

H Exprime la loi des cosinus en utilisant :

1) cos **B**   **2)** cos **C**

Au cours de la soirée d'observation, les distances qui séparent la Lune de la Terre et la Lune de Vénus sont respectivement de 0,384 Gm et de 75,14 Gm.

I À l'aide de la loi des cosinus, détermine l'angle formé par les lignes de visée de la Lune et de Vénus à partir de la Terre.

Ai-je bien compris ?

Dans chacun des triangles suivants, détermine la mesure manquante.

a)
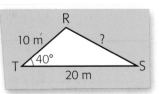

b)
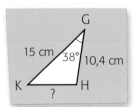

c)
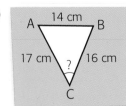

d)
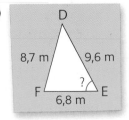

Faire le point

La loi des sinus

Dans un triangle, les rapports entre la mesure d'un côté et le sinus de l'angle qui lui est opposé sont équivalents.

$$\frac{a}{\sin A} = \frac{b}{\sin B} = \frac{c}{\sin C}$$

La recherche de mesures manquantes

La loi des sinus permet de résoudre un triangle, et ce, dès qu'on connaît la mesure d'un angle et celle du côté qui lui est opposé ainsi qu'une autre mesure d'angle ou de côté.

Exemple : Voici les étapes à suivre pour résoudre le triangle **ABC** ci-contre.

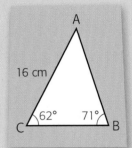

Étape	Démarche
1. Déduire la mesure du troisième angle.	$m \angle A = 180° - 71° - 62° = 47°$
2. Remplacer les mesures connues dans la loi des sinus et identifier la proportion à résoudre.	$\frac{a}{\sin A} = \frac{b}{\sin B} = \frac{c}{\sin C}$ $\frac{a}{\sin 47°} = \frac{16}{\sin 71°} = \frac{c}{\sin 62°}$
3. Isoler le terme manquant dans la proportion identifiée en **2**.	$a = \frac{16 \cdot \sin 47°}{\sin 71°} \approx 12,4$ $\overline{BC}$ mesure environ 12,4 cm.
4. Déterminer la mesure du troisième côté.	$\frac{16}{\sin 71°} = \frac{c}{\sin 62°}$ $c = \frac{16 \cdot \sin 62°}{\sin 71°} \approx 14,9$ $\overline{AB}$ mesure environ 14,9 cm.

La recherche d'une mesure d'angle

Exemple : Dans le triangle **DEF**, $m \angle F = 47°$, $m\,\overline{EF} = 5$ cm et $m\,\overline{DE} = 4$ cm. Voici les étapes à suivre pour déterminer la mesure de l'angle **D**.

Étape	Démarche
1. Au besoin, illustrer le ou les triangles.	*(illustration des deux triangles DEF : D, 4 cm, 47°, F, 5 cm, E)*
2. Remplacer les mesures connues dans la loi des sinus et identifier la proportion à résoudre.	$\frac{d}{\sin D} = \frac{e}{\sin E} = \frac{f}{\sin F}$ $\frac{5}{\sin D} = \frac{e}{\sin E} = \frac{4}{\sin 47°}$
3. Isoler le terme manquant dans la proportion identifiée en **2**.	$\sin D = \frac{5 \cdot \sin 47°}{4} \approx 0,9142$
4. Trouver les deux mesures d'angles correspondant à ce sinus.	$m \angle D \approx \sin^{-1}(0,9142) \approx 66,1°$ ou $m \angle D \approx 180° - 66,1° \approx 113,9°$
5. Selon la figure ou le contexte, donner la mesure de l'angle aigu, de l'angle obtus ou des deux.	Deux triangles différents ont ces trois mesures. L'angle **D** mesure environ 66,1° ou 113,9°.

La loi des cosinus

La loi des cosinus est une généralisation de la relation de Pythagore aux triangles quelconques. La loi des cosinus permet de résoudre un triangle pour lequel on connaît les mesures des trois côtés ou un triangle pour lequel on connaît la mesure d'un angle et celles des côtés formant cet angle.

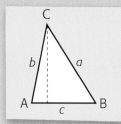

$$a^2 = b^2 + c^2 - 2bc \cdot \cos \mathbf{A}$$
$$b^2 = a^2 + c^2 - 2ac \cdot \cos \mathbf{B}$$
$$c^2 = a^2 + b^2 - 2ab \cdot \cos \mathbf{C}$$

Exemples :

Voici comment calculer la mesure de $\overline{RT}$.

Figure	Démarche
	$s^2 = r^2 + t^2 - 2rt \cdot \cos \mathbf{S}$
	$s^2 = 8^2 + 10^2 - 2 \cdot 8 \cdot 10 \cdot \cos 70°$
	$\text{m } \overline{RT} \approx 10{,}45 \text{ cm}$

Voici comment calculer la mesure de l'angle **D**.

Figure	Démarche
	$d^2 = e^2 + f^2 - 2ef \cdot \cos \mathbf{D}$
	$\cos \mathbf{D} = \dfrac{d^2 - e^2 - f^2}{-2ef}$
	$\text{m} \angle \mathbf{D} = \cos^{-1}\left(\dfrac{d^2 - e^2 - f^2}{-2ef}\right)$
	$\text{m} \angle \mathbf{D} = \cos^{-1}\left(\dfrac{4^2 - 6^2 - 7^2}{-2 \cdot 6 \cdot 7}\right)$
	$\text{m} \angle \mathbf{D} = \cos^{-1}\left(\dfrac{69}{84}\right)$
	$\text{m} \angle \mathbf{D} \approx 34{,}8°$

Point de repère

Al-Kashi

Ghiyath Al-Kashi est un mathématicien et astronome perse (v. 1380-1429). En plus de s'intéresser à la trigonométrie, Al-Kashi a rédigé plusieurs ouvrages d'astronomie. Avec d'autres savants de son époque, il a participé à la conception de l'observatoire astronomique de Samarcande ainsi qu'à la publication de tables astronomiques (*Tables sultaniennes*, 1437). Al-Kashi est surtout connu pour avoir généralisé le théorème de Pythagore, ce qui mena à l'établissement de la loi des cosinus, également connue sous le nom de « théorème d'Al-Kashi ».

Mise en pratique

1. Détermine la mesure du côté **AB** dans chacun des triangles suivants.

a)
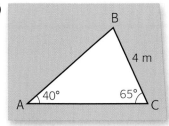

b)
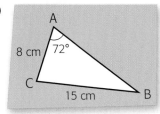

c)
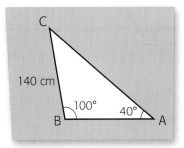

d)
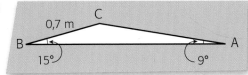

2. Le plus long côté d'un triangle mesure 50 cm. Deux de ses angles mesurent 42° et 64°. Détermine le périmètre de ce triangle.

> Dans un triangle, le plus grand angle est opposé au plus grand côté.

3. Le rocher Percé est une attraction touristique de la péninsule gaspésienne. Pour en déterminer la hauteur, quelqu'un a pris des mesures à marée basse et les a inscrites dans le schéma ci-contre.

Quelle est la hauteur du rocher Percé?

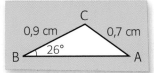

4. Détermine la mesure de l'angle **C** dans chacun des triangles suivants.

a)
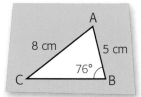

b)
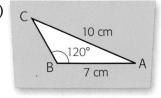

c)
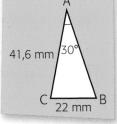

d)
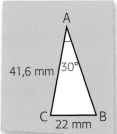

5. Résous chacun des triangles ci-dessous.

a)

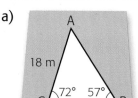

b)

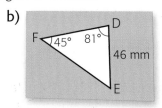

c)

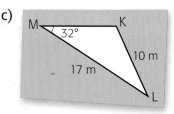

6. Dans la figure ci-contre, les triangles **ABC** et **DEC** sont semblables.

a) Quelle est la mesure de l'angle **E**?

b) Quelle est la mesure de $\overline{DE}$?

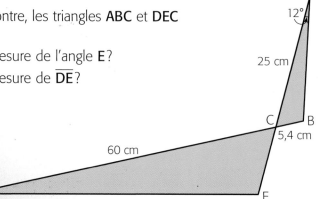

7. Un avion s'apprête à atterrir sur une piste de 2 510 m de longueur. À un moment précis, le pilote observe le début et la fin de la piste sous des angles de dépression mesurant respectivement 13° et 10°. À ce moment, quelle distance sépare l'avion du début de la piste d'atterrissage?

8. Dans chacun des triangles suivants, détermine la mesure manquante.

a)

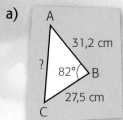

c)

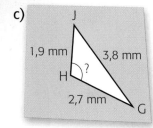

e)

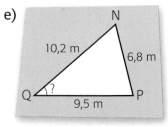

b)

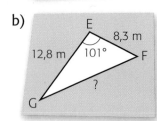

d)

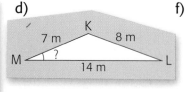

f)

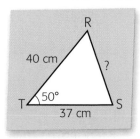

9. À l'aide de la loi des sinus, explique pourquoi les deux côtés isométriques d'un triangle isocèle sont nécessairement opposés aux deux angles isométriques.

10. Dans un jeu de quilles, les quilles sont disposées de façon à ce que leurs centres forment un triangle équilatéral de 91,2 cm de côté. La distance qui sépare deux quilles voisines est constante.

Après le premier lancer, les quilles **6**, **7** et **10** restent debout. Quelle distance sépare les centres des quilles **6** et **7** ?

11. Deux édifices voisins sont situés à 42 m l'un de l'autre. À partir du toit de l'édifice le plus haut, l'angle de dépression du toit de l'édifice le plus petit est de 27° et celui de la base de l'édifice, de 72°. Quelle est la hauteur de chacun des édifices ?

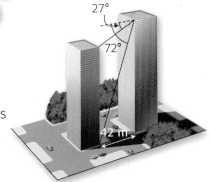

12. Voici la représentation des trajectoires des deux coups roulés que Bernard a effectués pour faire entrer la balle dans la coupe, au 18ᵉ trou d'un parcours de golf.

Quelle est la distance qui séparait la balle de la coupe avant que Bernard effectue son premier coup roulé ?

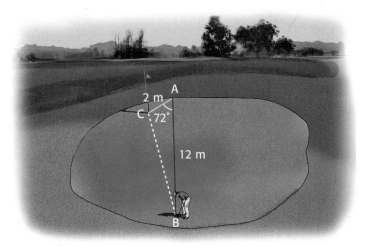

13. Dans l'illustration ci-dessous, les triangles **ABE** et **ACD** sont isocèles. De plus, m $\overline{AB}$ = 12 cm, m $\overline{AC}$ = 10 cm et m $\overline{BC}$ = 4 cm.

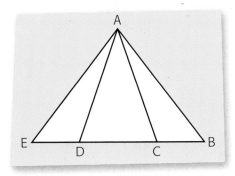

Détermine la mesure de $\overline{CD}$.

14. Est-ce que la loi des cosinus s'applique aussi pour trouver la mesure de l'hypoténuse d'un triangle rectangle à partir des mesures des cathètes ? Justifie ta réponse.

15. Détermine la mesure du côté **CD** dans les figures suivantes.

a)

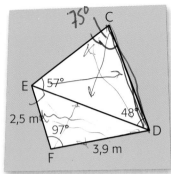

b)

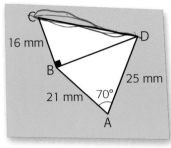

16. Les sommets du triangle **PQR** sont **P**(1, 5), **Q**(6, ⁻7) et **R**(⁻2, 1). Détermine les mesures des angles de ce triangle.

17. Sean est un adepte du char à voile, un sport de vitesse qui se pratique généralement sur de grandes plages. Le char se déplace grâce à la force du vent.

Voici le parcours que Sean doit effectuer pendant un entraînement où il s'exerce à contourner une borne.

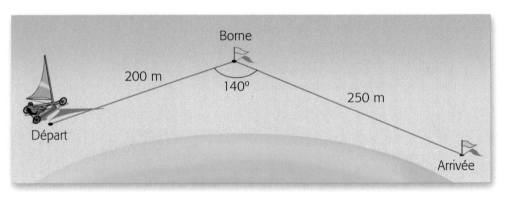

La borne se situe à 200 m du point de départ et à 250 m de l'arrivée. Les deux trajectoires décrites par Sean forment un angle de 140°. À l'aller, avec le vent, Sean effectue ce parcours en 45 secondes. Au retour, il y met plus de temps, car il marche.

a) Sur quelle distance minimale Sean doit-il marcher pour revenir au point de départ?

b) Si Sean marche à 6 km/h et que son entraînement dure une heure, combien de fois pourra-t-il faire le parcours?

L'aire des triangles

Un rallye dans le Sahara

Situation d'application

Le désert du Sahara est l'hôte d'un rallye de neuf jours où des femmes, en équipe de deux, parcourent les dunes et les pistes du désert en véhicule tout-terrain à la recherche de balises, c'est-à-dire des drapeaux.

Il est 15 h 40 lorsqu'un pneu du véhicule de Claude et Nathalie éclate. C'est leur deuxième crevaison et elles n'ont plus de pneu de rechange. Si elles demandent de l'aide par radio aux organisateurs, elles subiront une importante pénalité. Par contre, si elles trouvent la prochaine balise avant le coucher du soleil, prévu pour 18 h 15, elles pourront se faire aider par d'autres équipes sans subir de pénalité.

À l'aide de l'échelle de la carte et des prises d'azimuts des lignes de visée de deux repères, Claude trace un schéma, à même la carte, afin de déterminer la position de leur véhicule. Elle délimite ainsi la région où se trouve, selon elle, la prochaine balise. À pied, les équipières estiment pouvoir ratisser 4 km² à l'heure.

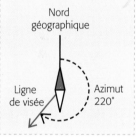

L'azimut est l'angle compris entre le nord géographique et la ligne de visée. L'azimut se mesure dans le sens des aiguilles d'une montre, en degrés, à partir du nord (0°).

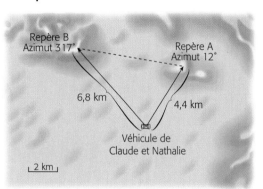

Repère B
Azimut 317°

Repère A
Azimut 12°

6,8 km

4,4 km

Véhicule de
Claude et Nathalie

2 km

En supposant que la balise se trouve bien dans la région délimitée sur la carte, Claude et Nathalie devraient-elles demander de l'aide par radio ou partir à la recherche de la balise? Justifie ta réponse.

Orientation et entrepreneuriat

Le Rallye Aïcha des Gazelles, compétition réservée aux femmes, s'inspire de la navigation à l'ancienne et a lieu chaque année dans le désert du Sahara. Cartes et boussole à la main, les concurrentes doivent trouver des balises en parcourant la plus petite distance possible. La participation à un projet d'une telle envergure nécessite beaucoup de temps et d'énergie. Les participantes doivent, entre autres, se préparer physiquement, amasser les fonds nécessaires et solliciter des commanditaires.

Quelles stratégies de planification peuvent t'aider à bien te préparer dans le cadre d'un projet ou de tes études? Selon toi, est-ce qu'une préparation adéquate à un projet d'envergure est un gage de succès? Justifie ta réponse.

Animal et végétal

Dans le cadre de sa formation en écologie, François fera un stage de trois mois au sein d'un organisme gouvernemental. Il sera chargé d'étudier l'effet de la présence humaine sur la reproduction des espèces végétales aux abords des sentiers, dans le parc national de la Jacques-Cartier.

Alors que François est sur le sentier Le Scotora à la recherche d'endroits propices au recensement des espèces, il remarque une parcelle de terrain délimitée par les extrémités **A** et **E** du chemin en bois et l'intersection **R** de la rivière et du sentier. François prend quelques mesures afin d'évaluer la superficie de cet espace et les note sur un schéma du secteur, qui est un agrandissement de la carte du parc ci-dessous.

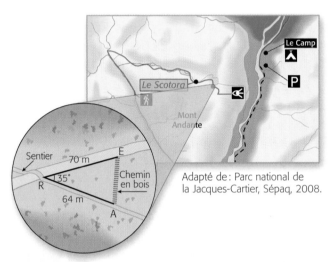

Adapté de : Parc national de la Jacques-Cartier, Sépaq, 2008.

A Détermine l'aire de cette parcelle de terrain en calculant d'abord :

1) la hauteur relative à $\overline{ER}$;

2) la hauteur relative à $\overline{AR}$.

B Détermine la mesure de $\overline{AE}$ et celle de sa hauteur relative.

François poursuit son exploration et trouve deux autres parcelles de terrain propices à son étude. Voici les schémas des secteurs sur lesquels il a noté quelques mesures.

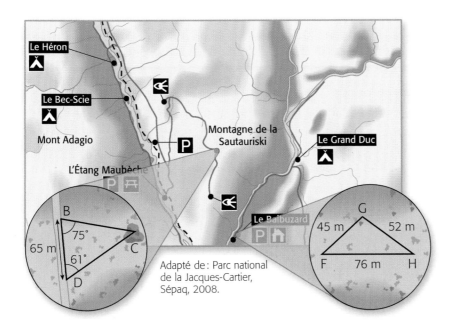

Adapté de : Parc national de la Jacques-Cartier, Sépaq, 2008.

C Peux-tu déterminer l'aire de chacune des parcelles de terrain à partir des mesures que François a prises ? Si oui, détermine-les, si non, explique pourquoi.

D De quelles mesures dois-tu disposer, au minimum, pour déterminer l'aire d'un triangle ?

Orientation et entrepreneuriat

Pour des étudiants, le stage en milieu de travail comporte de nombreux avantages : il leur permet, entre autres, de se familiariser avec le domaine d'emploi dans lequel ils désirent travailler, de concrétiser les concepts théoriques acquis en classe, d'acquérir de l'expérience et d'apprendre de nouvelles choses.

Quels sont les avantages, pour des employeurs, à accueillir des étudiants en stage ? Selon toi, pourquoi n'y a-t-il pas de stages en milieu de travail dans toutes les formations à l'emploi ?

Ai-je bien compris ?

Détermine l'aire des triangles suivants.

a)
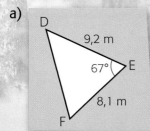

b)
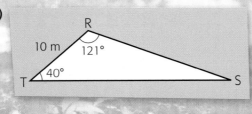

c)
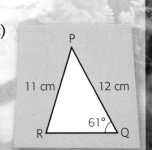

- **Formule de Héron**
- **Aire de quadrilatères**

De Calibao à Santa Rosa

Quand on consulte des cartes géographiques, il est étonnant de voir le nombre considérable d'îles qu'il y a sur la planète. Aujourd'hui, grâce à Internet et à différents logiciels, il est possible de mesurer facilement les dimensions réelles de ces îles.

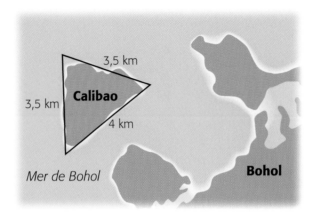

Voici Calibao, une île de l'archipel des Philippines. Le contour de cette île peut être modélisé par un triangle isocèle, comme on peut le voir ci-contre.

Un triangle isocèle possède un axe de symétrie qui supporte une médiane et une hauteur.

A Détermine :

1) le périmètre du triangle qui modélise le contour de l'île de Calibao ;

2) l'aire de ce triangle.

Hortense a trouvé, dans Internet, une formule permettant de calculer l'aire d'un triangle. Voici sa démarche.

$$A = \sqrt{5,5(5,5-3,5)(5,5-3,5)(5,5-4)}$$
$$A = \sqrt{5,5 \cdot 2 \cdot 2 \cdot 1,5} = \sqrt{33}$$

B Est-ce que l'aire calculée à l'aide de cette formule est la même que celle que tu as trouvée en **A** ?

C En définissant des variables, peux-tu retrouver la formule dont Hortense s'est servie pour calculer l'aire ?

Anaphi est une île grecque située dans la mer Égée. Le contour de cette île peut être modélisé par le triangle scalène ci-contre.

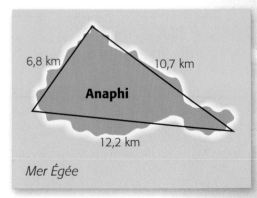

D À l'aide de la formule que tu as écrite en **C** et qui se nomme la formule de Héron, calcule l'aire de ce triangle.

E Vérifie que la formule de Héron fournit la bonne mesure en déterminant l'aire d'une autre façon.

Voici l'île de Santa Rosa, située près de la côte californienne, aux États-Unis.
On l'a représentée dans un plan cartésien dont les axes sont gradués en kilomètres.

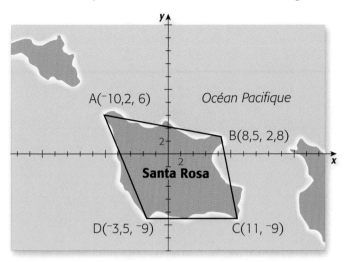

F Détermine la mesure de chacun des côtés du quadrilatère qui modélise
le contour de l'île de Santa Rosa.

G De quelle autre mesure aurais-tu besoin pour calculer l'aire du quadrilatère
en utilisant la formule de Héron?

H Calcule l'aire de ce quadrilatère.

Ai-je bien compris?

1. Calcule l'aire des figures suivantes.

a)
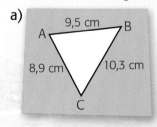

b)
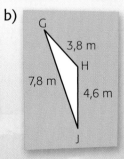

c)
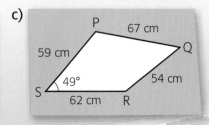

d)
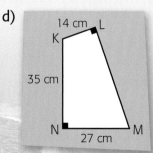

2. Quelle est l'aire du triangle **ABC** dont les sommets sont **A**(1, 2), **B**(5, 5) et **C**(⁻2, 7)?

Faire le  point

L'aire des triangles

Selon les mesures d'angles et de côtés dont on dispose, on peut calculer l'aire d'un triangle de différentes façons. Avant d'avoir recours à l'une ou l'autre de ces méthodes, il faut parfois calculer d'autres mesures à l'aide des rapports trigonométriques, de la loi des sinus ou de la loi des cosinus.

Le demi-produit d'une base et de sa hauteur relative

Lorsque les mesures connues dans un triangle permettent de déterminer une hauteur relative à un côté dont on connaît la mesure, on calcule l'aire du triangle à l'aide de la relation :

$$A_\triangle = \frac{base \cdot hauteur}{2}$$

Exemple : Voici les étapes à suivre pour calculer l'aire du triangle **ABC**.

<table>
<tr><th>Étape</th><th colspan="2">Démarche</th></tr>
<tr>
<td>1. Déterminer la hauteur relative à un des côtés dont on connaît la mesure.</td>
<td></td>
<td>$\sin 43° = \dfrac{h_A}{11}$

$h_A = 11 \cdot \sin 43°$</td>
</tr>
<tr>
<td>2. Calculer l'aire du triangle à l'aide de la relation :
 $A_\triangle = \dfrac{base \cdot hauteur}{2}$.</td>
<td colspan="2">$A_{\triangle ABC} = \dfrac{base \cdot hauteur}{2} = \dfrac{10 \cdot 11 \cdot \sin 43°}{2}$
$A_{\triangle ABC} \approx 37,5 \text{ cm}^2$</td>
</tr>
</table>

Pièges et astuces

Pour éviter de perdre de la précision, il est préférable de conserver les rapports trigonométriques dans les calculs plutôt que d'utiliser la notation décimale arrondie.

La formule de Héron

Pour calculer l'aire d'un triangle lorsqu'on connaît uniquement les mesures de ses côtés, on utilise la formule de Héron :

$$A_\triangle = \sqrt{p(p - a)(p - b)(p - c)}$$

où p est le demi-périmètre du triangle et où a, b et c sont les mesures de ses côtés.

Exemple : Voici les étapes à suivre pour calculer l'aire du triangle **ABC**.

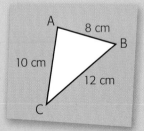

Étape	Démarche
1. Calculer le demi-périmètre.	$p = \dfrac{a + b + c}{2} = \dfrac{12 + 10 + 8}{2} = 15$
2. Calculer l'aire du triangle à l'aide de la formule de Héron : $A_\triangle = \sqrt{p(p - a)(p - b)(p - c)}$	$A_\triangle = \sqrt{15(15 - 12)(15 - 10)(15 - 8)}$ $A_\triangle = \sqrt{1575}$ $A_\triangle \approx 39,7 \text{ cm}^2$

Remarque : On peut déterminer l'aire de certains quadrilatères en les divisant en triangles.

Mise en pratique

1. Calcule l'aire de chacun des triangles suivants.

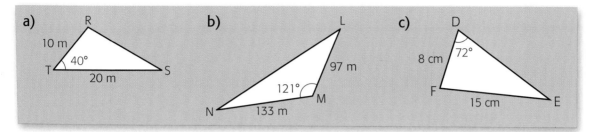

a) 10 m, R, 40°, T, 20 m, S

b) L, 97 m, 121°, M, N, 133 m

c) D, 72°, 8 cm, F, 15 cm, E

2. Le plus long côté d'un triangle mesure 50 cm. Deux de ses angles mesurent respectivement 42° et 64°. Quelle est l'aire de ce triangle?

3. Calcule l'aire de chacun des triangles suivants.

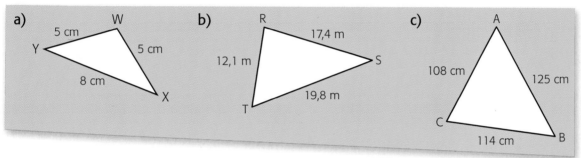

a) 5 cm, W, Y, 5 cm, 8 cm, X

b) R, 17,4 m, 12,1 m, S, T, 19,8 m

c) A, 108 cm, 125 cm, C, 114 cm, B

4. Benoît a développé une formule pour calculer l'aire d'un triangle à partir de la mesure d'un angle et des mesures de deux de ses côtés.

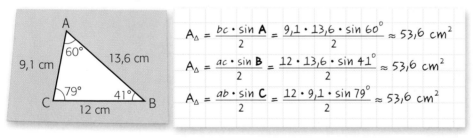

$$A_\Delta = \frac{bc \cdot \sin \mathbf{A}}{2} = \frac{9,1 \cdot 13,6 \cdot \sin 60°}{2} \approx 53,6 \text{ cm}^2$$

$$A_\Delta = \frac{ac \cdot \sin \mathbf{B}}{2} = \frac{12 \cdot 13,6 \cdot \sin 41°}{2} \approx 53,6 \text{ cm}^2$$

$$A_\Delta = \frac{ab \cdot \sin \mathbf{C}}{2} = \frac{12 \cdot 9,1 \cdot \sin 79°}{2} \approx 53,6 \text{ cm}^2$$

a) Prouve que la formule de Benoît est équivalente à celle-ci: $A_\Delta = \frac{base \cdot hauteur}{2}$.

b) Exprime en mots la formule développée par Benoît.

5. En 1853, la colonie du Cap, en Afrique du Sud, a imprimé un timbre-poste de forme triangulaire, le premier au monde à avoir cette forme.

Quelle est l'aire de ce timbre-poste?

2,7 cm   2,7 cm

3,8 cm

Fait divers

Bien que la majorité des timbres-poste soient rectangulaires, certains se démarquent par leur originalité. Par exemple, le Canada a imprimé des timbres circulaires représentant une balle de golf, la Sierra Leone a imprimé un timbre à l'effigie d'un ourson qui a une texture de peluche et la Suisse a imprimé un timbre enrobé d'un vernis spécial contenant une substance odoriférante. Lorsqu'on frottait la surface du timbre, il s'en dégageait une odeur de chocolat.

6. Détermine le périmètre et l'aire des quadrilatères suivants.

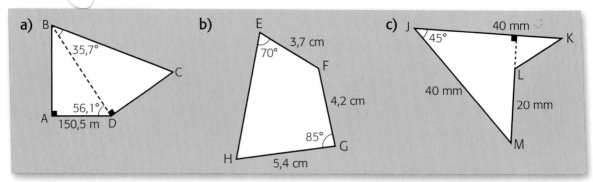

a) B
35,7°
C
56,1°
A 150,5 m D

b) E
3,7 cm
70°
F
4,2 cm
85°
H G
5,4 cm

c) J 40 mm K
45°
L
40 mm 20 mm
M

7. Dans l'octogone régulier de 4 cm de côté ci-contre, $\overline{AB}$ et $\overline{CD}$ sont supportés par des axes de symétrie.

Quelle est l'aire de cet octogone?

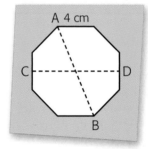

A 4 cm

C ─────── D

B

8. Le yoga est une discipline d'origine indienne. Les postures de yoga sollicitent les muscles et le sens de l'équilibre. Observe les photos ci-dessous.

Quelle est l'aire de la région délimitée:

a) par le bras, la jambe et le torse de cette femme dans la posture de Trikonasana?

75 cm 110°
60 cm

b) par le sol, le bras, le torse et la jambe de cet homme dans la posture de Ardha-Chandrasana?

45 cm
110 cm 90 cm
60 cm

Orientation et entrepreneuriat

Le stress lié aux exigences du monde du travail est un mal qui touche bon nombre de personnes. Afin d'améliorer la qualité de vie des employés, certains employeurs offrent des garderies en milieu de travail. D'autres paient à leurs employés les frais d'abonnement à un centre de conditionnement physique.

Selon toi, pourquoi certains employeurs choisissent-ils d'absorber des frais supplémentaires pour offrir de meilleures conditions de travail à leurs employés? Nomme d'autres moyens susceptibles de diminuer le stress au travail.

9. Détermine l'aire des figures suivantes.

a)

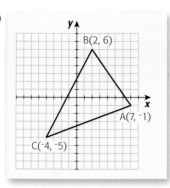

B(2, 6)
A(7, ⁻1)
C(⁻4, ⁻5)

b)

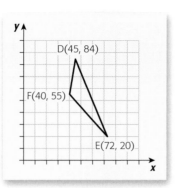

D(45, 84)
F(40, 55)
E(72, 20)

c)

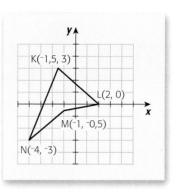

K(⁻1,5, 3)
L(2, 0)
M(⁻1, ⁻0,5)
N(⁻4, ⁻3)

10. Aujourd'hui beaucoup plus éclatés qu'autrefois, les motifs et les couleurs des courtepointes donnent un second souffle à cet art. Voici un motif de courtepointe carré de 10 cm de côté, sur lequel certaines mesures sont indiquées. Quel pourcentage du motif est formé du tissu :

a) rayé ?

b) à pois ?

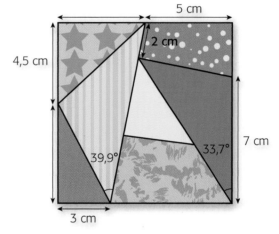

5 cm
2 cm
4,5 cm
39,9°
33,7°
7 cm
3 cm

11. Jeanne-Mance est une géocacheuse. Elle souhaite dissimuler une cache au sommet du mont Saint-Grégoire. Plutôt que de fournir les coordonnées d'un point, elle délimite un triangle dans lequel les géochercheurs auront à chercher la cache.

Au sommet **A** du triangle, elle note les coordonnées géographiques : 45° 21' 25,42" nord et 73° 8' 52,59" ouest. Ensuite, elle se dirige vers le nord-est sur une distance de 7,5 m. C'est là qu'elle situe le deuxième point qui correspond au sommet **B**. Le sommet **C** se situe à 4,2 m du sommet **B**, au nord-nord-est de **B**.

a) Quelle distance sépare les sommets **A** et **C** ?

b) Quelle est l'aire que les géochercheurs auront à ratisser pour trouver la cache ?

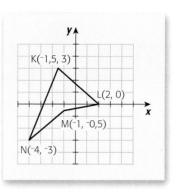

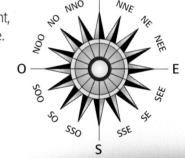

Fait divers

La popularité du GPS a mené à la création d'un nouveau loisir : le géocaching. Le géocaching, qui s'effectue à l'échelle planétaire, comporte deux aspects. D'abord, les géocacheurs dissimulent un contenant appelé « cache » à un endroit précis. Puis, ils fournissent dans Internet les coordonnées géographiques de la cache. Ensuite, des géochercheurs partent, munis de ces renseignements et de leur GPS, à la recherche de la cache. Les caches, des contenants étanches qui renferment des babioles, sont dispersées partout sur la planète. Les géochercheurs sont invités à prendre ou à remplacer un objet de la cache lorsqu'ils la trouvent.

Consolidation

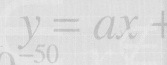

1. Un arbre projette une ombre de 12 m lorsque les rayons du soleil forment un angle de 48° avec le sol. Quelle est la hauteur de l'arbre?

2. Un bateau en détresse se trouve à 4,5 km du phare de l'Île-Verte, en direction nord-est. Au même moment, le patrouilleur de la garde côtière se trouve à 14,8 km à l'est du phare.

   a) À quelle distance le bateau de la garde côtière se trouve-t-il du bateau en détresse?

   b) Le patrouilleur de la garde côtière se dirige vers le bateau en détresse. Quel est l'angle formé par sa direction et le nord géographique?

3. Soit la figure ci-contre.

   a) Quelle est la mesure de l'angle **ABC**?

   b) Quelle est l'aire du triangle **ABC**?

   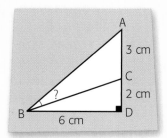

4. Détermine la mesure manquante dans les figures suivantes.

   a)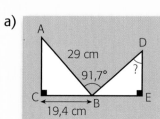

   b)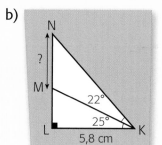

   c)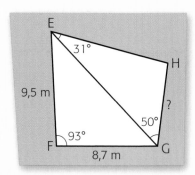

5. Un triangle isocèle a deux côtés mesurant 11 cm et un angle mesurant 116°. Détermine:

   a) le périmètre de ce triangle;   b) l'aire de ce triangle.

6. Voici un schéma du pont suspendu qui traverse l'estuaire de Humber, en Angleterre.

   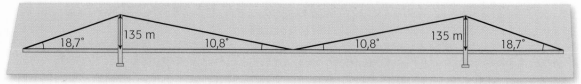

   Quelle est la longueur du pont?

7. Quel est le volume des prismes droits suivants?

a)

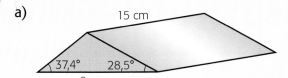

b)

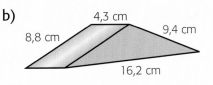

8. Résous chacun des triangles ci-dessous. Ensuite, détermine le nombre de triangles qu'il est possible de tracer à partir des mesures indiquées.

  a) $\triangle ABC$ pour lequel m $\angle$ **A** = 42°, m $\overline{BC}$ = 30 cm et m $\overline{AC}$ = 25 cm.

  b) $\triangle DEF$ pour lequel m $\angle$ **E** = 144°, m $\overline{DF}$ = 10,5 cm et m $\overline{DE}$ = 12,5 cm.

  c) $\triangle GHJ$ pour lequel m $\angle$ **G** = 12°, m $\overline{GH}$ = 436 mm et m $\overline{GJ}$ = 512 mm.

9. Soit les points **A**(1, 5), **B**(6, ⁻7) et **C**(⁻2, 1).

  a) Quelles sont les mesures des angles du triangle **ABC**?

  b) Quelle est l'aire du triangle **ABC**?

10. En chimie, le modèle moléculaire permet de représenter la composition atomique d'une molécule. Il sert à indiquer la distance entre les noyaux des atomes et les mesures des angles de liaison.

Une molécule d'eau, H_2O, est formée de deux atomes d'hydrogène et d'un atome d'oxygène. Dans une molécule d'eau, la distance entre le noyau de l'atome d'oxygène et le noyau d'un atome d'hydrogène est de 96 Å. La distance entre les atomes d'hydrogène est de 152 Å.

> L'angström, noté Å, est une unité de mesure de distance atomique qui équivaut à 10^{-10} m. Il ne fait toutefois pas partie du Système international d'unités.

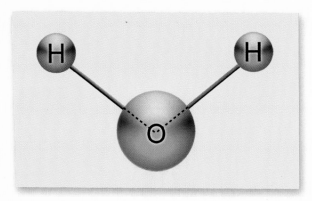

Quel est l'angle de liaison d'une molécule d'eau?

11. Le *Staurastrum* est une algue verte qu'on trouve dans certains lacs. On peut modéliser le contour d'une de ces algues à l'aide d'un triangle équilatéral de 30 μm de côté.

Combien de *Staurastrum* seraient nécessaires pour recouvrir la surface de 22 km² du Grand lac Nominingue, situé dans les Laurentides?

> Un micromètre (μm) correspond à un millionième de mètre ou 10^{-6} m.

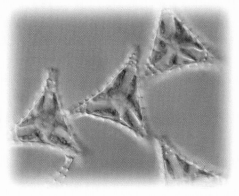

12. La grue blanche d'Amérique

La grue blanche d'Amérique est le plus grand oiseau nichant au Canada. Lorsque l'angle d'élévation du Soleil passe de 30° à 25°, la longueur de l'ombre formée par une grue blanche augmente de 62 cm. Quelle est la taille de cette grue blanche d'Amérique?

62 cm

13. Pas de faux pas

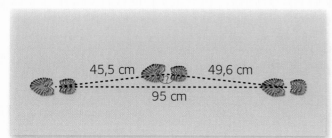

45,5 cm   49,6 cm
95 cm

La kinésiologie est une science qui s'intéresse aux mouvements humains dans la pratique de l'activité physique. Andrew, un kinésiologue, étudie la démarche d'une patiente. Voici un schéma sur lequel il a noté quelques mesures dans le but de déterminer l'angle formé par deux pas consécutifs.

Détermine la mesure de cet angle.

14. Hissez ce symbole

Les drapeaux des différents pays se distinguent par leurs couleurs et leurs symboles. Tous possèdent une histoire et une signification particulières.

a) Voici le drapeau des Seychelles, un archipel de 115 îles situé près du continent africain, dans l'océan Indien. Son motif est tel qu'il partage deux côtés du drapeau en trois segments isométriques.

Quel est le périmètre du secteur rouge qui se trouve sur un drapeau des Seychelles mesurant 140 cm sur 70 cm?

b) Voici le drapeau des îles Marshall, un archipel situé au nord de l'équateur dans l'océan Pacifique. Sur le côté droit du drapeau, les segments orange et blanc mesurent chacun le cinquième de la mesure du côté.

Les dimensions de ce drapeau respectent la proportion 19:10. En présumant que les secteurs orange et blanc sont triangulaires et partagent un sommet avec le rectangle qui forme le contour du drapeau, détermine le pourcentage du drapeau qui est orange.

15. Aire volante

Le cerf-volant **APCD** est formé du carré **ABCD** et des deux triangles **APB** et **CBP**.

Quelle est l'aire du cerf-volant ?

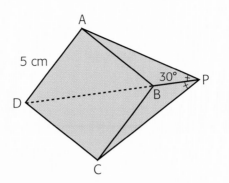

5 cm

30°

Un cerf-volant est un quadrilatère qui possède deux paires de côtés adjacents isométriques.

16. Une seule mesure suffit maintenant !

Détermine l'aire des figures suivantes.

a) Un pentagone régulier dont la mesure de côté est 4 cm.

b) Un hexagone régulier dont l'apothème mesure 2 cm.

c) Un décagone régulier dont le périmètre est de 20 cm.

17. Deux par deux, face à face

À l'aide de la loi des sinus, explique pourquoi, dans un triangle isocèle, les deux côtés isométriques sont nécessairement opposés aux deux angles isométriques.

18. Terrain privé

Charles-André a relevé quelques mesures d'un terrain qu'il désire clôturer.

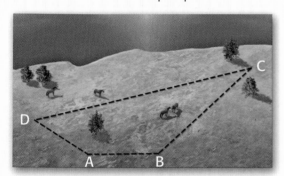

$m\ \overline{AB} = 54,2\ m$	$m \angle ABD = 41°$
$m \angle ABC = 123°$	$m \angle BAD = 104°$
$m \angle BAC = 32°$	

Quelle est la longueur de clôture nécessaire ?

19. Dans le port d'Amsterdam…

Deux bateaux de plaisance quittent le même quai du port d'Amsterdam en même temps. Les deux bateaux prennent des directions différentes et naviguent en ligne droite, tel que l'illustre le schéma ci-contre. L'un va à 10 km/h et l'autre, à 8 km/h. Quelle distance sépare ces deux bateaux 45 minutes après leur départ ?

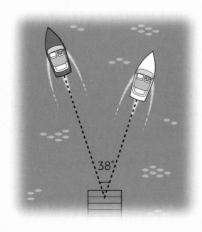

38°

20. Gicleur

Un parc est muni d'un système d'arrosage automatique. Chaque gicleur arrose sur un rayon de 5 m. Tania roule sur une piste cyclable qui passe dans ce parc. Elle est à 7,5 m d'un gicleur en marche et la ligne de visée avec laquelle elle regarde le gicleur forme, à ce moment précis, un angle de 23° avec la piste cyclable.

Sur quelle longueur de la piste Tania se fera-t-elle arroser ?

21. Triangles en plan

Dans le plan cartésien ci-dessous, gradué en mètres, on a représenté les droites d'équations $y = x$, $y = {}^-2x$, $y = 2x$ et $y = {}^-4$. Celles-ci délimitent entre autres les triangles **ABC** et **ADC**. Résous ces deux triangles.

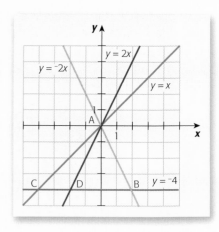

22. Le cercle arctique

Le cercle arctique est un parallèle terrestre situé à une latitude de 66° 34′ nord. Il délimite le jour polaire au solstice d'été. En effet, au-delà du cercle arctique, le Soleil reste au-dessus de l'horizon pendant 24 heures au moins une fois dans l'année. Il s'agit aussi de la région où, en hiver, il y a au moins 24 heures consécutives où le Soleil ne dépasse pas l'horizon.

Sachant que le rayon de la Terre est de 6 378 km, détermine la longueur du cercle arctique.

La latitude donne la position nord-sud d'un point par rapport au plan de l'équateur (0°) et s'exprime de 90° S au pôle Sud à 90° N au pôle Nord. Chaque degré (°) compte 60 minutes (′).

23. Sortir du cercle

On a représenté un quart de cercle de rayon 1 dans un plan cartésien.
Les coordonnées du point **P** peuvent s'exprimer de la façon suivante :
P(cos θ, sin θ), où θ est l'angle au centre qui intercepte $\overset{\frown}{AP}$.

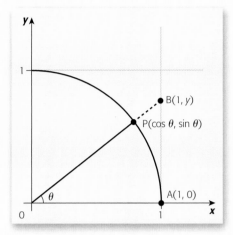

Quelle est l'ordonnée du point **B** en fonction de θ?

24. La Terre est ronde

Près de 200 ans avant notre ère, Ératosthène a trouvé une façon d'estimer
la circonférence de la Terre. Il a d'abord supposé que les rayons solaires sont
parallèles entre eux. Il a ensuite remarqué qu'au solstice d'été, le 21 juin, alors
que le Soleil est à son zénith, les rayons solaires se rendent directement au
fond d'un puits à Syène, et qu'ils sont donc perpendiculaires au sol. À la même
heure et le même jour, à Alexandrie, un obélisque de 23 m de hauteur a une
ombre de 2,9 m.

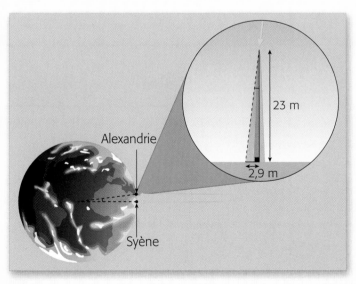

Sachant que Syène est à 788 km d'Alexandrie et que les deux villes sont
situées sur le même méridien, estime la circonférence de la Terre comme
l'a fait Ératosthène.

Point de repère

Ératosthène

Astronome,
mathématicien et
géographe grec,
Ératosthène
(276-194 av. J.-C.)
est connu pour
son « crible », une
méthode pour
trouver les nombres
premiers. Il est
aussi à l'origine de
la première bonne
approximation de
la circonférence
de la Terre. Cette
mesure diffère de
moins de 1 % de la
circonférence d'un
cercle passant par
les deux pôles.

25. Écoénergétiquement vôtre

Germain planifie le fenêtrage de la façade sud de sa nouvelle maison à un étage. Il souhaite que sa maison soit écoénergétique grâce à l'énergie solaire passive.

Au solstice d'hiver, alors qu'au zénith le Soleil est à son plus bas, Germain voudrait que le prolongement du toit n'empêche pas les rayons solaires d'entrer pleinement par les fenêtres pour réchauffer la maison. Au solstice d'été, alors qu'au zénith le Soleil est à son plus haut, il voudrait que le prolongement du toit empêche les rayons solaires de frapper directement les fenêtres.

Les schémas ci-dessous montrent un modèle qu'il a trouvé dans Internet.

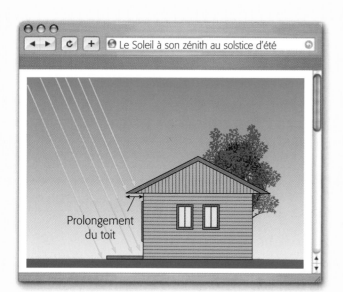

Le Soleil à son zénith au solstice d'été

Prolongement du toit

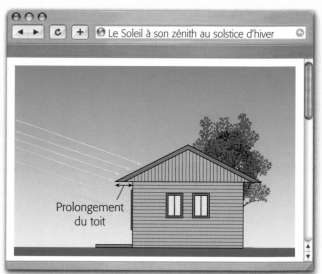

Le Soleil à son zénith au solstice d'hiver

Prolongement du toit

Voici les informations dont il faut tenir compte.

Orientation et entrepreneuriat

L'autoconstruction consiste à exécuter soi-même les travaux de construction de sa maison. Un projet d'autoconstruction peut se révéler stimulant et gratifiant, mais il s'agit d'une entreprise de longue haleine qui exige temps, disponibilité, patience et minutie. Pour entreprendre un tel projet, il faut également avoir une bonne connaissance des techniques et des matériaux de construction, et posséder des aptitudes pour le travail manuel.

Selon toi, quelles sont les différentes étapes d'un projet d'autoconstruction ? Si tu devais construire une maison, opterais-tu pour l'autoconstruction ou préférerais-tu confier les travaux à une entreprise ?

- Pour avoir une façade très lumineuse, Germain choisit des fenêtres d'une hauteur de 1,5 m.
- La municipalité où Germain construit sa maison possède une réglementation concernant la construction des bâtiments. Celle-ci exige entre autres une distance d'au moins 45 cm entre le plancher et le bas d'une fenêtre.
- Dans la région où Germain demeure, l'angle d'élévation du Soleil varie entre 19° au solstice d'hiver et 67° au solstice d'été.
- La distance qui sépare le plafond du plancher est de 240 cm.

Aide Germain à planifier la position de ses fenêtres sur la façade sud de sa maison et à trouver la longueur du prolongement du toit.

26. Feutrine

Dans un carré de feutrine mesurant 20 cm de côté, Macha découpe d'abord le plus grand triangle équilatéral possible. Elle retranche ensuite un autre triangle à partir d'un coin du carré, comme dans l'illustration ci-contre.

Quelle est l'aire de feutrine restante?

27. Médiane équitable

Dans le triangle **ABC** ci-contre, on a tracé la médiane **AM**. Démontre que cette médiane partage le triangle **ABC** en deux triangles qui ont la même aire.

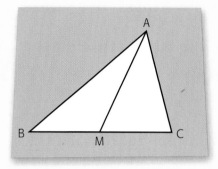

28. Langage de construction

La plupart des fermes de toit utilisées en construction ont des inclinaisons standard. Voici la vue transversale de quatre fermes de toit avec leurs mesures, arrondies au centimètre près.

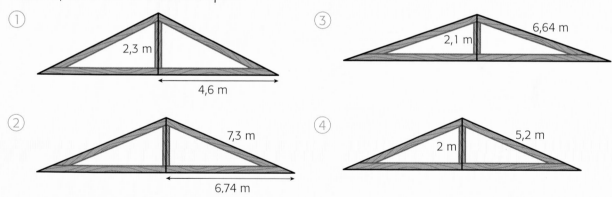

① 2,3 m 4,6 m

② 7,3 m 6,74 m

③ 6,64 m 2,1 m

④ 5,2 m 2 m

a) Pour prévenir les accidents liés aux chutes d'un toit en pente, la Commission de la santé et de la sécurité du travail (CSST) recommande le port du harnais pour travailler sur un toit dont l'inclinaison est supérieure à 19°. Parmi les quatre fermes de toit représentées ci-dessus, sur lesquelles faut-il porter un harnais?

b) Selon la terminologie propre au domaine de la construction, les toits dont l'inclinaison est standard sont appelés «4:12», «5:12» et «6:12». Sachant que ces trois inclinaisons se trouvent parmi les toits représentés ci-dessus, explique ces appellations.

c) Selon le principe de cette terminologie, comment appellerait-on la ferme de toit ci-contre?

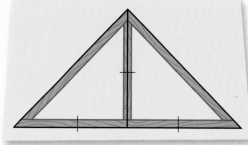

29. Jeux olympiques d'hiver

Le saut à ski est une discipline où les athlètes semblent flotter dans les airs sans effort. Pourtant, la position des skieurs, pendant la glisse et le saut, fait toute la différence entre un saut réussi et une chute.

Alors qu'un athlète est dans les airs, les extrémités des skis, qui mesurent 190 cm de longueur, se touchent à l'arrière selon un angle de 38°. La fixation est située à 65 cm de l'extrémité arrière du ski. L'intérieur de la jambe du skieur, du pied jusqu'au haut de la cuisse, mesure 1,2 m de longueur.

Quel angle les jambes du skieur forment-elles?

30. Jeux olympiques d'été

Voici une figure réalisée par huit nageuses synchronisées. À partir des mesures fournies, détermine l'aire de la région comprise entre deux nageuses.

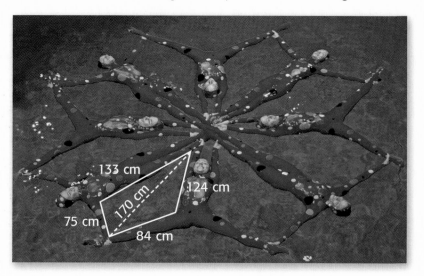

31. Non, il ne manque rien!

Soit le triangle rectangle **ABC** dans lequel on a tracé **CD**, la hauteur relative à l'hypoténuse.

Détermine le périmètre et l'aire de ce triangle.

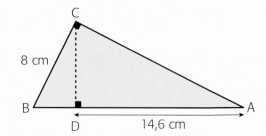

32. Le rapport des sinus

Démontre que le rapport des aires des triangles **ACD** et **ACB** équivaut au rapport $\frac{\sin \angle \text{ACD}}{\sin \angle \text{ACB}}$.

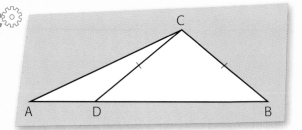

33. L'altitude des nuages la nuit

Les pilotes de petits avions récréatifs pratiquent le vol à vue, une façon de voler qui consiste à se diriger sans instruments électroniques de navigation, c'est-à-dire seulement avec les yeux et à l'aide de cartes de navigation. Il n'est toutefois possible de pratiquer cette technique de vol que lorsque les conditions de visibilité respectent certains critères. Par exemple, l'avion peut décoller pour un vol à vue à condition que l'altitude minimale des nuages soit de 300 m. Pendant la journée, les pilotes qui désirent voler peuvent observer facilement l'altitude des nuages. Par contre, la nuit, ils se servent d'un projecteur pour éclairer les nuages afin de calculer leur altitude.

Aux abords d'une piste d'atterrissage d'un petit aéroport, un projecteur éclairant les nuages est installé en permanence à 1,5 m du sol et forme un angle de 70° avec l'horizontale. À 300 m du projecteur se trouve une cabine d'observation dans laquelle est fixé, à 1,5 m du sol, un clinomètre, tel que cela est illustré ci-dessous. Les pilotes qui désirent voler après le coucher du soleil utilisent ce clinomètre pour mesurer l'angle d'élévation du point où le faisceau éclaire les nuages.

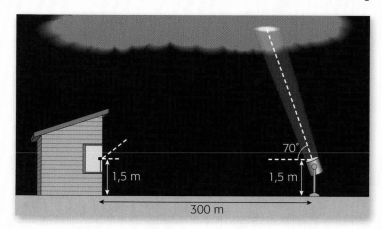

Construis un tableau qui associe des mesures d'angles prélevées à l'aide du clinomètre et la hauteur des nuages. Ce tableau sera affiché dans la cabine d'observation. Les pilotes qui souhaitent connaître la hauteur des nuages sans devoir la calculer pourront le consulter.

34. À la croisée des sentiers

Dans un parc, deux sentiers se croisent à un angle de 30°. Le sentier 1 est éclairé et le premier projecteur **A** est placé à la rencontre des sentiers, comme l'illustre la figure ci-contre. Les autres projecteurs sont situés à 5 m les uns des autres et chaque projecteur éclaire une surface circulaire dont le rayon est de 6 m. Détermine sur quelle longueur le deuxième sentier :

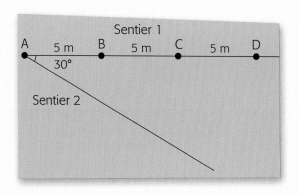

a) est éclairé ;

b) est éclairé par les projecteurs **B** et **C** ;

c) est éclairé par le projecteur **C** ou le projecteur **D**.

35. Sur la piste des éléphants

L'éléphant de savane d'Afrique, le plus gros animal terrestre du monde, est considéré comme une espèce menacée. Des chercheurs d'un département de zoologie étudient les déplacements des troupeaux d'éléphants au Kenya grâce à un système de repérage par satellite. C'est ce système qui, à ce jour, perturbe le moins les habitudes des éléphants.

Sur leurs écrans, les zoologistes suivent le déplacement d'un troupeau d'éléphants qui se dirige vers le lac Baringo. À un endroit précis, le troupeau s'est scindé en deux groupes. Les scientifiques ont remarqué cette division du troupeau depuis maintenant 30 minutes. Alors que le premier groupe avance à une vitesse moyenne de 8 km/h dans la direction initiale, le second groupe se dirige vers les terres cultivées, selon un azimut de 53°, à une vitesse moyenne de 10 km/h. Pour assurer le suivi, les scientifiques établissent un système de repérage, gradué en kilomètres, où l'origine correspond à l'endroit où le troupeau s'est scindé. Les coordonnées des points qui délimitent les terres cultivées ainsi que le point de ravitaillement du premier groupe d'éléphants y sont affichées.

A(14,3, 15,1)

B(9,1, 10,9)

C(24,8, 6,2)

D(25, 13,3)

L(12,1, 21,5)

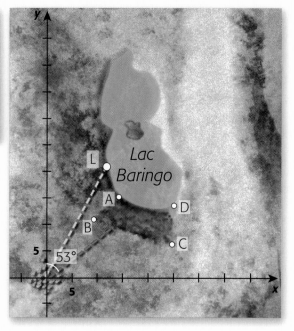

Les zoologistes sont prêts à intervenir pour faire dévier la trajectoire du deuxième groupe d'éléphants, afin qu'il atteigne les rives du lac pour se ravitailler et qu'il y retrouve le premier groupe en piétinant le moins possible les terres cultivées des Kenyans.

Sachant que l'équipe peut se rendre sur place en environ 30 minutes, propose aux zoologistes un plan d'intervention qui précise la direction dans laquelle il faudra rediriger le groupe d'éléphants afin qu'il rejoigne le premier groupe au bord du lac et indique la distance qu'il lui restera à parcourir.

Orientation et entrepreneuriat

Pour être mené à bien, un projet de recherche doit bénéficier de subventions. C'est notamment le cas du projet de recherche sur les éléphants d'Afrique. Pour obtenir ces subventions, les chercheurs d'un laboratoire et leurs étudiants au doctorat soumettent un plan du projet à différentes organisations intéressées par les résultats possibles de cette recherche. Il arrive toutefois que les chercheurs et leurs étudiants ne parviennent pas à rassembler les fonds nécessaires pour couvrir les dépenses de la recherche : ils doivent alors reporter le projet ou en élaborer un nouveau, car ils doivent absolument mener à bien un projet de recherche pour obtenir un diplôme. En effet, pas de subventions, pas de recherche ; pas de recherche, pas de diplôme.

Sans subvention, comment peut-on mener à bien un projet qui requiert des fonds ?

La zoologie

Les zoologistes sont des scientifiques qui s'intéressent aux animaux, à leur comportement et au fonctionnement de leur organisme. Ils s'occupent notamment de leur protection et de la préservation de leur habitat. Certains zoologistes se spécialisent dans une classe donnée (mammifères, oiseaux, poissons, insectes, etc.). D'autres se concentrent plutôt sur un aspect de la vie animale (reproduction, dynamique des populations, etc.).

Le travail des zoologistes s'effectue autant sur le terrain qu'en laboratoire. Sur le terrain, ils utilisent diverses techniques et instruments pour effectuer des observations. Ils prélèvent des échantillons de faune, filment et photographient les animaux dans leur habitat naturel et utilisent des techniques de pistage. Une fois leurs observations terminées, ils se rendent en laboratoire. À l'aide de matériel scientifique et informatique, ils compilent les données recueillies et analysent les résultats de leurs observations.

Pour exercer la profession de zoologiste, il est essentiel d'avoir à cœur la protection des espèces et de leur habitat. Les zoologistes doivent souvent faire preuve de patience lorsqu'ils observent les animaux dans leur environnement. Ils doivent posséder des aptitudes pour la recherche, la collecte et l'analyse de données en plus d'avoir de la facilité à communiquer et à présenter le résultat de leurs recherches. Pour travailler dans le domaine de la zoologie, il faut avoir terminé un baccalauréat en biologie ou dans le domaine des sciences naturelles. Une fois leur formation terminée, les zoologistes sont appelés à travailler dans les jardins zoologiques, dans les musées, les centres d'interprétation de la nature ainsi que dans les organismes de protection de la faune et de l'environnement. Un diplôme universitaire de troisième cycle est exigé pour travailler dans le domaine de la recherche ou de l'enseignement universitaire.

Mine de diamants

Le Grand Nord canadien compte plusieurs gisements de diamants. La plupart des diamants, formés il y a plusieurs millions d'années, sont dans la kimberlite. Cette dernière est une roche magmatique qui se trouve dans des cheminées creusées dans la partie solide de la croûte terrestre, la roche-mère. Au fil des siècles, ces cheminées de kimberlite, enfouies à une certaine profondeur dans le sol, s'érodent et forment un gisement de kimberlite.

Le schéma ci-dessous montre une coupe transversale d'une cheminée de kimberlite et du gisement qui indique la proximité de la cheminée.

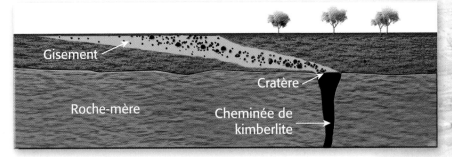

Grâce à l'analyse des échantillons de sol provenant de forages, les géologues sont en mesure de déterminer l'emplacement d'une cheminée de kimberlite en suivant le gisement.

Une entreprise d'exploitation minière vient d'acquérir un terrain où se trouve une cheminée de kimberlite. Les analyses préliminaires montrent que celle-ci est située sous un lac et que le gisement contient du diamant. Voici une vue aérienne du terrain placé dans un plan cartésien gradué en mètres. Les sites de forage sont numérotés de 1 à 40.

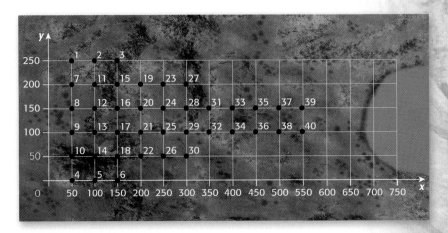

Les résultats des forages consignés dans le tableau suivant indiquent la profondeur à laquelle on a trouvé des morceaux de kimberlite.

Numéro du site	Profondeur (m)	Numéro du site	Profondeur (m)
1 à 6	0	27 à 30	[0, 120]
7 à 10	[0, 1]	31, 32	[0, 135]
11 à 14	[0, 50]	33, 34	[50, 150]
15 à 18	[0, 75]	35, 36	[80, 165]
19 à 22	[0, 90]	37, 38	[110, 180]
23 à 26	[0, 105]	39, 40	[140, 195]

En tant que géologue, l'entreprise te confie le mandat de dresser un plan d'excavation en vue de rejoindre le cratère de la cheminée de kimberlite. Ce plan d'excavation comprend une partie à ciel ouvert et un tunnel sous-terrain qui doivent être creusés dans le gisement pour permettre la récupération de kimberlite.

Tu dois tenir compte des restrictions suivantes.

– Pour limiter les impacts sur l'environnement, la partie excavée à ciel ouvert doit avoir la forme d'un tronc de cône dont le diamètre à la surface ne doit pas excéder 150 m et la profondeur, 50 m. L'angle d'inclinaison des parois ne doit pas excéder 45 degrés.

– Le tunnel souterrain, creusé à partir du fond de la partie excavée à ciel ouvert, doit avoir la forme d'un cylindre dont le diamètre est de 5 m. Aussi, pour des raisons de sécurité, il doit être le moins incliné possible.

Ton plan doit comprendre :

– une vue de haut de la partie excavée à ciel ouvert ;

– un schéma à l'échelle d'une coupe transversale du gisement passant par le centre de la partie excavée à ciel ouvert sur lequel sont montrés la partie excavée à ciel ouvert, le tunnel et l'emplacement probable de l'embouchure de la cheminée de kimberlite ;

– les dimensions et l'angle d'inclinaison des parois de la partie excavée à ciel ouvert, la longueur du tunnel, l'angle d'inclinaison du tunnel par rapport au fond de la partie excavée et une estimation de la profondeur à laquelle se trouve l'embouchure de la cheminée de kimberlite.

Problèmes

1. Équivalents ou semblables ?

Les diagonales d'un trapèze déterminent huit triangles.

Identifie toutes les paires de triangles équivalents et toutes les paires de triangles semblables. Justifie tes réponses.

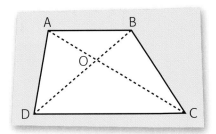

2. Primes à bord

Les vendeurs qui travaillent pour le commerce de voitures d'occasion Roulenkor reçoivent un salaire de base de 300 $ en plus d'une prime calculée à partir du nombre de voitures qu'ils ont vendues au cours de la semaine. Le tableau suivant présente la prime reçue par les vendeurs en fonction du nombre de voitures qu'ils ont vendues au cours de la semaine.

Nombre de voitures vendues	Prime totale reçue
3 à 5	500 $
6 à 8	800 $
9 à 11	1 100 $
12 ou plus	1 400 $

a) Dans un plan cartésien, représente le salaire hebdomadaire d'une vendeuse ou d'un vendeur en fonction du nombre de voitures qu'elle ou il a vendues.

b) Quelle est la règle de la fonction qui modélise cette situation ?

c) Pour les quatre semaines du mois de février, une vendeuse a reçu 4 200 $ en tout. Combien de voitures peut-elle avoir vendu ? Justifie ta réponse.

3. Panier réussi

Au cours d'un match de basketball, Marianne effectue un lancer au panier. Au moment où elle effectue son lancer, le ballon est à 2 m du sol. Une fois lancé, le ballon suit une trajectoire parabolique et atteint une hauteur maximale de 3,5 m à une distance horizontale de 4,5 m de Marianne. L'anneau est fixé à 3,05 m du sol, et le panier est réussi.

Au moment où Marianne a fait son lancer, à quelle distance horizontale du panier se trouvait le ballon ?

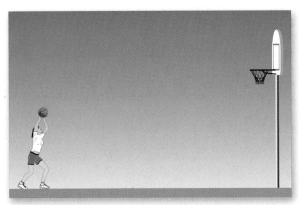

4. Échelle glissante

L'échelle **AB** est appuyée contre un mur. Elle glisse et se retrouve à la position représentée par le segment **CD**. Si ∠ **BAE** ≅ ∠ **CDE**, prouve que $\overline{AE}$ ≅ $\overline{ED}$.

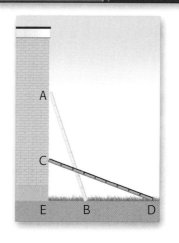

5. Le géant de l'Illinois

L'Américain Robert Wadlow détient le record de l'homme le plus grand ayant existé. Sa croissance exceptionnelle est attribuée à une tumeur située dans l'hypophyse. Lorsqu'il est mort, en 1940, à l'âge de 22 ans, sa croissance n'était toujours pas terminée.

Le tableau suivant présente l'évolution de la taille et de la masse de Robert Wadlow de 8 à 22 ans.

Âge (années)	Taille (m)	Masse (kg)
8	1,83	77
9	1,89	82
10	1,96	95
11	2,00	95
12	2,10	95
13	2,18	116
14	2,26	137
15	2,34	161
16	2,40	170
17	2,45	180
18	2,53	178
19	2,58	218
20	2,61	218
21	2,65	223
22	2,72	199

Robert Wadlow, âgé de 13 ans, et son père, Harlod Wadlow, en 1938.

a) À l'aide d'une droite de régression, détermine quelle aurait été la taille de Robert Wadlow s'il avait vécu jusqu'à l'âge de 30 ans.

b) De 8 à 22 ans, la relation entre la taille et la masse de Robert Wadlow peut être modélisée par une fonction quadratique dont la règle est $f(x) = 29x^2 + 42x - 104$, où x représente la taille en mètres et $f(x)$, la masse en kilogrammes. En supposant que cette relation se serait maintenue, détermine la taille qu'aurait eue Robert Wadlow lorsqu'il aurait atteint une masse de 500 kg.

Fait divers

À l'âge de neuf ans, Robert Wadlow était déjà beaucoup plus grand que son père ; il pouvait d'ailleurs le porter dans ses bras jusqu'en haut de l'escalier de la maison familiale. Au moment de son décès, l'homme le plus grand du monde portait des souliers de pointure 37 (47 cm) et ses mains mesuraient 32,4 cm. Aujourd'hui, au centre d'Alton, aux États-Unis, la ville natale de Robert Wadlow, une statue de bronze grandeur nature permet aux touristes de se photographier en compagnie du géant.

6. Solutions acides

Un technicien de laboratoire doit préparer 10 L d'une solution contenant 42 % d'acide sulfurique. Dans son laboratoire, il dispose de solutions d'acide sulfurique à 30 % par volume et à 50 % par volume. Explique-lui comment procéder pour obtenir la solution désirée.

7. La Cité interdite

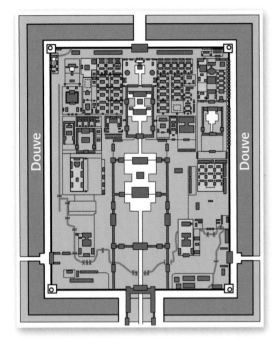

Construite à Pékin au XVe siècle, la Cité interdite est un palais impérial qui s'étend sur 960 m du nord au sud et sur 750 m de l'est à l'ouest. Elle est entourée d'une muraille et d'une douve de largeur constante. L'aire totale du rectangle qui englobe la cité, y compris la muraille et la douve, est de 82,6 hm².

a) Sachant que la largeur de la muraille est de 8 m, détermine la largeur de la douve.

b) La douve a une profondeur de 6 m. Détermine le volume d'eau qu'elle peut contenir.

c) Suppose qu'on veuille entreposer toute l'eau de cette douve dans un réservoir cylindrique de 4 m de diamètre. Quelle hauteur devrait avoir ce réservoir ?

Fait divers

Réalisée entre 1407 et 1420, la construction de la Cité interdite aurait nécessité le travail de plus d'un million d'ouvriers et de paysans. Les 24 empereurs de Chine qui ont vécu dans la Cité n'en sortaient qu'en d'exceptionnelles occasions. Jusqu'en 1924, la Cité était interdite au peuple. Aujourd'hui, ce palais de plus de 8 000 pièces est ouvert au public et compte parmi les attraits touristiques les plus populaires de Chine. La Cité Interdite conserve, entre ses murs, de nombreux trésors impériaux de la civilisation chinoise ancienne.

8. Point d'intersection

Les sommets du quadrilatère **ABCD** sont **A**($^-$5, 8), **B**(4, 11), **C**(7, 9) et **D**($^-$2, 6).

a) Ce quadrilatère est-il un parallélogramme?

b) Vérifie que les diagonales du quadrilatère **ABCD** se coupent en leurs milieux.

9. Plus j'avance, plus je monte

En plus de représenter la vue aérienne d'une région, une carte topographique montre les dénivellations de terrain de la région à l'aide de courbes de niveau.

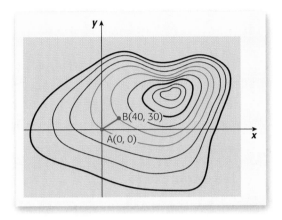

Voici une carte topographique dans laquelle la différence d'altitude entre deux courbes de niveau est de 15 m.

Si la pente est constante entre les courbes de niveau bleues, quelle distance faut-il parcourir sur le terrain pour se rendre du point **A** au point **B**?

10. Une bande au centre

Les déplacements d'une bille de billard se font en ligne droite. Les angles formés par une bande et la trajectoire de la bille, avant et après le contact avec cette bande, sont isométriques.

Les dimensions du tapis de jeu de la table ci-dessous sont de 244 cm sur 122 cm.

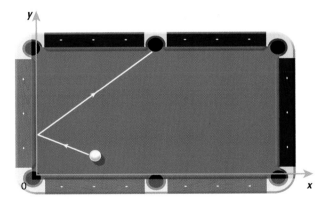

Pour s'exercer, Pierre veut frapper la bille blanche afin qu'elle entre en contact avec la bande, puis qu'elle poursuive sa trajectoire jusqu'à la poche centrale. La position initiale de la bille blanche est **B**(60, 20).

a) Quelle est la pente de la trajectoire que Pierre doit faire suivre à la bille pour réussir son coup?

b) Quelle distance la bille parcourra-t-elle avant de tomber dans la poche si Pierre réussit son coup?

11. Le toit de monsieur Kerba

Monsieur Kerba doit changer le bardeau qui recouvre les deux faces rectangulaires du toit de sa maison. Il demande une soumission à une entreprise spécialisée dans ce domaine. Le tarif de l'entreprise, qui comprend les matériaux et la main-d'oeuvre, est de 25 $/m². Quel sera le montant de la soumission que recevra monsieur Kerba ?

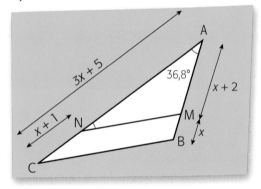

12. Sans contextes

a) △ABC ∼ △DEF

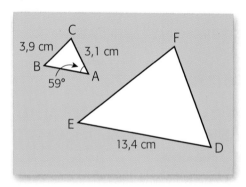

Quelle est la mesure du segment **EF** ?

b) $\overline{MN}$ // $\overline{BC}$

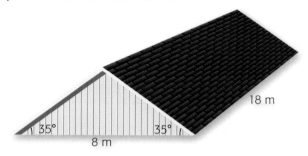

Quelle est la mesure du segment **BC** ?

13. Attache ta feuille !

Soit l'attache-feuilles suivant.

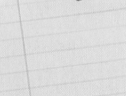

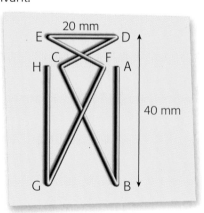

$\overline{DC}$, $\overline{EF}$, $\overline{CA}$ et $\overline{FH}$ sont respectivement les hauteurs relatives à l'hypoténuse des triangles rectangles **BED**, **GDE**, **BDC** et **EGF**. Quelle longueur de fil de fer a-t-on plié pour fabriquer cet attache-feuilles ?

14. La Bourse

Des analystes ont suivi l'évolution de la valeur des actions de deux entreprises d'exploitation minière. À leur émission, il y a deux ans, l'action de Goldroch valait 10 $, alors que celle de Pepdor valait 8 $. La valeur de l'action de l'entreprise Goldroch durant cette période de deux ans peut être modélisée par une fonction quadratique. La valeur de l'action de l'entreprise Pepdor, quant à elle, peut être modélisée à l'aide d'une fonction affine.

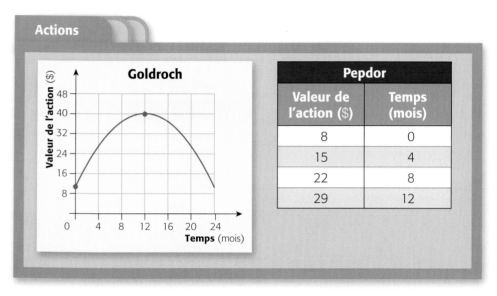

Actions

Goldroch

Pepdor	
Valeur de l'action ($)	Temps (mois)
8	0
15	4
22	8
29	12

a) Au cours des deux dernières années, les deux actions ont-elles déjà eu la même valeur? Si oui, à quel moment?

b) Si la tendance se maintient, à quel moment l'action de Goldroch vaudra-t-elle 0 $? Combien vaudra l'action de Pepdor à ce même moment?

15. Pente raide

Les panneaux routiers qui annoncent une pente raide sur un tronçon de route utilisent la notation en pourcentage plutôt que le rapport $\frac{\Delta y}{\Delta x}$ pour mesurer la pente.

Voici un de ces panneaux.

a) Quel est l'angle d'inclinaison de ce tronçon de route?

b) La distance parcourue par les véhicules sur ce tronçon de route n'est pas de 3 km. Quelle est-elle?

16. Aire

Détermine de deux façons différentes l'aire du triangle **ABC** représenté dans le plan cartésien ci-dessous.

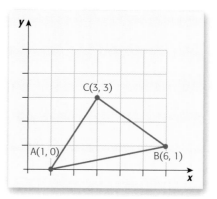

17. Parc Jarry

On a représenté le parc Jarry de Montréal dans le plan cartésien ci-dessous où les graduations sont en mètres.

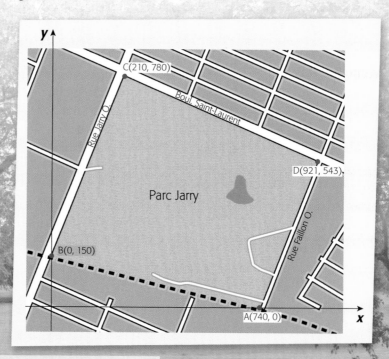

Quelle est l'aire du parc Jarry?

Fait divers

Le parc Jarry est situé au centre de l'île de Montréal. On y trouve, entre autres, des terrains de sport, des sentiers, un étang et une fontaine. Les matchs à domicile des Expos et des Alouettes y ont été joués pendant quelques années. Depuis 1995, le parc accueille les internationaux de tennis du Canada.

18. Coïncidences ?

Soit le trapèze **RSTU** tracé dans le plan cartésien ci-dessous.

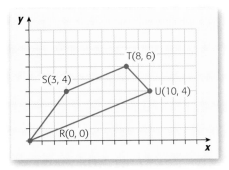

a) Vérifie si le segment reliant le milieu des côtés non parallèles est parallèle à chacune des bases du trapèze.

b) Trace un triangle quelconque dans un plan cartésien et utilise-le pour prouver l'affirmation suivante.

> Le segment reliant les points milieu de deux côtés d'un triangle est parallèle au troisième côté, et sa mesure est égale à la moitié de celle du troisième côté.

19. « Deuxième et huit »

Deux équipes s'affrontent au football. Pour obtenir le premier essai, l'équipe en possession du ballon doit progresser de 8 m au prochain essai. L'équipe décide d'effectuer le tracé suivant : le receveur, initialement situé au même endroit que le quart-arrière, doit courir en ligne droite sur une distance de 5 m, puis tourner vers la droite selon un angle de 45°. Après avoir parcouru 3,5 m dans cette nouvelle direction, il recevra le ballon lancé par le quart-arrière.

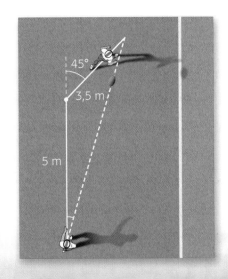

a) Par rapport à la trajectoire initiale du receveur de passes, quel est l'angle de la trajectoire du ballon ?

b) Si le receveur attrape le ballon et est immédiatement plaqué, l'équipe obtiendra-t-elle un premier essai ?

20. Démonstration

Démontre qu'un triangle dont les mesures de côtés sont de 6 cm, de 14 cm et de 16 cm possède un angle de 60°.

21. Polygone

Dans un plan cartésien, trace la région qui contient tous les points qui appartiennent aux trois demi-plans suivants.

① $y \le 3x$ ② $12x + 6y - 60 \le 0$ ③ $y \ge {}^-0{,}5x - 2$

22. Horizon lointain

Claudia se trouve à 30 m de hauteur dans un phare situé au bord de l'océan. Elle regarde l'horizon et se demande jusqu'à quelle distance elle peut voir. Afin de calculer cette distance, elle utilise le schéma ci-dessous.

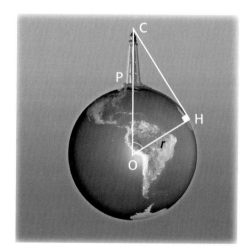

Le segment **CP** représente le phare au sommet duquel Claudia se trouve, et l'arc **PH** représente la distance qu'elle désire calculer. Le rayon de la Terre **OH** est d'environ 6 378 km.

a) Reproduis et complète ce schéma en y indiquant les mesures connues.

b) Détermine la mesure de l'arc **PH**.

c) Si **C** représentait plutôt le sommet du mont Everest, à une altitude de 8 844 m, quelle serait la mesure de l'arc **PH** ?

1 Trouve la valeur représentée par ▬.

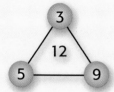
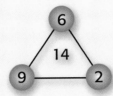

2 Le menu d'un restaurant propose un plat de 6, de 9 ou de 20 bâtonnets au fromage. Pour avoir 15 bâtonnets, tu peux commander 6 et 9 bâtonnets. Tu ne peux pas commander 16 bâtonnets parce qu'aucune combinaison de 6, de 9 ou de 20 bâtonnets ne donne une somme de 16. Quel est le plus grand nombre de bâtonnets que tu ne peux pas commander?

3 Trouve le produit.

$$\left(1 - \frac{1}{2}\right) \cdot \left(1 - \frac{1}{3}\right) \cdot \left(1 - \frac{1}{4}\right) \cdot \ldots \cdot \left(1 - \frac{1}{57}\right)$$

4 Trouve le nombre manquant.

48	25	39	82
32	10	27	▬

5 Deux verres, **C** et **D**, sont identiques. Le verre **C** est vide et le verre **D** contient un peu d'eau. On verse dans le verre **C** la moitié de l'eau contenue dans le verre **D**. On refait ce geste deux autres fois. Chaque fois, on verse dans le verre **C** la moitié de l'eau qui reste dans le verre **D**. Après trois fois, le verre **C** est à moitié plein. Quelle fraction d'un verre plein reste-t-il alors dans le verre **D**?

6 Un certain nombre de trois chiffres est égal au cube de la somme de ses chiffres. Quel est ce nombre?

Outils technologiques

La calculatrice à affichage graphique

La calculatrice à affichage graphique permet, entre autres, de représenter graphiquement des fonctions et d'obtenir de nombreux renseignements sur ces fonctions, comme leurs propriétés. Les touches du menu graphique se trouvent directement sous l'écran de la calculatrice. Voici une description de quelques touches particulièrement sollicitées lorsqu'on utilise la capacité graphique de la calculatrice.

Permet de saisir des règles de fonctions ou des équations de droites.

Permet de définir la fenêtre d'affichage.

Permet d'accéder au menu indiqué en haut à gauche d'une touche.

Permet d'effacer le caractère sélectionné.

Permet de saisir la variable x.

Écran d'affichage

Permet de déplacer le curseur sur la courbe et de voir les couples de coordonnées qui appartiennent à une fonction.

Permet d'afficher les représentations graphiques de fonctions, de demi-plans ou de systèmes d'équations.

Permet de modifier les paramètres préétablis de la fenêtre d'affichage.

Permet de déplacer le curseur.

Permet d'effacer les données sur l'écran d'affichage.

Permet d'exécuter une commande, de faire un retour à la ligne, de sélectionner un élément affiché à l'écran.

Résoudre un système d'équations du premier degré à deux variables à l'aide de la représentation graphique

Voici les étapes pour trouver la solution de $\begin{cases} 8x - y = {}^-10 \\ 5x + y = 62 \end{cases}$.

1 Isoler y dans les deux équations.

2 Appuyer sur [STAT PLOT Y=] et saisir les deux équations.

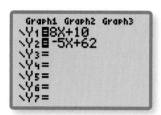

3 Appuyer sur [TABLE GRAPH] pour obtenir le graphique.

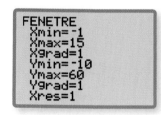

Remarque : Puisque la fenêtre d'affichage de la calculatrice est, par défaut, un plan cartésien gradué de $^-10$ à 10 sur les deux axes, la solution de ce système d'équations n'apparaît pas.

4 Appuyer sur [TBLSET WINDOW] et définir la fenêtre d'affichage. Ensuite, appuyer sur [TABLE GRAPH] pour vérifier si le point de rencontre des deux droites apparaît dans la fenêtre d'affichage. Répéter cette étape jusqu'à ce que la solution du système d'équations s'affiche.

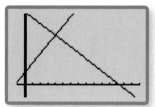

5 Appuyer sur [2nd] et sur [CALC TRACE] pour accéder au menu «Calculs». Sélectionner ensuite «5 : intersect» et appuyer sur [ENTER].

6 Sélectionner ensuite les deux équations et fournir une approximation du point de rencontre.

1) Déplacer le curseur vers le haut ou le bas et appuyer sur [ENTER] pour sélectionner la droite représentant l'une des équations du système.

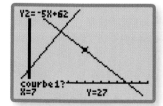

2) Répéter la même opération pour sélectionner l'autre droite.

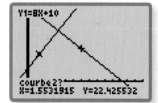

3) Déplacer le curseur près du point de rencontre et appuyer sur [ENTER]. Les coordonnées du point de rencontre s'affichent alors à l'écran.

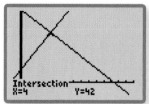

La solution du système est (4, 42).

Tracer un demi-plan

Voici les étapes pour tracer le demi-plan dont l'inéquation est $y \geq \frac{3x}{4} - 3$.

1 Appuyer sur [STAT PLOT / Y=] et saisir l'équation de la droite frontière du demi-plan.

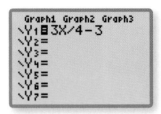

2 Déplacer le curseur sur «\», à gauche du Y_1.

3 Appuyer sur [ENTER] pour sélectionner «hachurer la zone supérieure».

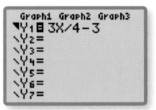

4 Appuyer sur [TABLE / GRAPH] pour afficher le demi-plan.

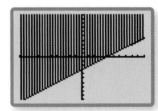

Le logiciel de géométrie dynamique

L'interface

À priori singulière, l'interface du logiciel de géométrie dynamique devient simple et intuitive après quelques utilisations.

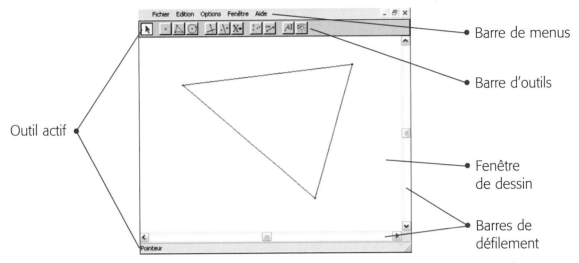

La barre d'outils

La principale particularité du logiciel vient du fait que les icônes des boutons changent en fonction de l'outil sélectionné. Afin d'obtenir les outils relatifs à une icône, il suffit de maintenir le curseur enfoncé sur celle-ci.

Par exemple, l'icône «Droite perpendiculaire» prend un autre aspect si on choisit l'outil «Bissectrice», et demeure ainsi tant qu'on ne choisit pas un nouvel outil.

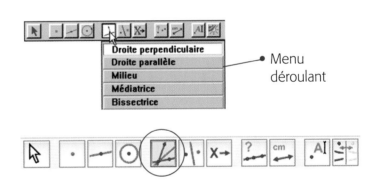

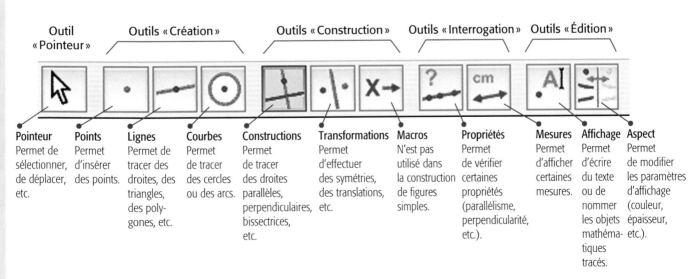

Outil « Pointeur » — **Pointeur** Permet de sélectionner, de déplacer, etc.

Outils « Création »
- **Points** Permet d'insérer des points.
- **Lignes** Permet de tracer des droites, des triangles, des polygones, etc.
- **Courbes** Permet de tracer des cercles ou des arcs.

Outils « Construction »
- **Constructions** Permet de tracer des droites parallèles, perpendiculaires, bissectrices, etc.
- **Transformations** Permet d'effectuer des symétries, des translations, etc.
- **Macros** N'est pas utilisé dans la construction de figures simples.

Outils « Interrogation »
- **Propriétés** Permet de vérifier certaines propriétés (parallélisme, perpendicularité, etc.).
- **Mesures** Permet d'afficher certaines mesures.

Outils « Édition »
- **Affichage** Permet d'écrire du texte ou de nommer les objets mathématiques tracés.
- **Aspect** Permet de modifier les paramètres d'affichage (couleur, épaisseur, etc.).

Tracer des polygones réguliers et calculer leur périmètre et leur aire

1 Sélectionner l'outil «Polygone régulier» dans le menu déroulant du bouton «Lignes».

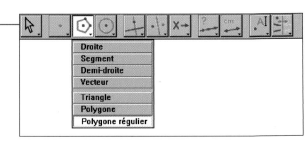

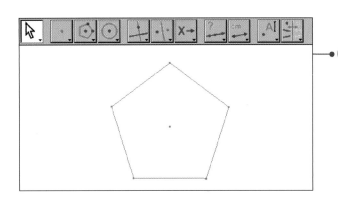

2 Placer le premier point n'importe où : ce sera le centre du polygone régulier. Déplacer la souris à l'endroit désiré et marquer un autre point, qui sera un des sommets du polygone. Déplacer la souris afin de choisir le nombre de côtés du polygone régulier à tracer, puis cliquer pour fixer le nombre de côtés choisi.

3 Pour mesurer le périmètre du polygone, sélectionner l'outil «Distance ou longueur» dans le menu déroulant du bouton «Mesures». Déplacer la souris sur un des côtés de la figure jusqu'à ce que l'expression «Périmètre de ce polygone» apparaisse. Cliquer sur l'expression pour que la mesure s'affiche à l'écran.

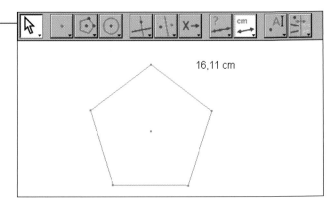

4 Pour mesurer l'aire du polygone, sélectionner l'outil «Aire» dans le menu déroulant du bouton «Mesures». Déplacer la souris sur la figure jusqu'à ce que l'expression «Aire de ce polygone» apparaisse. Cliquer sur l'expression pour que la mesure s'affiche à l'écran.

5 Au besoin, insérer une boîte de texte pour inscrire la mesure du périmètre ou de l'aire. Pour ce faire, utiliser l'outil «Affichage».

Remarque : Déplacer un des sommets du pentagone pour diminuer ou augmenter la mesure de ses côtés. Le logiciel calcule alors automatiquement le périmètre et l'aire de la figure.

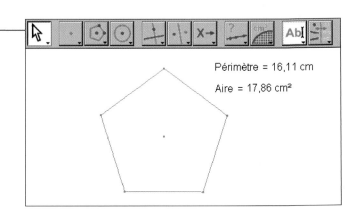

Construire un triangle rectangle

Le logiciel de géométrie dynamique permet de construire un triangle défini comme étant rectangle.

① Tracer une droite à l'aide de l'outil «Droite», qui se trouve dans le menu déroulant du bouton «Lignes». Il est également possible d'utiliser les outils «Segment» et «Demi-droite», qu'on trouve dans le même menu déroulant.

② À l'aide de l'outil «Droite perpendiculaire», qui se trouve dans le menu déroulant du bouton «Construction», tracer une deuxième droite, perpendiculaire à la première, en passant par un point de la droite tracée en **①**.

③ Placer un point sur chacune des droites. À l'aide de l'outil «Triangle», tracer un triangle ayant comme sommets chacun de ces points et l'intersection des deux droites. Nommer les sommets.

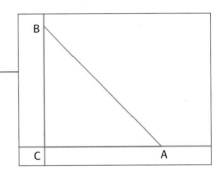

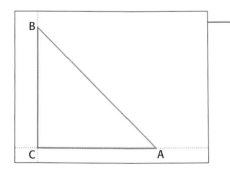

④ En utilisant l'outil «Cacher/Montrer», qui se trouve dans le menu déroulant du bouton «Aspect», cliquer sur les deux droites initiales ayant servi à construire le triangle (elles deviendront tiretées, puis disparaîtront si on sélectionne un nouvel outil).

Remarque : L'outil «Cacher/Montrer» permet de cacher et d'afficher, en alternance, les différents objets qui ont servi à construire une figure. Même cachés, les objets font toujours partie de la figure (ou de la construction).

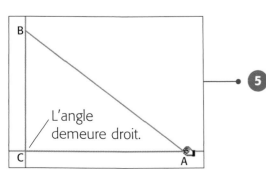

⑤ De cette façon, même lorsqu'on déplace un des sommets à l'aide de l'outil «Pointeur», l'angle demeure droit, car il a été construit à partir de droites perpendiculaires.

Avec cette seconde approche, on construit un triangle rectangle.

Vérifier si deux triangles rectangles sont semblables

Le logiciel de géométrie dynamique permet de constater qu'une droite parallèle à un des côtés d'un triangle détermine deux triangles semblables.

1 Construire un triangle rectangle à l'aide de deux droites perpendiculaires et d'un segment (qui constituera l'hypoténuse), et nommer ses sommets.

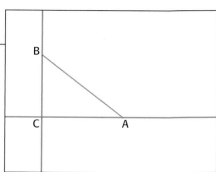

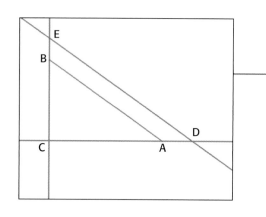

2 Sélectionner l'outil «Droite parallèle» dans le menu déroulant du bouton «Construction» et tracer une droite parallèle au côté **AB** et passant par un point sur chacune des droites perpendiculaires. Nommer les sommets du nouveau triangle ainsi formé.

3 À l'aide de l'outil «Mesure d'angle», mesurer les angles aigus des triangles.

Les triangles sont semblables, car ils respectent la condition minimale de similitude AA.

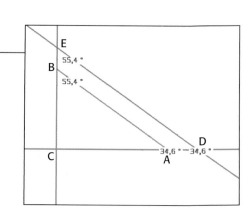

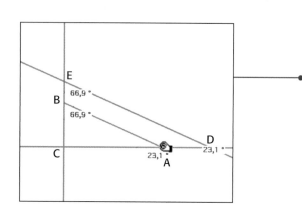

4 En reprenant l'outil «Pointeur» et en déplaçant un sommet, le logiciel de géométrie dynamique redessine les droites, mais en conservant toujours leurs propriétés initiales (parallélisme et perpendicularité). Les triangles demeurent donc semblables.

Le logiciel de géométrie dynamique permet aussi de constater que la hauteur relative à l'hypoténuse détermine des triangles rectangles semblables.

1 Construire un triangle rectangle **ABC**. •————————

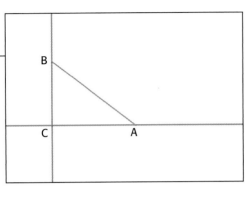

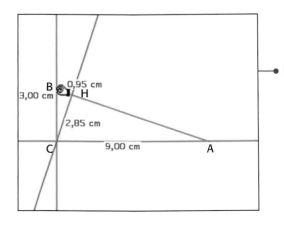

•—— **2** Sélectionner l'outil «Droite perpendiculaire» et tracer la hauteur **H** relative à l'hypoténuse.

3 Ensuite, à l'aide de l'outil «Distance ou longueur», •———— qui se trouve dans le menu déroulant du bouton «Mesures», mesurer les segments.

Dans l'exemple ci-contre, on obtient la proportion suivante : $\dfrac{6,00}{9,00} \approx \dfrac{3,33}{4,99}$

(L'imprécision est due aux chiffres significatifs.)

Puisque les deux paires de cathètes des triangles rectangles sont proportionnelles, ceux-ci sont semblables. Ils respectent la condition minimale de similitude CAC.

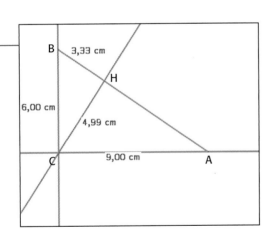

•—— **4** En déplaçant ensuite un des sommets, on remarque que les longueurs des segments en question demeurent proportionnelles.

Dans cet exemple : $\dfrac{3,00}{9,00} = \dfrac{0,95}{2,85}$

Vérifier que le sinus d'un angle est le rapport entre la mesure du côté opposé à un angle aigu et la mesure de l'hypoténuse dans un triangle rectangle

1 Tracer une droite à l'aide de l'outil «Droite», qui se trouve dans le menu déroulant du bouton «Lignes». Il est également possible d'utiliser les outils «Segment» et «Demi-droite», qu'on trouve dans le même menu déroulant.

2 À l'aide de l'outil «Droite perpendiculaire», qui se trouve dans le menu déroulant du bouton «Construction», tracer une deuxième droite, perpendiculaire à la première, en passant par un point de la droite tracée en **1**.

3 Placer un point sur chacune des droites. À l'aide de l'outil «Triangle», tracer un triangle ayant comme sommets chacun de ces points et l'intersection des deux droites. Nommer les sommets.

5 Sélectionner l'outil «Distance ou longueur» dans le menu déroulant du bouton «Mesures» et mesurer les trois côtés.

Remarque : Même si le logiciel de géométrie dynamique arrondit les mesures qu'il affiche sur une figure, il considère les valeurs exactes lors de la construction ou des calculs qu'il effectue.

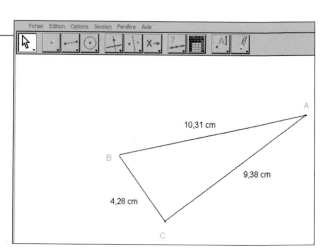

6 Sélectionner l'outil «Marquer un angle» dans le menu déroulant du bouton «Affichage» et marquer les angles **A**, **B** et **C**. Mesurer ces angles à l'aide de l'outil «Mesure d'angles» dans le menu déroulant du bouton «Mesures».

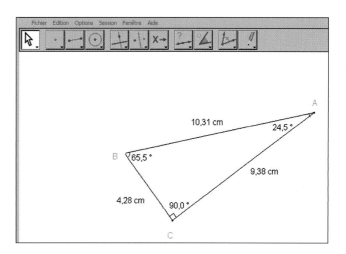

7 Utiliser l'outil «Calculatrice» dans le menu déroulant du bouton «Mesures» pour calculer le rapport $\frac{m\,\overline{BC}}{m\,\overline{AB}}$. Cliquer d'abord sur la mesure de $\overline{BC}$, saisir le signe «/», puis cliquer sur la mesure de $\overline{AB}$. Positionner la réponse à l'endroit souhaité sur la feuille du logiciel.

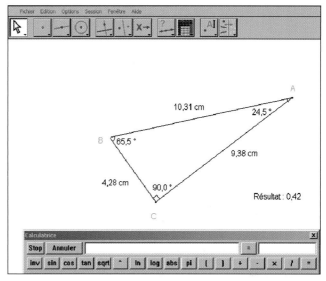

8 En utilisant à nouveau la calculatrice du logiciel, calculer le sinus de l'angle **A** et positionner la réponse à côté de celle de l'étape 5.

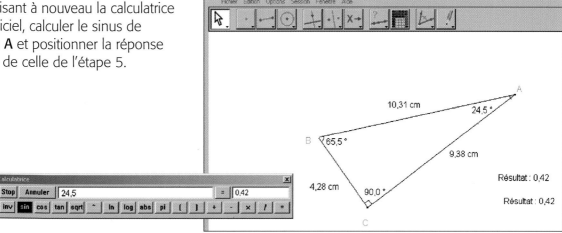

9 À l'aide de l'outil «Pointeur», déplacer le sommet **A** ou le sommet **B** afin de créer un nouveau triangle rectangle. Le logiciel de géométrie dynamique permet de démontrer que le sinus de l'angle **A** est toujours égal au rapport de la mesure de son côté opposé et de celle de l'hypoténuse, et que sa valeur est comprise entre 0 et 1.

Arithmétique et algèbre

La notation fonctionnelle

Une fonction est une relation pour laquelle tout élément de l'ensemble de départ est associé à au plus un élément de l'ensemble d'arrivée.

Remarques :

– Le type des variables d'une situation détermine les ensembles de départ et d'arrivée de la fonction. Ces ensembles sont généralement des sous-ensembles des nombres réels tels que $\mathbb{N}$, $\mathbb{Z}$, $\mathbb{R}_+$, etc.

– S'il n'y a pas de contexte, on considère généralement que les ensembles de départ et d'arrivée sont $\mathbb{R}$.

La notation fonctionnelle sert à définir une fonction en précisant ses ensembles de départ et d'arrivée ainsi que sa règle de correspondance.

Voici les éléments qu'on trouve dans la notation fonctionnelle.

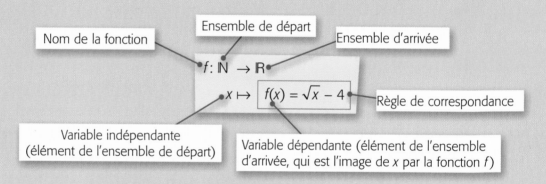

Cette notation se lit ainsi : «Fonction f de $\mathbb{N}$ vers $\mathbb{R}$ qui, à un élément x appartenant à $\mathbb{N}$, fait correspondre un élément appartenant à $\mathbb{R}$ que l'on note $f(x)$.»

Exemple :

Une voiture roule à une vitesse constante de 90 km/h. On peut définir la relation entre la distance parcourue d (en kilomètres) et le temps de parcours t (en heures), de la façon suivante.

$$d : \mathbb{R}_+ \to \mathbb{R}_+$$
$$t \mapsto d(t) = 90t$$

$d(1,5) = 90 \cdot 1,5 = 135$

$d(1,5)$ désigne la distance parcourue en 1,5 h, soit 135 km.

Les propriétés d'une fonction

Faire l'analyse d'une fonction consiste à décrire ses propriétés. Les propriétés en question sont définies dans les tableaux suivants. Chacune d'elles est accompagnée d'un exemple qui réfère à la fonction *f* représentée ci-dessous.

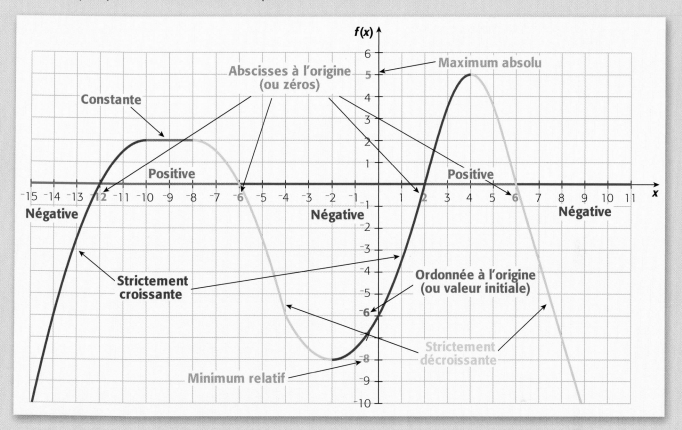

Le domaine et l'image

Propriété	Définition	*Exemple*
Domaine	Ensemble des valeurs que prend la variable indépendante.	Dom f = $\mathbb{R}$
Image	Ensemble des valeurs que prend la variable dépendante.	Ima f =]−∞, 5]

Les coordonnées à l'origine

Propriété	Définition	*Exemple*
Abscisses à l'origine (ou zéros)	Valeurs de la variable indépendante pour lesquelles la variable dépendante est nulle. Une fonction peut n'avoir aucun zéro, en avoir un ou en avoir plusieurs.	Les abscisses à l'origine de la fonction f sont {−12, −6, 2, 6}.
Ordonnée à l'origine (ou valeur initiale)	Valeur de la variable dépendante lorsque la variable indépendante est nulle.	$f(0) = -6$ L'ordonnée à l'origine de la fonction f est −6.

Propriété	Définition	*Exemple*
Positive	Sous-ensemble(s) du domaine pour lequel (lesquels) les valeurs de la variable dépendante sont positives.	La fonction *f* est positive pour $x \in [^-12, ^-6] \cup [2, 6]$.
Négative	Sous-ensemble(s) du domaine pour lequel (lesquels) les valeurs de la variable dépendante sont négatives.	La fonction *f* est négative pour $x \in]^-\infty, ^-12] \cup [^-6, 2] \cup [6, ^+\infty[$.

Remarque : Par convention, aux zéros, la fonction est considérée comme à la fois positive et négative. Pour exclure les zéros, il faut préciser, selon le cas, que la fonction est strictement positive ou strictement négative.

Exemple : La fonction *f* est *strictement* positive pour $x \in]^-12, ^-6[\cup]2, 6[$.

Propriété	Définition	*Exemple*
Croissance	Intervalle(s) du domaine sur lequel (lesquels) la fonction ne diminue jamais.	La fonction *f* est croissante pour $x \in]^-\infty, ^-8] \cup [^-2, 4]$.
Décroissance	Intervalle(s) du domaine sur lequel (lesquels) la fonction n'augmente jamais.	La fonction *f* est décroissante pour $x \in [^-10, ^-2] \cup [4, ^+\infty[$.
Constance	Intervalle(s) du domaine sur lequel (lesquels) la fonction ne subit aucune variation (variation nulle).	La fonction *f* est constante pour $x \in [^-10, ^-8]$.

Remarque : Par convention, sur un intervalle où la fonction est constante, celle-ci est à la fois croissante et décroissante. Pour exclure la constance, il faut préciser selon le cas que la fonction est strictement croissante ou strictement décroissante.

Exemple : La fonction *f* est *strictement* croissante pour $x \in]^-\infty, ^-10] \cup [^-2, 4]$.

Propriété	Définition	*Exemple*
Maximum (absolu)	Valeur la plus élevée de la fonction sur tout son domaine.	Max *f* = 5
Minimum (absolu)	Valeur la moins élevée de la fonction sur tout son domaine.	La fonction *f* n'a pas de minimum.

Remarque : On dit qu'une fonction possède un maximum ou un minimum *relatif* en x_1 si, pour tout *x* de part et d'autre de x_1, on a selon le cas $f(x_1) \geq x$ ou $f(x_1) \leq x$.

Exemple : Pour la fonction *f*, $^-8$ est un minimum relatif.

Des modèles mathématiques : les fonctions de base

Les fonctions mathématiques permettent de modéliser plusieurs situations de la vie courante. Voici quelques-uns des modèles mathématiques les plus courants.

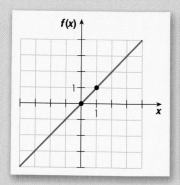

Modèle linéaire
$$f(x) = x$$

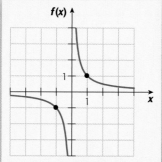

Modèle de variation inverse
$$f(x) = \frac{1}{x}, x \neq 0$$

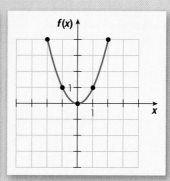

Modèle quadratique
$$f(x) = x^2$$

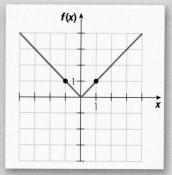

Modèle de valeur absolue
$$f(x) = |x|$$

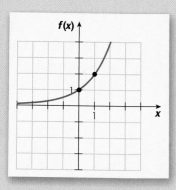

Modèle exponentiel
$$f(x) = c^x$$

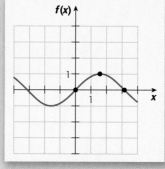

Modèle périodique
$$f(x) = \sin x$$

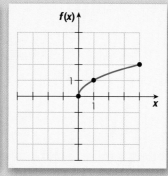

Modèle de racine carrée
$$f(x) = \sqrt{x}$$

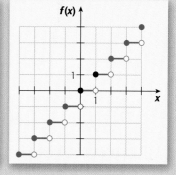

Modèle en escalier
$$f(x) = [x]$$

Remarques :

– Les courbes et les règles présentées pour chacun des modèles sont celles des **fonctions de base** du modèle, c'est-à-dire les fonctions les plus simples associées aux modèles.

– Pour les modèles exponentiel et périodique, les courbes et les règles présentées correspondent à des cas particuliers du modèle.

– Les points noirs sont des **points remarquables** de la fonction. Ils facilitent le tracé de la courbe de celle-ci.

– Les modèles exponentiel et de variation inverse possèdent des **asymptotes**, c'est-à-dire une droite vers laquelle la courbe tend à l'infini.

Les transformations des graphiques

Le tableau suivant précise le type de transformation que provoque une opération sur les coordonnées des points dans le plan cartésien.

Opération	Transformation
Multiplication de la coordonnée x par une constante	– Changement d'échelle horizontal – Réflexion par rapport à l'axe des y si la constante est négative
Multiplication de la coordonnée y par une constante	– Changement d'échelle vertical – Réflexion par rapport à l'axe des x si la constante est négative
Addition d'une constante à la coordonnée x	Translation horizontale
Addition d'une constante à la coordonnée y	Translation verticale

Le rôle des paramètres

Il existe quatre paramètres (deux multiplicatifs et deux additifs) qui transforment la règle d'une fonction de base f. La fonction de base et ses fonctions transformées forment une famille de fonctions, c'est-à-dire un ensemble de fonctions qui ont des propriétés communes.

La règle d'une fonction transformée peut s'écrire sous la forme :

$$g(x) = af(b(x - h)) + k$$

où a, b, h et k sont les paramètres qui transforment la fonction de base.

La transformation du plan qui associe chacun des points (x, y) de la fonction f aux points de la fonction g est :

$$(x, y) \mapsto \left(\frac{x}{b} + h, ay + k\right)$$

Les tableaux suivants décrivent l'influence de chacun des paramètres sur l'allure du graphique.

La valeur absolue du **paramètre a** provoque un changement d'échelle vertical. Si le paramètre a est négatif, il provoque aussi une réflexion par rapport à l'axe des x.

$|a| > 1$	$0 < |a| < 1$	Exemple
Allongement vertical	Rétrécissement vertical	$f(x) = x^2 \qquad g(x) = ax^2$

— $f(x) = x^2$
— $g_1(x) = 2x^2$
— $g_2(x) = 0,5x^2$
— $g_3(x) = {}^-x^2$
— $g_4(x) = {}^-3x^2$

La valeur absolue du **paramètre b** provoque un changement d'échelle horizontal. Si le paramètre b est négatif, il provoque aussi une réflexion par rapport à l'axe des *y*.

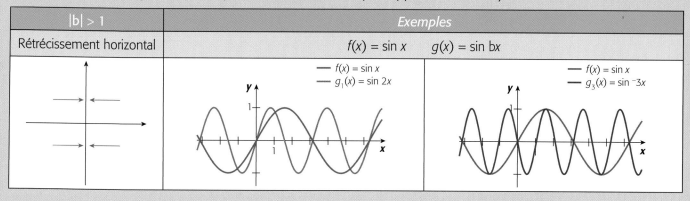

|b| > 1	Exemples
Rétrécissement horizontal	$f(x) = \sin x \qquad g(x) = \sin bx$

0 < |b| < 1	Exemples
Allongement horizontal	$f(x) = \sin x \qquad g(x) = \sin bx$

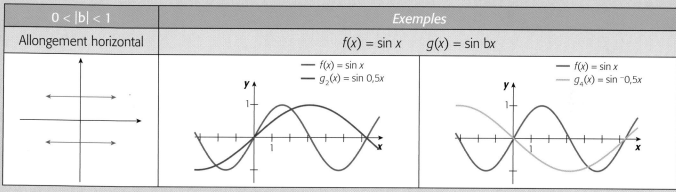

Les **paramètres h et k** provoquent des translations.

h > 0	h < 0		k > 0	k < 0
Translation vers la droite	Translation vers la gauche		Translation vers le haut	Translation vers le bas

Exemple		Exemple
$f(x) = |x| \qquad g(x) = |x - h|$		$f(x) = \sqrt{x} \qquad g(x) = \sqrt{x} + k$

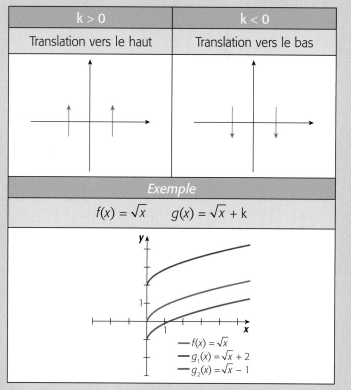

Remarque : Les courbes transformées $g(x) = f(x - h)$ et $g(x) = f(x) + k$ sont isométriques aux courbes de base.

Les fonctions en escalier

Les fonctions en escalier sont des fonctions discontinues. Elles sont constantes sur des intervalles et varient brusquement par sauts à certaines valeurs de la variable indépendante, appelées valeurs critiques. Le graphique est formé de segments horizontaux habituellement fermés à une extremité et ouverts à l'autre.

Dans l'exemple ci-contre, les valeurs critiques sont 0,5, 1, 2, 3 et 4.

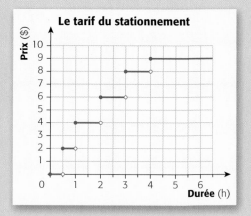

Les fonctions partie entière

Les fonctions partie entière sont des cas particuliers de fonctions en escalier pour lesquelles tous les segments horizontaux sont isométriques et la distance entre deux segments consécutifs est constante.

La fonction partie entière de base

La fonction partie entière de base se définit comme suit.

$$f: \mathbb{R} \to \mathbb{Z}$$
$$x \mapsto f(x) = [x]$$

Cette fonction associe, à chaque valeur de x, le plus grand entier inférieur ou égal à x. L'expression $[x]$ se lit «partie entière de x» et se calcule de la façon suivante.

Si $x \in [n, n + 1[$, où $n \in \mathbb{Z}$, alors $[x] = n$.

Exemples: $[4,28] = 4$; $\left[\dfrac{1}{2}\right] = 0$; $[8] = 8$; $[^-3,1] = {}^-4$

Les propriétés de la fonction f(x) = [x]

Le tableau ci-dessous présente les propriétés de la fonction de base $f(x) = [x]$.

Domaine	$\mathbb{R}$	
Image	$\mathbb{Z}$	
Abscisses à l'origine	$x \in [0, 1[$	
Ordonnée à l'origine	$f(0) = 0$	
Signe	• positive pour $x \in [0, +\infty[$ • négative pour $x \in]-\infty, 1[$	
Extremum	La fonction ne possède pas d'extremum.	
Variation	La fonction est croissante sur tout son domaine, $\mathbb{R}$.	

Remarque: La réciproque de cette fonction n'est pas une fonction.

La fonction partie entière de la forme $f(x) = a[bx]$

Le signe des paramètres a et b détermine la variation de la fonction (croissance ou décroissance) ainsi que l'orientation des segments (•—○ ou ○—•). Le tableau ci-dessous illustre les quatre cas possibles à l'aide d'un exemple.

	$a > 0$	$a < 0$ Réflexion par rapport à l'axe des abscisses
$b > 0$		
$b < 0$ Réflexion par rapport à l'axe des ordonnées		

> **La fonction est :**
> - croissante si $a \cdot b > 0$;
> - décroissante si $a \cdot b < 0$.

> **Pièges et astuces**
>
> Pour déterminer les propriétés d'une fonction partie entière, le recours à la représentation graphique est le moyen le plus efficace.

La distance entre deux segments consécutifs (contremarche) est $|a|$.

La longueur de chacun des segments (marche) est $\left|\frac{1}{b}\right|$.

La fonction partie entière de la forme $g(x) = a[b(x - h)] + k$

Le tableau ci-dessous présente les étapes à suivre pour déterminer la règle d'une fonction partie entière transformée à partir de sa représentation graphique.

Étape	Exemple	
1. Déterminer le signe de a et de b à partir de la variation de la fonction et de l'orientation des segments.	$a \cdot b < 0$ $b > 0$ donc $a < 0$	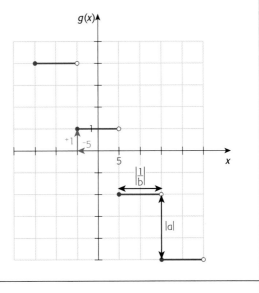
2. Déterminer la valeur de a (la hauteur de la contremarche est $|a|$).	$a = {}^-3$	
3. Déterminer la valeur de b (la largeur de la marche est l'inverse de $|b|$).	$b = \frac{1}{10} = 0,1$	
4. Déterminer la valeur de h (translation horizontale de l'origine à l'abscisse du point fermé d'un segment).	$h = {}^-5$	
5. Déterminer la valeur de k (translation verticale du point $(h, 0)$ au point fermé du segment choisi à l'étape 4).	$k = 1$	
La règle de la fonction transformée est $g(x) = {}^-3[0,1(x + 5)] + 1$.		

Les identités algébriques remarquables du second degré

Les identités algébriques remarquables du second degré sont des égalités qui permettent de développer facilement certains produits de binômes. On les qualifie de remarquables, car elles permettent de prendre des raccourcis dans les calculs algébriques.

Les identités algébriques remarquables du second degré		
Algébriquement	**En mots**	*Exemple*
$(a + b)^2 = a^2 + 2ab + b^2$	Le carré d'une somme de deux quantités est égal à la somme des carrés des quantités à laquelle on additionne le double produit des quantités.	$(2x + 7)^2 = (2x)^2 + 2(2x)(7) + (7)^2$ $(2x + 7)^2 = 4x^2 + 28x + 49$
$(a - b)^2 = a^2 - 2ab + b^2$	Le carré d'une différence de deux quantités est égal à la somme des carrés des quantités de laquelle on soustrait le double produit des quantités.	$(2x - 7)^2 = (2x)^2 - 2(2x)(7) + (7)^2$ $(2x - 7)^2 = 4x^2 - 28x + 49$
$(a + b)(a - b) = a^2 - b^2$	Le produit de la somme de deux quantités et de leur différence est égal à la différence des carrés des quantités.	$(2x + 7)(2x - 7) = (2x)^2 - (7)^2$ $(2x + 7)(2x - 7) = 4x^2 - 49$

Les identités algébriques remarquables permettent de calculer mentalement le carré de certains nombres.

Exemple : $53^2 = (50 + 3)^2 = 50^2 + 3^2 + 2 \cdot 50 \cdot 3 = 2\,500 + 9 + 300 = 2\,809$

La multiplication de polynômes

Pour multiplier des polynômes, on utilise la propriété de la distributivité de la multiplication sur l'addition et la soustraction.

Exemple :

$(3x - 2y)(4x^2y - xy^2 + 5) = 3x(4x^2y - xy^2 + 5) - 2y(4x^2y - xy^2 + 5)$

$(3x - 2y)(4x^2y - xy^2 + 5) = 12x^3y - 3x^2y^2 + 15x - 8x^2y^2 + 2xy^3 - 10y$

$(3x - 2y)(4x^2y - xy^2 + 5) = 12x^3y - 11x^2y^2 + 2xy^3 + 15x - 10y$

La multiplication de trois polynômes

Pour multiplier trois polynômes, on multiplie d'abord deux d'entre eux.
On multiplie ensuite le produit ainsi obtenu par le troisième polynôme.

Les propriétés de commutativité et d'associativité de la multiplication permettent de faire des choix stratégiques, comme repérer les identités algébriques remarquables ou privilégier les binômes qui ont les mêmes variables et ceux qui ont des coefficients entiers.

Exemple :

$$(x + 6)(2x + 1)(x - 6) = \underbrace{(x + 6)(x - 6)}(2x + 1)$$
$$(x + 6)(2x + 1)(x - 6) = (x^2 - 36)(2x + 1)$$
$$(x + 6)(2x + 1)(x - 6) = x^2(2x + 1) - 36(2x + 1)$$
$$(x + 6)(2x + 1)(x - 6) = 2x^3 + x^2 - 72x - 36$$

Identité algébrique remarquable

La division d'un polynôme par un binôme

Pour diviser un polynôme par un binôme, on peut procéder de la même façon que pour diviser deux nombres. La division est possible seulement si on suppose que le diviseur est non nul.

Voici deux exemples de divisions de polynômes. Dans chaque cas, le diviseur est non nul.

1)
$$\frac{x^2 + 8x + 15}{x + 3}$$

$$
\begin{array}{r|l}
x^2 + 8x + 15 & x + 3 \\
-x^2 + 3x & x + 5 \\
\hline
5x + 15 & \\
-5x + 15 & \\
\hline
0 &
\end{array}
$$

$$\frac{x^2 + 8x + 15}{x + 3} = x + 5$$

2)
$$\frac{2x^3 + x^2 - 13x + 9}{2x - 1}$$

$$
\begin{array}{r|l}
2x^2 + x^2 - 13x + 9 & 2x - 1 \\
-2x^3 - x^2 & x^2 + x - 6 \\
\hline
2x^2 - 13x & \\
-2x^2 - x & \\
\hline
{}^-12x + 9 & \\
-{}^-12x + 6 & \\
\hline
3 &
\end{array}
$$

$$\frac{2x^3 + x^2 - 13x + 9}{2x - 1} = x^2 + x - 6 + \frac{3}{2x - 1}$$

Remarques :

– D'une façon générale, le quotient s'exprime de la façon suivante.

Quotient
$$\underbrace{x^2 + x - 6}_{\text{Polynôme}} + \frac{3 \leftarrow \text{Reste}}{2x - 1 \leftarrow \text{Diviseur}}$$

– Lorsque le reste de la division est 0, le diviseur et le quotient sont des facteurs du polynôme. Par exemple, $x + 3$ et $x + 5$ sont des facteurs du polynôme $x^2 + 8x + 15$, tandis que $2x - 1$ n'est pas un facteur de $2x^3 + x^2 - 13x + 9$.

– Le reste est toujours de degré inférieur au degré du diviseur.

La factorisation

Factoriser un polynôme consiste à l'exprimer sous la forme d'un produit de facteurs. Par convention, les facteurs sont des polynômes de degré inférieur au polynôme de départ.

Développer →

$$(x + 2)(x + y) = x^2 + xy + 2x + 2y$$

← Factoriser

Un polynôme du second degré est dit irréductible s'il ne peut s'écrire sous la forme du produit de deux polynômes du premier degré. Par exemple, $x^2 + 4$ est irréductible.

La factorisation par mise en évidence

Simple mise en évidence : Procédé qui permet de factoriser un polynôme en mettant en évidence un facteur commun à tous les termes.

Exemple :

$2x^3 + 6x^2 - 10x = 2x(x^2 + 3x - 5)$

Double mise en évidence : Procédé qui permet de factoriser un polynôme en deux étapes. La première étape consiste à effectuer une simple mise en évidence sur des groupes de termes du polynôme de façon à faire ressortir un binôme commun à tous les termes. La deuxième étape consiste à mettre en évidence le binôme commun afin d'obtenir un produit de facteurs.

Exemple :

Étape	Démarche algébrique
1. Ordonner les termes du polynôme de manière à regrouper les termes qui ont un facteur commun.	$x^2 - 12y - 3x + 4xy$ $x^2 - 3x + 4xy - 12y$
Effectuer ensuite une simple mise en évidence sur chacune des parties du polynôme afin de faire ressortir le binôme commun.	$x(x - 3) + 4y(x - 3)$
2. Effectuer une simple mise en évidence du binôme commun.	$(x - 3)(x + 4y)$

Remarque : On dit de la mise en évidence qu'elle est double, car elle comprend une simple mise en évidence à deux niveaux.

La factorisation d'un trinôme carré parfait et d'une différence de carrés

Les identités algébriques remarquables permettent, lorsqu'on les reconnaît, de factoriser les polynômes qui leur sont associés.

Les identités algébriques remarquables		
$a^2 + 2ab + b^2 = (a + b)^2$	$a^2 - 2ab + b^2 = (a - b)^2$	$a^2 - b^2 = (a + b)(a - b)$
Trinôme carré parfait		**Différence de carrés**
Le seul facteur d'un trinôme carré parfait est un binôme.		Les facteurs d'une différence de carrés sont deux binômes conjugués.
$y^2 + 6y + 9 = (y + 3)^2$, car y^2 et 9 sont les carrés de y et de 3 **et** $6y$ est le double du produit de y et de 3.	$4y^2 - 4y + 1 = (2y - 1)^2$, car $4y^2$ et 1 sont les carrés de $2y$ et de $^-1$ **et** ^-4y est le double du produit de $2y$ et de $^-1$.	$4x^2 - 25 = (2x + 5)(2x - 5)$ $4x^2$ est le carré de $2x$ **et** 25 est le carré de 5.

La factorisation d'un trinôme de la forme $ax^2 + bx + c$

Par recherche de la somme et du produit

Procédé qui consiste à exprimer un trinôme sous la forme d'un polynôme à quatre termes afin d'effectuer une double mise en évidence.

Exemple :

Factoriser $2x^2 + x - 15$

Étape	Démarche algébrique
1. Chercher deux nombres dont la somme est égale à b et dont le produit est égal à ac.	$a = 2$, $b = 1$ et $c = {}^-15$ Somme : 1 et Produit : $2(^-15) = {}^-30$ Ces nombres sont 6 et $^-5$.
2. Remplacer le second terme du trinôme par deux termes, dont les coefficients sont les nombres trouvés à l'étape **1**, afin d'obtenir quatre termes.	$2x^2 + x - 15 = 2x^2 + 6x - 5x - 15$
3. Effectuer une double mise en évidence.	$2x(x + 3) - 5(x + 3)$ $(x + 3)(2x - 5)$

Remarque : Cette façon de procéder s'avère efficace lorsqu'on trouve rapidement les deux termes en x dont les coefficients ont une somme b et un produit ac.

Par complétion du carré

Procédé qui consiste à exprimer un trinôme sous la forme d'une différence de carrés.

Exemple :

Factoriser $2x^2 + x - 15$

Étape	Démarche algébrique
1. Au besoin, mettre le a en évidence.	$2\left(x^2 + \dfrac{x}{2} - \dfrac{15}{2}\right)$
2. Compléter le carré afin d'obtenir un trinôme carré parfait. Soustraire ensuite la quantité ajoutée afin de conserver la relation d'égalité.	$2\left(x^2 + \dfrac{x}{2} + \dfrac{1}{16} - \dfrac{1}{16} - \dfrac{15}{2}\right)$
3. Factoriser le trinôme carré parfait.	$2\left(\left(x + \dfrac{1}{4}\right)^2 - \dfrac{1}{16} - \dfrac{15}{2}\right)$
4. Additionner les termes constants et exprimer cette somme sous la forme d'un carré.	$2\left(\left(x + \dfrac{1}{4}\right)^2 - \dfrac{1}{16} - \dfrac{120}{16}\right)$ $2\left(\left(x + \dfrac{1}{4}\right)^2 - \dfrac{121}{16}\right)$ $2\left(\left(x + \dfrac{1}{4}\right)^2 - \left(\dfrac{11}{4}\right)^2\right)$
5. Factoriser la différence de carrés.	$2\left(x + \dfrac{1}{4} + \dfrac{11}{4}\right)\left(x + \dfrac{1}{4} - \dfrac{11}{4}\right)$ $2(x + 3)\left(x - \dfrac{5}{2}\right)$
6. Au besoin, distribuer le a à un des binômes.	$(x + 3)(2x - 5)$

Remarque : Cette façon de procéder s'avère efficace lorsque a, b et c sont de grands nombres entiers ou des nombres rationnels.

La simplification d'expressions rationnelles

Une expression rationnelle est une expression algébrique exprimée sous la forme d'un rapport de polynômes.

Exemple :

$\dfrac{3x + 4}{2x - 1}$, $\dfrac{1}{2x^2 + 4x}$ et $5x^3$ sont des expressions rationnelles.

$\dfrac{3x + 4}{2\sqrt{x} - 1}$ n'est pas une expression rationnelle.

Simplifier une expression rationnelle, c'est rechercher des facteurs communs au numérateur et au dénominateur afin de la rendre irréductible, comme on le fait avec des fractions. Pour ce faire, il faut exprimer le numérateur et le dénominateur sous la forme d'un produit de facteurs.

Puisqu'il est impossible de diviser par 0, une expression rationnelle n'est pas définie lorsque son dénominateur vaut 0. Il faut poser les restrictions, c'est-à-dire préciser les valeurs qui annulent le dénominateur et pour lesquelles l'expression rationnelle n'a donc pas de valeur. Les restrictions doivent être posées **avant** de simplifier l'expression rationnelle.

Exemple :

La simplification de fractions		
Fraction	Factorisation	Fraction irréductible
$\dfrac{42}{54}$	$\dfrac{2 \cdot 3 \cdot 7}{2 \cdot 3 \cdot 3 \cdot 3}$	$\dfrac{2 \cdot 3 \cdot 7}{2 \cdot 3 \cdot 3 \cdot 3} = \dfrac{7}{9}$

> ### Pièges et astuces
> Lorsque l'expression rationnelle représente une quantité, le contexte impose parfois davantage de restrictions. Par exemple, dans un contexte de mesure, on s'intéressera seulement aux valeurs positives de l'expression rationnelle.

La simplification d'expressions rationnelles			
Expression rationnelle	Factorisation	Restrictions	Expression rationnelle irréductible
$\dfrac{x^3 + 4x^2 + 5x}{x - 1}$	$\dfrac{x(x^2 + 4x + 5)}{x - 1} = \dfrac{x(x + 5)(x + 1)}{x - 1}$	$x - 1 \neq 0$ si $x \neq 1$	L'expression rationnelle ne se simplifie pas. $\dfrac{x(x + 5)(x + 1)}{x - 1}$ ou $\dfrac{x(x^2 + 4x + 5)}{x - 1}$
$\dfrac{(3x + 4)(5x - 20)}{4x(x - 4)}$	$\dfrac{5(3x + 4)(x - 4)}{4x(x - 4)}$	$4x(x - 4) \neq 0$ si $x \neq 0, x \neq 4^*$	$\dfrac{5(3x + 4)(x - 4)}{4x (x - 4)} = \dfrac{5(3x + 4)}{4x}$ ou $\dfrac{15x + 20}{4x}$

* La restriction $x \neq 4$, qui est une restriction de l'expression rationnelle irréductible, demeure malgré le fait que cette valeur n'annule pas son dénominateur.

Les opérations sur les expressions rationnelles

Il existe un lien étroit entre «effectuer des opérations sur les fractions» et «effectuer des opérations sur les expressions rationnelles».

La multiplication		
Étape / Exemple	Fractions	Expressions rationnelles
	$\dfrac{21}{20} \cdot \dfrac{8}{3}$	$\dfrac{x^2 - 4x - 21}{2x^2 + 7x + 3} \cdot \dfrac{x + 1}{2x - 14}$
1. Décomposer en facteurs.	$\dfrac{3 \cdot 7}{2 \cdot 2 \cdot 5} \cdot \dfrac{2 \cdot 2 \cdot 2}{3}$	$\dfrac{(x + 3)(x - 7)}{(2x + 1)(x + 3)} \cdot \dfrac{x + 1}{2(x - 7)}$
2. Poser les restrictions*.		si $x \neq {}^-3, x \neq -\dfrac{1}{2}, x \neq 7$
3. Simplifier les facteurs communs.	$\dfrac{3 \cdot 7 \cdot 2 \cdot 2 \cdot 2}{2 \cdot 2 \cdot 5 \cdot 3} = \dfrac{14}{5}$	$\dfrac{(x + 3)(x - 7)(x + 1)}{2(2x + 1)(x + 3)(x - 7)} = \dfrac{x + 1}{4x + 2}$

* Les restrictions qui s'appliquent à la variable correspondent à toutes les valeurs pour lesquelles les polynômes ombrés sont égaux à zéro.

La division		
Étape / *Exemple*	**Fractions** $\dfrac{21}{20} \div \dfrac{9}{10}$	**Expressions rationnelles** $\dfrac{x^2 - 4x - 21}{2x^2 + 7x + 3} \div \dfrac{2x - 8}{2x + 1}$
1. Décomposer en facteurs.	$\dfrac{3 \cdot 7}{2 \cdot 2 \cdot 5} \div \dfrac{3 \cdot 3}{2 \cdot 5}$	$\dfrac{(x + 3)(x - 7)}{(2x + 1)(x + 3)} \div \dfrac{2(x - 4)}{2x + 1}$
2. Poser les restrictions*.		si $x \neq {}^-3$, $x \neq -\dfrac{1}{2}$, $x \neq 4$
3. Multiplier par l'inverse multiplicatif du diviseur.	$\dfrac{3 \cdot 7}{2 \cdot 2 \cdot 5} \cdot \dfrac{2 \cdot 5}{3 \cdot 3}$	$\dfrac{(x + 3)(x - 7)}{(2x + 1)(x + 3)} \cdot \dfrac{2x + 1}{2(x - 4)}$
4. Simplifier les facteurs communs.	$\dfrac{3 \cdot 7 \cdot 2 \cdot 5}{2 \cdot 2 \cdot 5 \cdot 3 \cdot 3} = \dfrac{7}{6}$	$\dfrac{(x + 3)(x - 7)(2x + 1)}{2(2x + 1)(x + 3)(x + 4)} = \dfrac{x - 7}{2x + 8}$

* Les restrictions qui s'appliquent à la variable correspondent à toutes les valeurs pour lesquelles les polynômes ombrés sont égaux à zéro. Il faut aussi prendre en compte les valeurs qui annulent le numérateur du diviseur.

L'addition et la soustraction		
Étape / *Exemple*	**Fractions** $\dfrac{21}{20} + \dfrac{7}{10} - \dfrac{5}{8}$	**Expressions rationnelles** $\dfrac{x + 1}{x^2 + 8x + 12} + \dfrac{3}{2x + 4} - \dfrac{1}{3}$
1. Décomposer les dénominateurs en facteurs.	$\dfrac{21}{2 \cdot 2 \cdot 5} + \dfrac{7}{2 \cdot 5} - \dfrac{5}{2 \cdot 2 \cdot 2}$	$\dfrac{x + 1}{(x + 2)(x + 6)} + \dfrac{3}{2(x + 2)} - \dfrac{1}{3}$
2. Trouver le plus petit dénominateur commun.	$2 \cdot 2 \cdot 2 \cdot 5 = 40$	$6(x + 2)(x + 6)$
3. Poser les restrictions*.		si $x \neq {}^-2$ et $x \neq {}^-6$
4. Exprimer chaque fraction sur ce dénominateur.	$\dfrac{42}{40} + \dfrac{28}{40} - \dfrac{25}{40}$	$\dfrac{6(x + 1)}{6(x + 2)(x + 6)} + \dfrac{3 \cdot 3(x + 6)}{6(x + 2)(x + 6)} - \dfrac{2(x + 2)(x + 6)}{6(x + 2)(x + 6)}$
5. Effectuer les opérations sur les numérateurs.	$\dfrac{45}{40}$	$\dfrac{(6x + 6) + (9x + 54) - (2x^2 + 16x + 24)}{6(x + 2)(x + 6)} = \dfrac{{}^-2x^2 - x + 36}{6(x + 2)(x + 6)}$
6. Factoriser à nouveau le numérateur afin de simplifier, s'il y a lieu, les facteurs communs.	$\dfrac{9}{8}$	$\dfrac{({}^-2x - 9)(x - 4)}{6(x + 2)(x + 6)}$

* Les restrictions qui s'appliquent à la variable correspondent à toutes les valeurs pour lesquelles les polynômes ombrés sont égaux à zéro.

Résoudre une équation du second degré à une variable consiste à trouver la ou les valeurs de la variable qui vérifient cette équation. Ces valeurs sont appelées « les solutions » ou « les racines » de l'équation. Une équation du second degré peut posséder une ou deux solutions réelles, ou n'en posséder aucune.

Afin de trouver les solutions, on peut transformer l'équation en une équation quadratique, c'est-à-dire sous la forme $ax^2 + bx + c = 0$, où a, b, et $c \in \mathbb{R}$ et $a \neq 0$, puis utiliser l'une des façons de procéder suivantes.

La résolution d'équations quadratiques

Par factorisation

Soit $ax^2 + bx + c = 0$. Si le polynôme $ax^2 + bx + c$ se factorise, on peut transformer l'équation en un produit nul. Les solutions de l'équation sont les valeurs de x qui annulent les facteurs du polynôme.

Pièges et astuces

Même si la résolution de l'équation donne deux solutions, il se peut que l'une d'elles soit rejetée selon le contexte.

Exemple :

Résoudre l'équation $4x^2 - 7x + 1 = 3$.

Étape	Démarche algébrique	
1. Transformer en une équation de la forme $ax^2 + bx + c = 0$.	$4x^2 - 7x - 2 = 0$	
2. Factoriser le polynôme.	$(4x + 1)(x - 2) = 0$	
3. Déterminer les valeurs pour lesquelles le produit est nul, c'est-à-dire les valeurs pour lesquelles l'un ou l'autre des facteurs est égal à 0.	$4x + 1 = 0$ $x = \dfrac{-1}{4}$	$x - 2 = 0$ $x = 2$
4. Vérifier les solutions dans l'équation initiale.	Si $x = \dfrac{-1}{4}$, alors $4\left(\dfrac{-1}{4}\right)^2 - 7\left(\dfrac{-1}{4}\right) + 1 = 3.$ $\dfrac{1}{4} + \dfrac{7}{4} + 1 = 3$	Si $x = 2$, alors $4(2)^2 - 7(2) + 1 = 3.$ $16 - 14 + 1 = 3$
5. Déterminer l'ensemble-solution.	$x \in \left\{\dfrac{-1}{4}, 2\right\}$	

Par complétion du carré

La complétion du carré permet d'obtenir une formule pour trouver les solutions d'une équation quadratique.

Pour $ax^2 + bx + c = 0$, les solutions sont $x = \dfrac{-b \pm \sqrt{b^2 - 4ac}}{2a}$.

L'expression $b^2 - 4ac$, qui se trouve sous le radical, se nomme le discriminant. Il est noté Δ et se lit «delta». Sa valeur permet de déterminer le nombre de solutions d'une équation quadratique.

$\Delta > 0$	$\Delta = 0$	$\Delta < 0$
L'équation a deux solutions réelles.	L'équation a une solution réelle.	L'équation n'a pas de solution réelle.

Exemple: Résoudre l'équation $3x^2 - 4x - 6 = 0$.

1) La résolution complète

Étape	Démarche algébrique
1. Mettre a en évidence.	$3\left(x^2 - \dfrac{4x}{3} - 2\right) = 0$
2. Compléter le carré afin d'obtenir un trinôme carré parfait.	$3\left(x^2 - \dfrac{4x}{3} + \dfrac{4}{9} - \dfrac{4}{9} - 2\right) = 0$
3. Factoriser le trinôme carré parfait.	$3\left(\left(x - \dfrac{2}{3}\right)^2 - \dfrac{4}{9} - 2\right) = 0$
4. Additionner les termes constants.	$3\left(\left(x - \dfrac{2}{3}\right)^2 - \dfrac{22}{9}\right) = 0$
5. Diviser par a les deux membres de l'équation.	$\left(x - \dfrac{2}{3}\right)^2 - \dfrac{22}{9} = 0$
6. Isoler le carré du binôme.	$\left(x - \dfrac{2}{3}\right)^2 = \dfrac{22}{9}$
7. Extraire la racine carrée de chaque membre de l'équation.	$x - \dfrac{2}{3} = \pm\sqrt{\dfrac{22}{9}}$
8. Isoler x afin d'obtenir les solutions.	$x = \dfrac{2}{3} + \sqrt{\dfrac{22}{9}}$ ou $x = \dfrac{2}{3} - \sqrt{\dfrac{22}{9}}$ $x = \dfrac{2 + \sqrt{22}}{3}$ ou $x = \dfrac{2 - \sqrt{22}}{3}$ $x \approx 2{,}230$ ou $x \approx {}^-0{,}897$
9. Déterminer l'ensemble-solution.	$\left\{\dfrac{2 - \sqrt{22}}{3}, \dfrac{2 + \sqrt{22}}{3}\right\}$

2) La résolution à l'aide de la formule permettant de trouver les racines d'une équation quadratique

En substituant les valeurs de $a = 3$, $b = {}^-4$ et $c = {}^-6$ dans la formule, on obtient:

$x = \dfrac{{}^-(-4) \pm \sqrt{(-4)^2 - 4(3)(-6)}}{2 \cdot 3}$	$x = \dfrac{4 \pm \sqrt{16 + 72}}{6}$	$x = \dfrac{4 + \sqrt{88}}{6}$ ou $x = \dfrac{4 - \sqrt{88}}{6}$	$x \approx 2{,}230$ ou $x \approx {}^-0{,}897$

L'observation de régularités : les accroissements

La table de valeurs ci-dessous présente le calcul des accroissements des premier et deuxième niveaux pour la fonction $f(x) = 3x^2$. Les accroissements de premier niveau correspondent aux variations des valeurs de la variable dépendante lorsque la valeur de la variable indépendante augmente de une unité. Les accroissements des niveaux supérieurs correspondent à la variation des accroissements du niveau précédent.

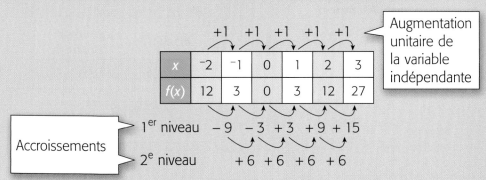

Remarque : On peut déterminer le degré d'une fonction polynomiale en observant les différents niveaux d'accroissements. La fonction $f(x) = 3x^2$ est une fonction polynomiale de degré 2. C'est pour cette raison que les accroissements de deuxième niveau sont constants.

La fonction quadratique

Une fonction quadratique, appelée aussi fonction polynomiale de degré 2, est représentée graphiquement par une parabole. La parabole possède un sommet situé sur son axe de symétrie. La règle de la fonction quadratique de base est $f(x) = x^2$. La forme canonique de la règle d'une fonction quadratique, $f(x) = a(x - h)^2 + k$ où $a \neq 0$, met en évidence les paramètres a, h et k.

Exemple :

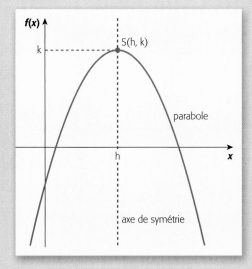

Le rôle du paramètre a

Le tableau suivant décrit l'influence du paramètre a sur l'ouverture de la parabole.

Il faut que $a \neq 0$ pour que la règle représente une fonction quadratique.

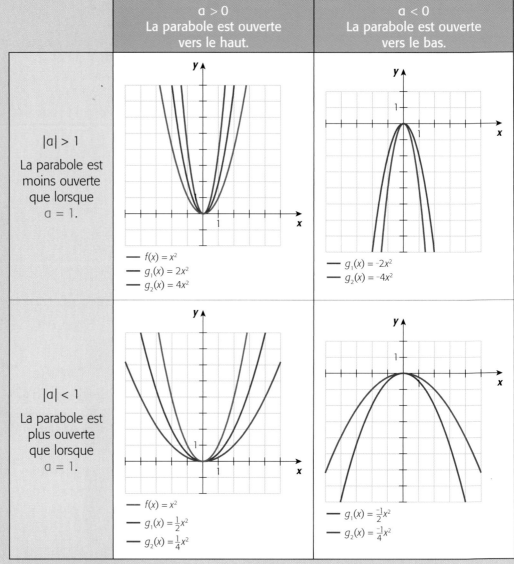

	$a > 0$ La parabole est ouverte vers le haut.	$a < 0$ La parabole est ouverte vers le bas.
$|a| > 1$ La parabole est moins ouverte que lorsque $a = 1$.	$f(x) = x^2$ $g_1(x) = 2x^2$ $g_2(x) = 4x^2$	$g_1(x) = {}^-2x^2$ $g_2(x) = {}^-4x^2$
$|a| < 1$ La parabole est plus ouverte que lorsque $a = 1$.	$f(x) = x^2$ $g_1(x) = \frac{1}{2}x^2$ $g_2(x) = \frac{1}{4}x^2$	$g_1(x) = \frac{{}^-1}{2}x^2$ $g_2(x) = \frac{{}^-1}{4}x^2$

Remarque : L'ouverture de la parabole représentant $g(x) = {}^-x^2$ est la même que celle représentant $f(x) = x^2$.

Le rôle des paramètres h et k

Dans la règle $f(x) = a(x - h)^2 + k$, les paramètres h et k correspondent aux coordonnées du sommet de la parabole qui représente la fonction f. Sur la représentation graphique, on identifie le sommet par la lettre **S**.

Exemple : Les coordonnées du sommet de la parabole représentant la fonction
$g(x) = 3(x + 2)^2 + 4$ sont $({}^-2, 4)$.

L'influence des paramètres a et k sur le nombre de zéros de la fonction

Le tableau ci-dessous présente les liens entre les signes des paramètres a et k et le nombre de zéros de la fonction quadratique.

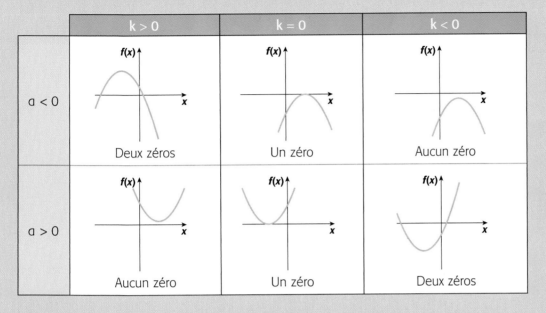

	k > 0	k = 0	k < 0
a < 0	Deux zéros	Un zéro	Aucun zéro
a > 0	Aucun zéro	Un zéro	Deux zéros

Le tracé du graphique à l'aide des paramètres a, h et k

Le tableau ci-dessous présente les étapes à suivre pour tracer le graphique d'une fonction quadratique dont la règle est exprimée sous la forme canonique.

Exemple : Tracer le graphique de la fonction dont la règle est $f(x) = 2(x - 5)^2 - 1$.

Étape	Exemple	
1. Placer le sommet de la parabole dont les coordonnées sont (h, k) et tracer l'axe de symétrie dont l'équation est $x = h$.	$S(5, {}^-1)$ Axe de symétrie : $x = 5$	
2. Placer deux autres points de la parabole en calculant $f(h + 1)$ et $f(h + 2)$.	$h = 5 \quad h + 1 = 6 \quad h + 2 = 7$ $f(6) = 2(6 - 5)^2 - 1 = 1$ $f(7) = 2(7 - 5)^2 - 1 = 7$ Points : (6, 1) (7, 7)	
3. À partir des deux points placés à l'étape 2, utiliser l'axe de symétrie pour placer deux autres points de la parabole. Ensuite, compléter le tracé de la parabole.	Autres points : (4, 1) (3, 7)	

Les propriétés d'une fonction quadratique dont la règle est $f(x) = a(x-h)^2 + k$

Faire l'analyse d'une fonction consiste à décrire ses propriétés. Le tableau ci-dessous présente les propriétés d'une fonction quadratique dont la règle est sous la forme canonique.

	Exemple : $f(x) = {}^-2(x-1)^2 + 8$	Représentation graphique
Domaine	$\mathbb{R}$	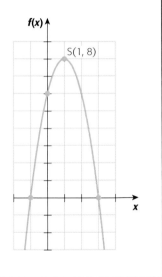 S(1, 8)
Image	$]-\infty, 8]$	
Ordonnée à l'origine (ou valeur initiale)	$f(0) = {}^-2(0-1)^2 + 8 = 6$	
Zéros (ou abscisses à l'origine)	$^-2(x-1)^2 + 8 = 0$ $(x-1)^2 = 4$ $x - 1 = {}^\pm\sqrt{4} = {}^\pm 2$ $x_1 = {}^-1$ et $x_2 = 3$	
Variation	f est croissante pour $x \in\ ]-\infty, 1]$ f est décroissante pour $x \in [1, {}^+\infty[$	
Signe	f est positive pour $x \in [{}^-1, 3]$ f est négative pour $x \in\ ]-\infty, {}^-1] \cup [3, {}^+\infty[$	
Extremum	Max $f = 8$ Aucun minimum	
Équation de l'axe de symétrie	$x = 1$	

La résolution d'inéquations du second degré à une variable

Résoudre une inéquation du second degré à une variable consiste à déterminer les valeurs de la variable qui vérifient l'inéquation. On utilise l'esquisse du graphique ainsi que les solutions de l'équation pour déterminer l'ensemble-solution de l'inéquation.

Exemple : Pour résoudre l'inéquation $\frac{-1}{2}(x-5)^2 + 8 < 6$, on peut tracer la fonction dont la règle est $f(x) = \frac{-1}{2}(x-5) + 8$ et interpréter le graphique pour déterminer les valeurs de x qui vérifient $f(x) < 6$.

Étape	1. Résoudre l'équation.	2. Tracer l'esquisse du graphique de f. 3. Placer les solutions de l'équation qui correspondent aux points (3, 6) et (7, 6).	4. Interpréter le graphique pour déterminer l'ensemble-solution, c'est-à-dire les valeurs de la variable indépendante qui vérifient l'inéquation.
Démarche	$\frac{-1}{2}(x-5)^2 + 8 = 6$ $\frac{-1}{2}(x-5)^2 = {}^-2$ $(x-5)^2 = 4$ $x - 5 = {}^\pm\sqrt{4}$ $x = {}^\pm 2 + 5$ $x_1 = 3 \quad x_2 = 7$		$x \in\ ]-\infty, 3[\ \cup\ ]7, +\infty[$

Les formes de la règle

Voici trois formes de la règle d'une fonction quadratique.

> Forme canonique : $f(x) = a(x - h)^2 + k$, où $a \neq 0$
>
> Forme générale : $f(x) = ax^2 + bx + c$, où $a \neq 0$
>
> Forme factorisée : $f(x) = a(x - x_1)(x - x_2)$, où $a \neq 0$

Le passage d'une forme de règle à une autre

La manipulation d'expressions algébriques permet d'exprimer la règle d'une fonction sous la forme désirée. Les tableaux ci-dessous présentent les passages qui impliquent la forme générale de la règle.

Passage de la forme générale à la forme canonique

Étape \ Exemple	$f(x) = 2x^2 - 4x - 30$
	Démarche
1. Mettre le a en évidence.	$f(x) = 2(x^2 - 2x - 15)$
2. Compléter le carré.	$f(x) = 2((x - 1)^2 - 1 - 15)$
3. Distribuer le a sur les termes de l'expression afin d'obtenir la règle sous la forme canonique.	$f(x) = 2(x - 1)^2 - 32$

Passage de la forme canonique à la forme générale

Étape \ Exemple	$f(x) = 2(x - 1)^2 - 32$
	Démarche
1. Développer le carré du binôme.	$f(x) = 2(x^2 - 2x + 1) - 32$
2. Distribuer le a sur les termes du trinôme.	$f(x) = 2x^2 - 4x + 2 - 32$
3. Réduire l'expression afin d'obtenir la règle sous la forme générale.	$f(x) = 2x^2 - 4x - 30$

Passage de la forme générale à la forme factorisée

Étape \ Exemple	$f(x) = 2x^2 - 4x - 30$
	Démarche
1. Mettre le a en évidence.	$f(x) = 2(x^2 - 2x - 15)$
2. Factoriser le trinôme afin d'obtenir la règle sous la forme factorisée.	$f(x) = 2(x + 3)(x - 5)$

Passage de la forme factorisée à la forme générale

Étape \ Exemple	$f(x) = 2(x + 3)(x - 5)$
	Démarche
1. Multiplier les facteurs.	$f(x) = 2(x^2 - 2x - 15)$
2. Distribuer le a sur les termes de l'expression afin d'obtenir la règle sous la forme générale.	$f(x) = 2x^2 - 4x - 30$

Remarque : Le passage de la forme générale à la forme factorisée s'effectue à condition que la fonction possède au moins un zéro.

Les coordonnées du sommet d'une parabole

La généralisation du passage de la forme générale de la règle à la forme canonique permet d'obtenir une formule pour déterminer les coordonnées du sommet (h, k) d'une parabole en fonction des valeurs de a, b et c. Le tableau ci-dessous décrit la procédure à suivre.

Étape / Exemple	$f(x) = ax^2 + bx + c$ / Démarche
1. Mettre le a en évidence.	$f(x) = a\left(x^2 + \dfrac{b}{a}x + \dfrac{c}{a}\right)$
2. Compléter le carré afin d'obtenir un trinôme carré parfait.	$f(x) = a\left(x^2 + \dfrac{b}{a}x + \left(\dfrac{b}{2a}\right)^2 - \dfrac{b^2}{4a^2} + \dfrac{c}{a}\right)$
3. Factoriser le trinôme carré parfait et additionner les termes constants.	$f(x) = a\left(\left(x + \dfrac{b}{2a}\right)^2 - \dfrac{b^2 - 4ac}{4a^2}\right)$
4. Distribuer le a sur les deux termes de l'expression.	$f(x) = a\left(x + \dfrac{b}{2a}\right)^2 + \dfrac{4ac - b^2}{4a}$
5. Déterminer les coordonnées du sommet en comparant la règle obtenue à l'étape **4** avec la forme canonique de la règle $f(x) = a(x - h)^2 + k$.	Abscisse : $h = \dfrac{-b}{2a}$ Ordonnée : $k = \dfrac{4ac - b^2}{4a}$ *Remarque :* On peut aussi déterminer la valeur de k en calculant simplement $f(h)$.

Les avantages de chacune des formes de la règle

Le tableau suivant présente trois formes de la règle d'une fonction quadratique qui possède des zéros. Des repères quant à la forme qui facilite l'obtention des coordonnées du sommet de la parabole, des zéros et de l'ordonnée à l'origine de la fonction sont dans les cases ombrées.

	Sommet	Zéro(s)	Ordonnée à l'origine
Forme canonique $f(x) = a(x - h)^2 + k$	(h, k)	$0 = a(x - h)^2 + k$ $\dfrac{-k}{a} = (x - h)^2$ $\pm\sqrt{\dfrac{-k}{a}} = x - h$ $x = h \pm \sqrt{\dfrac{-k}{a}}$	$f(0) = ah^2 + k$
Forme factorisée $f(x) = a(x - x_1)(x - x_2)$	$h = \dfrac{x_1 + x_2}{2}$ $k = f(h)$	x_1 et x_2	$f(0) = ax_1 x_2$
Forme générale $f(x) = ax^2 + bx + c$	$h = \dfrac{-b}{2a}$ $k = \dfrac{4ac - b^2}{4a}$ ou $k = f(h)$	$x = \dfrac{-b \pm \sqrt{b^2 - 4ac}}{2a}$	$f(0) = c$

Remarque : Le paramètre a reste le même quelle que soit la forme de la règle.

Les propriétés d'une fonction quadratique dont la règle est $f(x) = ax^2 + bx + c$

Le tableau ci-dessous présente les propriétés d'une fonction quadratique dont la règle est sous la forme générale.

	Exemple : $f(x) = x^2 - 10x + 16$
Coordonnées du sommet	$h = \dfrac{-b}{2a} = \dfrac{-(-10)}{2(1)} = 5$ $\qquad$ $k = \dfrac{4ac - b^2}{4a} = \dfrac{4 \cdot 1 \cdot 16 - (-10)^2}{4 \cdot 1} = {}^-9$
Zéros (ou abscisses à l'origine)	$x_1 = \dfrac{-b - \sqrt{b^2 - 4ac}}{2a} = \dfrac{10 - \sqrt{(-10)^2 - 4 \cdot 1 \cdot 16}}{2 \cdot 1} = \dfrac{10 - \sqrt{36}}{2} = 2$ $x_2 = \dfrac{-b + \sqrt{b^2 - 4ac}}{2a} = \dfrac{10 + \sqrt{(-10)^2 - 4 \cdot 1 \cdot 16}}{2 \cdot 1} = \dfrac{10 + \sqrt{36}}{2} = 8$
Esquisse du graphique	
Domaine et image	Dom $f = \mathbb{R}$ $\qquad$ Ima $f = [{}^-9, +\infty[$
Ordonnée à l'origine (ou valeur initiale)	$f(0) = 16$
Variation	f est croissante pour $x \in [5, +\infty[$ $\qquad$ f est décroissante pour $x \in \,]-\infty, 5]$
Signe	f est positive pour $x \in \,]-\infty, 2] \cup [8, +\infty[$ $\qquad$ f est négative pour $x \in [2, 8]$
Extremums	Min $f = {}^-9$ $\qquad$ Aucun max
Équation de l'axe de symétrie	$x = 5$

L'influence du paramètre a et du discriminant sur le nombre de zéros de la fonction

Le tableau ci-dessous présente les liens entre les signes du paramètre a et du discriminant et le nombre de zéros de la fonction quadratique.

Le discriminant est une expression notée Δ, qui se lit «delta».

$$\Delta = b^2 - 4ac$$

On trouve cette expression sous le radical dans la formule

$$x = \dfrac{-b \pm \sqrt{\Delta}}{2a}$$

	$\Delta > 0$	$\Delta = 0$	$\Delta < 0$
$a < 0$	Deux zéros	Un zéro	Aucun zéro
$a > 0$	Deux zéros	Un zéro	Aucun zéro

La recherche de la règle d'une fonction quadratique

On peut déterminer la règle d'une fonction quadratique à partir de certaines informations.

Le sommet et un autre point de la parabole

Les coordonnées du sommet et celles d'un autre point de la parabole permettent de trouver la règle d'une fonction quadratique sous la forme canonique. Le tableau ci-dessous présente les étapes à suivre pour obtenir cette règle.

Étape	*Exemple*
	Sommet (4, 10) et point (7, ⁻2)
1. Substituer les coordonnées du sommet à h et à k dans la forme canonique $f(x) = a(x - h)^2 + k$.	$f(x) = a(x - h)^2 + k$ $f(x) = a(x - 4)^2 + 10$
2. Substituer les coordonnées du point à x et à $f(x)$ dans la règle obtenue à l'étape **1**.	$f(x) = a(x - 4)^2 + 10$ $⁻2 = a(7 - 4)^2 + 10$
3. Résoudre l'équation obtenue à l'étape **2** afin de déterminer la valeur du paramètre a.	$⁻2 = a(7 - 4)^2 + 10$ $⁻2 = a \cdot 9 + 10$ $⁻2 - 10 = a \cdot 9$ $⁻12 = 9a$ $a = \dfrac{⁻12}{9} = \dfrac{⁻4}{3}$
4. Écrire la règle de la fonction sous la forme canonique avec les valeurs de a, h et k déterminées précédemment.	$f(x) = \dfrac{⁻4}{3}(x - 4)^2 + 10$

Les zéros de la fonction et les coordonnées d'un autre point de la parabole permettent de trouver la règle d'une fonction quadratique sous la forme factorisée. Le tableau ci-dessous présente les étapes à suivre pour obtenir cette règle.

Étape	Exemple
	$x_1 = 3$, $x_2 = {}^-5$ et point $(4, 6)$
1. Substituer la valeur des zéros à x_1 et à x_2 dans la forme factorisée $f(x) = a(x - x_1)(x - x_2)$.	$f(x) = a(x - x_1)(x - x_2)$ $f(x) = a(x - 3)(x + 5)$
2. Substituer les coordonnées du point à x et à $f(x)$ dans la règle obtenue à l'étape **1**.	$f(x) = a(x^2 + 2x - 15)$ $6 = a(4 - 3)(4 + 5)$
3. Résoudre l'équation obtenue à l'étape **2** afin de déterminer la valeur du paramètre a.	$6 = a(4 - 3)(4 + 5)$ $6 = a(1)(9)$ $6 = 9a$ $a = \dfrac{6}{9} = \dfrac{2}{3}$
4. Écrire la règle de la fonction sous la forme factorisée avec les valeurs de a, de x_1 et de x_2 déterminées précédemment.	$f(x) = \dfrac{2}{3}(x - 3)(x + 5)$

À partir de la règle exprimée sous la forme factorisée, on peut obtenir la règle sous la forme $f(x) = a(x^2 - Sx + P)$, où S est la somme des zéros de la fonction et P, le produit. Cette règle peut être obtenue par manipulation algébrique, comme suit :

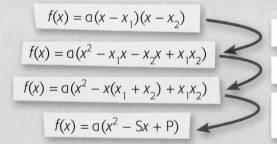

$$f(x) = a(x - x_1)(x - x_2)$$
Produit des binômes

$$f(x) = a(x^2 - x_1 x - x_2 x + x_1 x_2)$$
Mise en évidence de ${}^-x$

$$f(x) = a(x^2 - x(x_1 + x_2) + x_1 x_2)$$
Substitution de la somme des zéros par S et du produit des zéros par P

$$f(x) = a(x^2 - Sx + P)$$

Les zéros de la fonction et les coordonnées d'un autre point de la parabole permettent également de trouver la règle sous la forme $f(x) = a(x^2 - Sx + P)$. Voici la règle obtenue à partir de l'exemple du tableau du haut de cette page.

$$S = 3 + {}^-5 = {}^-2 \qquad P = 3 \cdot {}^-5 = {}^-15$$
$$f(x) = a(x^2 + 2x - 15)$$
$$6 = a(4^2 + 2 \cdot 4 - 15)$$
$$6 = a(9)$$
$$\frac{2}{3} = a$$
$$f(x) = \frac{2}{3}(x^2 + 2x - 15)$$
$$f(x) = \frac{2}{3}x^2 + \frac{4}{3}x - 10$$

Probabilités et statistique

La distribution à deux caractères

Lorsqu'on étudie simultanément deux caractères, on obtient deux valeurs pour chaque unité statistique d'une population ou d'un échantillon. Ces valeurs peuvent s'exprimer sous la forme d'un couple (X, Y). L'ensemble des couples (X, Y) constitue une distribution à deux caractères, ou distribution à deux variables.

Exemple : On considère la mesure du pied droit et la taille de chacun des joueurs d'une équipe de basket-ball. Ces deux mesures sont inscrites dans le tableau suivant.

Joueur	Mesure du pied (cm)	Taille (cm)	Joueur	Mesure du pied (cm)	Taille (cm)	Joueur	Mesure du pied (cm)	Taille (cm)
1	27,5	178	5	28,5	181	9	27,5	179
2	26,5	179	6	28,0	180	10	26,0	172
3	25,0	172	7	29,5	185	11	24,5	170
4	31,0	186	8	28,0	183	12	29,0	181

Chacun des joueurs de l'équipe de basket-ball est une unité statistique. L'ensemble des couples (*mesure du pied droit, taille*) forme une distribution à deux caractères.

Les modes de représentation d'une distribution à deux caractères

Il est possible de représenter une distribution à deux caractères à l'aide d'un nuage de points ou d'un tableau à double entrée.

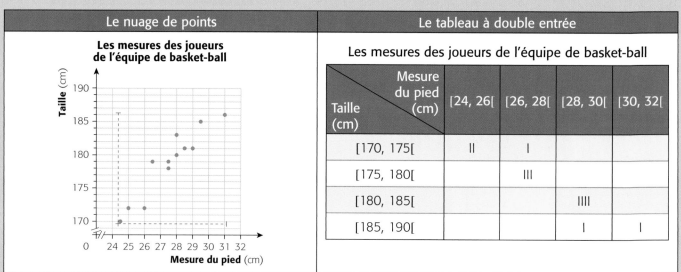

| Le nuage de points | Le tableau à double entrée |

Les mesures des joueurs de l'équipe de basket-ball

Taille (cm) \ Mesure du pied (cm)	[24, 26[	[26, 28[	[28, 30[	[30, 32[
[170, 175[	II	I		
[175, 180[		III		
[180, 185[			IIII	
[185, 190[			I	I

Remarque : Pour bien représenter une distribution à deux caractères, il importe de graduer les axes de façon à ce que l'étendue des valeurs de chacun des caractères soit représentée par une même longueur horizontale et verticale dans le plan cartésien, comme l'indiquent les pointillés dans le diagramme ci-dessus.

Remarque : Pour chacun des caractères, les classes choisies doivent être mutuellement exclusives, de même amplitude et définies de façon à inclure toutes les données.

La corrélation linéaire

Lorsque le nuage de points représentant une distribution à deux caractères se rapproche d'une droite imaginaire ou que les couples, dans un tableau à double entrée, sont concentrés le long d'une diagonale, on dit qu'il existe une corrélation linéaire entre les caractères de la distribution.

L'appréciation qualitative d'une corrélation linéaire

L'observation d'un nuage de points ou d'un tableau à double entrée permet de connaître le sens et l'intensité de la corrélation linéaire entre deux variables.

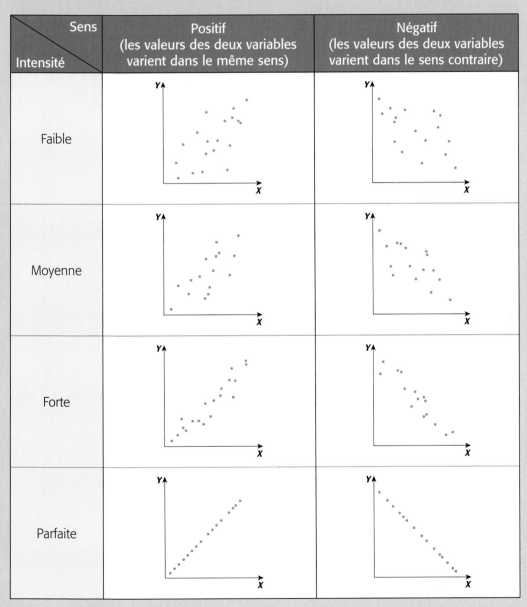

Sens Intensité	Positif (les valeurs des deux variables varient dans le même sens)	Négatif (les valeurs des deux variables varient dans le sens contraire)
Faible		
Moyenne		
Forte		
Parfaite		

Les autres possibilités quant à la corrélation entre deux variables

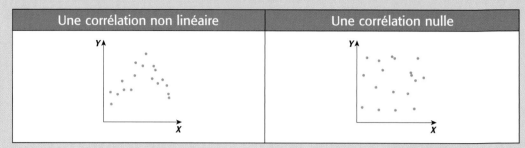

Une corrélation non linéaire	Une corrélation nulle

Remarque : Le nuage de points ci-dessus révèle une corrélation qui n'est pas linéaire, mais plutôt quadratique.

Remarque : On dit que la corrélation est nulle lorsque le nuage de points ne révèle aucun lien entre les deux variables.

Tout comme il existe plusieurs modèles mathématiques, il existe plusieurs types de corrélation.

La nature du lien entre deux variables

Le nuage de points et le tableau à double entrée peuvent révéler un lien entre deux variables. Cependant, ils ne fournissent aucune explication quant à la nature de ce lien. Pour bien interpréter une corrélation, il faut utiliser son jugement critique. Les trois types de liens possibles entre deux variables sont présentés dans le tableau suivant.

Nature du lien	Explication	Exemple
Causal (ou causalité)	Les variations d'une variable (la variable réponse) sont influencées par les variations de l'autre variable (la variable explicative).	Il existe une corrélation négative entre les ventes de véhicules utilitaires sport (VUS) et le prix moyen de l'essence au cours des 24 derniers mois. On peut affirmer : «Les ventes de VUS diminuent *parce que* le prix de l'essence augmente.» Le lien entre les variables est causal. Le prix de l'essence est la variable explicative et les ventes de VUS est la variable réponse. On parle de variable explicative et de variable réponse seulement lorsqu'il y a un lien causal.
3e facteur d'influence	Les deux variables sont influencées par un 3e facteur.	Il existe une corrélation négative entre la mesure des pieds des élèves d'une école primaire et le temps qu'ils mettent pour lire un texte. On ne peut pas affirmer : «Cet enfant prend moins de temps à lire le texte *parce qu'*il a de grands pieds.» Le lien n'est pas causal. Il s'explique plutôt par un 3e facteur, l'âge, qui influe simultanément sur la mesure des pieds et sur le temps de lecture.
Fortuit	Le lien entre les deux variables ne s'explique par aucune raison évidente.	Il existe une corrélation positive entre le prix moyen du lait et le nombre de propriétaires de téléphones cellulaires au cours des 15 dernières années. On ne peut pas affirmer : «Le nombre de propriétaires de téléphones cellulaires augmente *parce que* le prix du lait augmente», ou vice-versa. Le lien n'est pas causal et il n'y a pas de 3e facteur évident qui explique la relation entre les deux variables.

Remarque : Même si une corrélation est forte, cela ne signifie pas pour autant qu'il existe un lien de causalité entre les variables.

Pièges et astuces

Si l'on peut formuler une phrase logique comportant la description de deux caractères et les mots «parce que», il est probable qu'il existe un lien causal entre ces deux caractères.

Le coefficient de corrélation linéaire

Le coefficient de corrélation linéaire, noté r, permet de quantifier la corrélation linéaire entre deux caractères. La valeur de r se situe dans l'intervalle [⁻1, 1].

L'interprétation du coefficient de corrélation linéaire

On peut connaître l'intensité et le sens de la corrélation linéaire en considérant la valeur de r.

Le schéma ci-contre présente la correspondance entre le sens et l'intensité de la corrélation linéaire, et la valeur de r. Quelques nuages de points sont donnés en exemple.

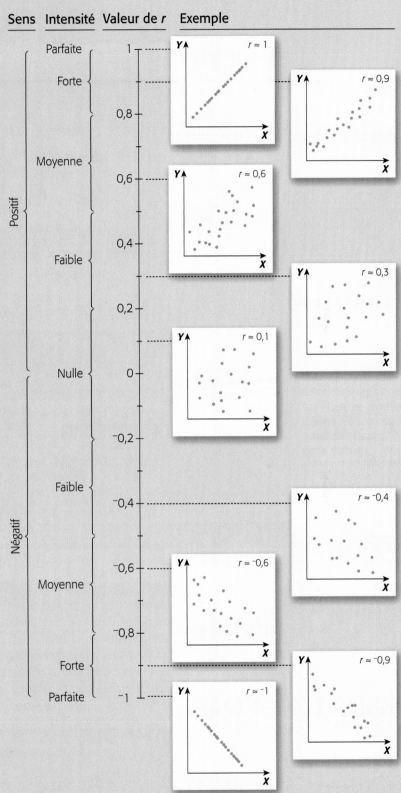

L'approximation du coefficient de corrélation linéaire

Le calcul du coefficient de corrélation linéaire est fastidieux. Cependant, il est possible d'estimer la valeur de r à l'aide de la méthode du rectangle, présentée ci-dessous.

Étape	Exemple
1. Encadrer tous les points du nuage de points en traçant le plus petit rectangle possible.	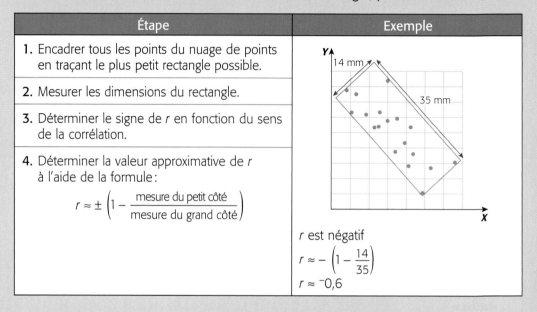
2. Mesurer les dimensions du rectangle.	
3. Déterminer le signe de r en fonction du sens de la corrélation.	
4. Déterminer la valeur approximative de r à l'aide de la formule : $$r \approx \pm \left(1 - \frac{\text{mesure du petit côté}}{\text{mesure du grand côté}}\right)$$	r est négatif $$r \approx -\left(1 - \frac{14}{35}\right)$$ $$r \approx {}^{-}0{,}6$$

Les limites de l'interprétation du coefficient de corrélation linéaire

Le coefficient de corrélation, à lui seul, n'est pas suffisant pour conclure qu'il existe ou non une corrélation linéaire entre deux variables. Afin de porter un bon jugement, on doit respecter les conditions suivantes.

1. Observer la forme du nuage de points et s'assurer que le modèle linéaire est le plus approprié.

2. Repérer les points aberrants, s'il y a lieu, c'est-à-dire les points qui sont très éloignés des autres dans le nuage. Vérifier ce que ces points représentent dans le contexte. S'il s'agit d'anomalies, les exclure de l'analyse des données.

Exemple :

Le nuage de points ci-contre représente la relation entre l'âge d'enfants du primaire et le temps qu'ils mettent à lacer leurs chaussures.

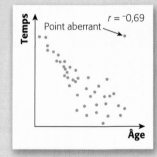

La valeur de r indique une corrélation linéaire moyenne et négative. Cependant, la forme du nuage de points (en entonnoir) montre que le lien entre les variables est fort chez les plus jeunes et presque nul chez les plus vieux.

De plus, on constate la présence d'un point aberrant dans le nuage. Après vérification, on sait que ce point représente un enfant dont les lacets sont brisés. Donc, il vaut mieux l'exclure de l'analyse des données.

> **Pièges et astuces**
>
> Lorsque la distribution présente des points aberrants, la méthode du rectangle, présentée ci-dessus, ne fournit pas une bonne approximation du coefficient de corrélation linéaire.

La droite de régression

Lorsque le nuage de points d'une distribution à deux caractères présente une corrélation linéaire, la relation entre ces caractères peut être modélisée par une droite. La droite qui s'ajuste le mieux à l'ensemble des points est appelée «droite de régression». Il existe plusieurs méthodes pour déterminer l'équation d'une telle droite.

La méthode de la droite de Mayer

La droite de Mayer est la droite passant par deux points moyens (P_1 et P_2) qui sont représentatifs de l'ensemble des points de la distribution. Voici les étapes à suivre pour déterminer son équation.

Étape	Démarche
1. Ordonner les données en ordre croissant selon la première variable. *Remarque:* Pour deux valeurs égales de X, ordonner les valeurs de Y en ordre croissant. **2.** Partager la distribution en deux groupes équipotents (contenant le même nombre de données). *Remarque:* Si le nombre de données est impair, la donnée du centre est placée dans chacun des deux groupes. **3.** Déterminer la moyenne des abscisses et la moyenne des ordonnées des points de chaque groupe.	Voir tableau ci-dessous

Moyenne des abscisses	X	Y	Moyenne des ordonnées
Groupe 1	3	2	
	6	5	
$\dfrac{3+6+9+14}{4}=8$	9	7	$\dfrac{2+5+7+6}{4}=5$
	14	6	
Groupe 2	14	10	
	19	14	
$\dfrac{14+19+22+27}{4}=20,5$	22	21	$\dfrac{10+14+21+17}{4}=15,5$
	27	17	

Étape	Démarche
4. Définir deux points moyens, P_1 et P_2, dont les coordonnées sont les moyennes trouvées en **3**.	$P_1(8,\ 5)$ et $P_2(20,5,\ 15,5)$
5. Tracer la droite de Mayer qui passe par les points P_1 et P_2, et déterminer son équation. 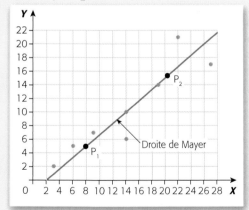	Taux de variation entre les points P_1 et P_2: $$\dfrac{15,5-5}{20,5-8}=\dfrac{10,5}{12,5}=0,84$$ Ordonnée à l'origine de la droite: $$Y=0,84X+b$$ $$5=0,84\cdot 8+b$$ $$5=6,72+b$$ $$b=5-6,72={}^-1,72$$ **L'équation de la droite de Mayer est** $$Y=0,84X-1,72$$

Droite de Mayer

La méthode de la droite médiane-médiane

La droite médiane-médiane est la droite définie à partir de trois points médians, M_1, M_2 et M_3, représentatifs de la distribution. Voici les étapes à suivre pour déterminer son équation.

Étape	Démarche
1. Ordonner les couples en ordre croissant selon la première variable. *Remarque :* Pour deux valeurs égales de X, ordonner les valeurs de Y en ordre croissant.	<table><tr><th>Médiane des abscisses</th><th>X</th><th>Y</th><th>Médiane des ordonnées</th></tr><tr><td>Groupe 1</td><td>3</td><td>2</td><td></td></tr><tr><td>6</td><td>6</td><td>5</td><td>5</td></tr><tr><td></td><td>9</td><td>7</td><td></td></tr><tr><td>Groupe 2</td><td>14</td><td>6</td><td></td></tr><tr><td>14</td><td>14</td><td>10</td><td>8</td></tr><tr><td>Groupe 3</td><td>19</td><td>14</td><td></td></tr><tr><td>22</td><td>22</td><td>21</td><td>17</td></tr><tr><td></td><td>27</td><td>17</td><td></td></tr></table>
2. Partager la distribution en trois groupes. Le premier et le troisième groupe doivent être équipotents. Les trois groupes doivent être le plus possible équipotents.	
3. Déterminer la médiane des abscisses et la médiane des ordonnées des points de chaque groupe.	
4. Définir trois points, M_1, M_2 et M_3, dont les coordonnées sont les médianes trouvées en **3**.	$M_1(6, 5)$, $M_2(14, 8)$ et $M_3(22,17)$
5. Déterminer les coordonnées du point **P**, le point moyen de M_1, M_2 et M_3.	<table><tr><th>Abscisses</th><th>Ordonnées</th></tr><tr><td>$\dfrac{6 + 14 + 22}{3} = 14$</td><td>$\dfrac{5 + 8 + 17}{3} = 10$</td></tr><tr><td colspan="2" align="center">$P(14,10)$</td></tr></table>
6. Trouver l'équation de la droite médiane-médiane, sachant : – qu'elle est parallèle à la droite qui passe par les points M_1 et M_3 ; – qu'elle passe par le point **P**. 	Taux de variation entre les points M_1 et M_3 : $$\frac{17 - 5}{22 - 6} = \frac{12}{16} = 0{,}75$$ Ordonnée à l'origine de la droite : $$Y = 0{,}75X + b$$ $$10 = 0{,}75 \cdot 14 + b$$ $$10 = 10{,}5 + b$$ $$b = {}^-0{,}5$$ **L'équation de la droite médiane-médiane est** $$Y = 0{,}75X - 0{,}5$$

Lorsqu'on n'a pas accès aux technologies pour déterminer l'équation de la droite de régression, il est plus simple de déterminer celle de la droite de Mayer quand il y a peu de données et celle de la droite médiane-médiane quand il y en a beaucoup. D'autre part, il est préférable d'avoir recours à l'équation de la droite médiane-médiane si la distribution présente des points aberrants, puisque la droite de Mayer est très sensible aux données extrêmes.

La prédiction à l'aide de la droite de régression

Lorsqu'on a recours à une droite de régression pour estimer la valeur d'une variable à partir d'une autre, il faut toujours s'interroger quant à la fiabilité de la valeur calculée. Généralement, plus la corrélation linéaire est forte, plus il est probable que l'erreur de prédiction soit faible.

Exemple :

Soit les deux distributions suivantes. On s'intéresse dans les deux cas à la valeur de *Y* lorsque *X* vaut 25.

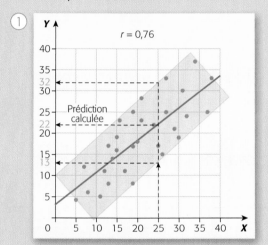

La valeur calculée est de 22. La valeur réelle devrait se situer dans l'intervalle [13, 32].

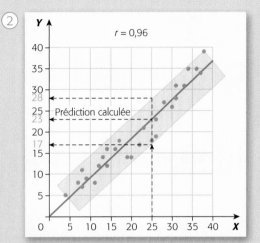

La valeur calculée est de 23. La valeur réelle devrait se situer dans l'intervalle [17, 28].

Interpolation et extrapolation

Une prédiction par interpolation est généralement plus fiable qu'une prédiction par extrapolation, puisque rien ne garantit que le modèle linéaire puisse être étendu à l'extérieur des limites de l'intervalle des données pour lesquelles il a été établi. Plus on s'éloigne de cet intervalle, plus le risque d'obtenir une prédiction aberrante est grand.

Exemple :

Dans le diagramme ci-contre, un modèle linéaire a été établi à partir des données de l'intervalle compris entre 1 mois et 6 mois.

On peut voir que ce modèle permet de prédire la masse d'un enfant de 5 mois, mais qu'il n'est pas approprié pour prédire la masse d'un enfant de 18 mois. En effet, le modèle ne s'applique pas au-delà des limites de l'intervalle pour lequel il a été établi, soit [1, 6].

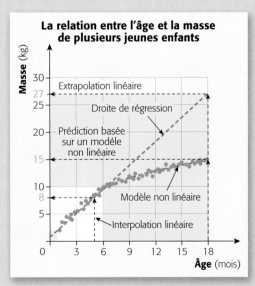

Graphisme, notation et symboles

$\mathbb{N}$	L'ensemble des nombres naturels
$\mathbb{Z}$	L'ensemble des nombres entiers
$\mathbb{Q}$	L'ensemble des nombres rationnels
$\mathbb{Q}'$	L'ensemble des nombres irrationnels
$\mathbb{R}$	L'ensemble des nombres réels
$\blacksquare^*$	La notation qui indique l'absence du zéro dans les ensembles de nombres $\mathbb{N}$, $\mathbb{Z}$, $\mathbb{Q}$ et $\mathbb{R}$
$\blacksquare_+$	La notation qui indique les nombres positifs des ensembles de nombres $\mathbb{Z}$, $\mathbb{Q}$, $\mathbb{Q}'$ et $\mathbb{R}$
$\blacksquare_-$	La notation qui indique les nombres négatifs des ensembles de nombres $\mathbb{Z}$, $\mathbb{Q}$, $\mathbb{Q}'$ et $\mathbb{R}$
a^2	Le carré de a
a^3	Le cube de a
$\sqrt{a}$	La racine carrée de a
$\sqrt[3]{a}$	La racine cubique de a
π	La constante « pi » $\pi \approx 3{,}1416$
$=$	… est égal à…
$\approx$	… est approximativement égal à…
$\cong$	… est isométrique à…
$\sim$	… est semblable à…
$\Leftrightarrow$	… est équivalent à…
$/\!/$	… est parallèle à…
$\perp$	… est perpendiculaire à…
$\neq$	… n'est pas égal à…
$<$	… est inférieur à…
$\leq$	… est inférieur ou égal à…
$>$	… est supérieur à…

$\geq$	… est supérieur ou égal à…
k	Le rapport de similitude
$A \cap B$	L'ensemble des éléments qui appartiennent à la fois à A et à B
$A \cup B$	L'ensemble des éléments qui appartiennent à A ou à B
∞	L'infini
$\in$	… est élément de…
$f(x)$	L'image de x par la fonction f
$\|x\|$	La valeur absolue de x
Dom f	Le domaine de la fonction f
Ima f	L'image de la fonction f
Max f	Le maximum de la fonction f
Min f	Le minimum de la fonction f
$\angle$ A	L'angle **A**
m $\angle$ A	La mesure de l'angle **A**
$\overline{AB}$	Le segment **AB**
m $\overline{AB}$	La mesure du segment **AB**
$\triangle$ABC	Le triangle **ABC**
$[a, b]$	L'intervalle fermé a, b
$]a, b[$	L'intervalle ouvert a, b
P(a, b)	Le point **P** de coordonnées a et b
$a : b$	Le rapport de a à b
(a, b)	Le couple a b
d(**A**, **B**)	La distance de **A** à **B**
Δx	L'accroissement des abscisses
Δy	L'accroissement des ordonnées

Table de rapports trigonométriques

Angle	sin	cos	tan	Angle	sin	cos	tan
0°	0,0000	1,0000	0,0000	45°	0,7071	0,7071	1,0000
1°	0,0175	0,9998	0,0175	46°	0,7193	0,6947	1,0355
2°	0,0349	0,9994	0,0349	47°	0,7314	0,6820	1,0724
3°	0,0523	0,9986	0,0524	48°	0,7431	0,6691	1,1106
4°	0,0698	0,9976	0,0699	49°	0,7547	0,6561	1,1504
5°	0,0872	0,9962	0,0875	50°	0,7660	0,6428	1,1918
6°	0,1045	0,9945	0,1051	51°	0,7771	0,6293	1,2349
7°	0,1219	0,9925	0,1228	52°	0,7880	0,6157	1,2799
8°	0,1392	0,9903	0,1405	53°	0,7986	0,6018	1,3270
9°	0,1564	0,9877	0,1584	54°	0,8090	0,5878	1,3764
10°	0,1736	0,9848	0,1763	55°	0,8192	0,5736	1,4281
11°	0,1908	0,9816	0,1944	56°	0,8290	0,5592	1,4826
12°	0,2079	0,9781	0,2126	57°	0,8387	0,5446	1,5399
13°	0,2250	0,9744	0,2309	58°	0,8480	0,5299	1,6003
14°	0,2419	0,9703	0,2493	59°	0,8572	0,5150	1,6643
15°	0,2588	0,9659	0,2679	60°	0,8660	0,5000	1,7321
16°	0,2756	0,9613	0,2867	61°	0,8746	0,4848	1,8040
17°	0,2924	0,9563	0,3057	62°	0,8829	0,4695	1,8807
18°	0,3090	0,9511	0,3249	63°	0,8910	0,4540	1,9626
19°	0,3256	0,9455	0,3443	64°	0,8988	0,4384	2,0503
20°	0,3420	0,9397	0,3640	65°	0,9063	0,4226	2,1445
21°	0,3584	0,9336	0,3839	66°	0,9135	0,4067	2,2460
22°	0,3746	0,9272	0,4040	67°	0,9205	0,3907	2,3559
23°	0,3907	0,9205	0,4245	68°	0,9272	0,3746	2,4751
24°	0,4067	0,9135	0,4452	69°	0,9336	0,3584	2,6051
25°	0,4226	0,9063	0,4663	70°	0,9397	0,3420	2,7475
26°	0,4384	0,8988	0,4877	71°	0,9455	0,3256	2,9042
27°	0,4540	0,8910	0,5095	72°	0,9511	0,3090	3,0777
28°	0,4695	0,8829	0,5317	73°	0,9563	0,2924	3,2709
29°	0,4848	0,8746	0,5543	74°	0,9613	0,2756	3,4874
30°	0,5000	0,8660	0,5774	75°	0,9659	0,2588	3,7321
31°	0,5150	0,8572	0,6009	76°	0,9703	0,2419	4,0108
32°	0,5299	0,8480	0,6249	77°	0,9744	0,2250	4,3315
33°	0,5446	0,8387	0,6494	78°	0,9781	0,2079	4,7046
34°	0,5592	0,8290	0,6745	79°	0,9816	0,1908	5,1446
35°	0,5736	0,8192	0,7002	80°	0,9848	0,1736	5,6713
36°	0,5878	0,8090	0,7265	81°	0,9877	0,1564	6,3138
37°	0,6018	0,7986	0,7536	82°	0,9903	0,1392	7,1154
38°	0,6157	0,7880	0,7813	83°	0,9925	0,1219	8,1443
39°	0,6293	0,7771	0,8098	84°	0,9945	0,1045	9,5144
40°	0,6428	0,7660	0,8391	85°	0,9962	0,0872	11,4301
41°	0,6561	0,7547	0,8693	86°	0,9976	0,0698	14,3007
42°	0,6691	0,7431	0,9004	87°	0,9986	0,0523	19,0811
43°	0,6820	0,7314	0,9325	88°	0,9994	0,0349	28,6363
44°	0,6947	0,7193	0,9657	89°	0,9998	0,0175	57,2900

Index

Sources

Photographies

p. **2** : b. Alan Pappe/Getty Images ; Dr_Flash/Shutterstock • p. **3** : Marcela Barsse/iStockphoto ; h. Alessandro Terni/iStockphoto •
p. **4** : iofoto/Shutterstock • p. **5** : h. Anthony Harris/Shutterstock • p. **7** : h. iStockphoto ; c. iStockphoto ; b. Alexey Khlobystov/
iStockphoto • p. **8** : Andrei Contiu/iStockphoto • p. **9** : Stuart Monk/Shutterstock • p. **11** : Andrei Pavlov/Shutterstock • p. **17** : Anthony
Brown/iStockphoto • p. **18** : iStockphoto • p. **19** : iStockphoto • p. **20** : Gez Browning/iStockphoto • p. **21** : Mark Snyder/Getty images •
p. **22-23** : iStockphoto • p. **24** : Lise Gagne/iStockphoto • p. **25** : Don Bailey/iStockphoto • p. **28** : Phillip Minnis/Shutterstock •
p. **29** : Marco Richter/iStockphoto ; (affiche) xyno/iStockphoto • p. **30** : g. Brad Wieland/iStockphoto ; Paul Kline/iStockphoto •
p. **31** : h. Krzysztof Slusarczyk/Shutterstock ; Stephanie Colvey • p. **32** : Shi Yali/Shutterstock • p. **35** : Aleksandr Frolov •
p. **36** : Tiplyashin Anatoly/Shutterstock • p. **38** : Jon Hicks/CORBIS • p. **39** : Erik Von Weber/Getty Images • p. **40** : Liba Taylor/Corbis
• p. **41** : b. Rafal Olechowski/Shutterstock ; h. Ville de Montréal • p. **42** : TheBand/Shutterstock • p. **43** : Sean Locke/iStockphoto •
p. **45** : Peter Viisimaa/iStockphoto • p. **46** : Amanda Hall/Robert Harding World Imagery/Corbis • p. **48** : Louie Schoeman/
Shutterstock • p. **51** : Tony Tremblay/iStockphoto • p. **52** : Sebastian Kaulitzki/Shutterstock • p. **56** : ADV/Shutterstock • p. **57** : Alan
Goulet/iStockphoto • p. **60** : Rafa Irusta/Shutterstock • p. **62** : h. Bettmann/Corbis ; b. Richard Johnswood • p. **63** : Rick Barrentine/
Corbis • p. **64** : Jakub Niezabitowski/iStockphoto • p. **66** : David H. Seymour/Shutterstock • p. **70** : Eric Isselée/iStockphoto • p. **71** :
Martin Cerny/iStockphoto • p. **73** : Dainis Derics/Shutterstock • p. **75** : H. Benser/zefa/Corbis • p. **76** : Elnur Amikishiyev/
iStockphoto • p. **77** : BSF/NewSport/Corbis • p. **79** : fotoVoyager/iStockphoto • p. **80** : Joe Gough/Shutterstock • p. **82** : CP PHOTO
• p. **83** : William Taufic/CORBIS • p. **84-85** : Michal Koziarski/iStockphoto • p. **86** : (pomme) Bliznetsov/Shutterstock ; b. Perov
Stanislav/Shutterstock • p. **87** : Caziopeia/iStockphoto • p. **88** : ErickN/Shutterstock • p. **89** : (petite tour) Hudyma Natallia/Shutterstock ;
Elena Elisseeva/Shutterstock • p. **90** : Dmitry Kutlayev/iStockphoto • p. **91** : (billes) Alf Ertsland/iStockphoto • P. **92-93** : Jack Peters/
Getty Images • p. **93** : h. © doc-stock/Corbis ; b. © Ashley Cooper/Corbis • p. **94** : Balázs Justin/Shutterstock • p. **95** : Sebastien
Bergeron/iStockphoto • p. **97** : Péter Gudella/Shutterstock • p. **98** : Sarah Bossert/Shutterstock • p. **100** : Sergejs Razvodo/Big Stock
Photo • p. **101** : Travelpix Ltd/Getty Images • p. **102** : h. PhotoDisc ; b. penfold/iStockphoto • p. **103** : iStockphoto • p. **107** : RFX/
Shutterstock • p. **108-109** : Elnur/Shutterstock • p. **109** : Dennis Van Duren/iStockphoto • p. **110** : James P. Blair/Getty Images • p. **111** :
Melissa Brandes/Shutterstock • p. **112** : Jaroslaw Grudzinski/Shutterstock • p. **113** : (chèvres) Sebastian Knight/Shutterstock ; (blé) Bart
Sadowski/iStockphoto • p. **114** : h. Sorin Alb/iStockphoto ; b. Natallia Bokach/iStockphoto • p. **116** : Denis Gagnon • p. **118** : © image
100/Corbis • p. **119** : Arie J. Jager/iStockphoto • p. **120** : iStockphoto • p. **121** : Daniel Loiselle/iStockphoto • p. **127** : © Robert Estall/
Corbis • p. **128** : ZanyZeus/Shutterstock • p. **129** : Lucianne Pashley/MaxX images • p. **130** : Rasmus Rasmussen/iStockphoto • p. **131** :
Nancy Nehring/iStockphoto • p. **132** : © Jeremy Horner/Corbis • p. **133** : dra_schwartz/iStockphoto • p. **134** : Baloncici/Shutterstock •
p. **135** : Dan Fletcher/iStockphoto • p. **136** vhpfoto/Shutterstock • p. **137** : © Barry Lewis/Corbis • p. **138** : Mary Lane/Shutterstock •
p. **139** : Lars Christensen/Shutterstock • p. **144** : h. Sue Smith/iStockphoto ; b. Ensa/iStockphoto • p. **145** : Cappi Thompson/
Shutterstock • p. **146** : h. Cynthia Baldauf/iStockphoto ; b. Oleg V. Ivanov/Shutterstock • p. **147** : Ximagination/Shutterstock • p. **148** :
Oleksandr Buzko/iStockphoto • p. **149** : Bruce Amos/Shutterstock • p. **150** : h. Lora liu/Shutterstock ; c. Trinacria photo/Shutterstock ;
b. Trinacria photo/Shutterstock • p. **151** : Jonathan Hudson/iStockphoto • p. **152** : Amanda Rohde/iStockphoto • p. **153** : h. Michael Mill/
Big Stock Photo ; b. Crystalfoto/Shutterstock • p. **154** : Jose AS Reyes/Shutterstock • p. **156** : VisualField/iStockphoto • p. **156-157** :
© Andrew Brookes/Corbis • p. **158** : (ciel) Stocktrek Images/Getty Images ; (observatoire) Guillaume Poulin - Cosmagora • p. **159** :
h. Mark Wragg/iStockphoto ; b. Sebastian Duda/Shutterstock • p. **161** : Indeed/Getty Images • p. **163** : h. Pandapaw/Shutterstock ;
b. gbrundin/iStockphoto • p. **164** : Dan Fletcher/iStockphoto • p. **166-167** : h. Copyright 2009, Science First, www.sciencefirst.com ;
Maranso/Peter Mautsch/iStockphoto • p. **168** : Vaklav/Shutterstock • p. **169** : luchschen/iStockphoto • p. **170** : 4x6/iStockphoto •
p. **174** : Andrew Penner/iStockphoto • p. **175** : Adrian Pope/Getty Images • p. **176** : Duncan Walker/iStockphoto • p. **178** : © Narong
Sangnak/epa/Corbis • p. **179** : © Randy Faris/Corbis • p. **181** : Dinamir Predov/iStockphoto • p. **182** : Sylvaine Thomas/Shutterstock •
p. **183** : Jan Rysavy/iStockphoto • p. **184** : Carolina K. Smith, M.D./iStockphoto • p. **188** : Linda & Colin McKie/iStockphoto • p. **190** : b. ©
Erik P./zefa/Corbis • p. **191** : Wolfgang Richter/iStockphoto • p. **192-193** : Bart Sadowski/iStockphoto • p. **194-195** : © Bertrand Gardel/
Hemis/Corbis • p. **197** : Gillian McRedel/Shutterstock • p. **198** : g. © Kate Mitchell/zefa/Corbis ; d. Andrey Plis/Sutterstock • p. **199** :
(rose des vents) ELENart/iStockphoto ; b. Doug Berry/iStockphoto • p. **200** : Steve Simzer/iStockphoto • p. **201** : © Visual Unlimited/
Corbis • p. **202** : CAN BALCIOGLU/Shutterstock • p. **204** : Shaun Lowe/iStockphoto • p. **205** : Wikipédia Commons – Article Eratosthène
• p. **208** : h. Reuters/Corbis ; b. © ROBERT ERIC/Corbis Sygma • p. **209** : Pete Ryan/National Geographic/Getty Images • p. **211** :
© Ralph A. Clevenger/CORBIS • p. **212-213** : © Reuters/Corbis • p. **214** : Roberta Casaliggi/iStockphoto • p. **215** : © Bettmann/Corbis •
p. **216** : fotohunter/Shutterstock • p. **217** : Igor Kali/iStockphoto • p. **219** : Jeremy Edwards/iStockphoto • p. **220** : Victor Kapas/
iStockphoto • p. **221** : Michael Drager/Shutterstock • p. **222** : © Dave Bartruff/Corbis • p. **223** : zphoto/shutterstock

---

Légende : p : page h : haut b : bas c : centre g : gauche d : droite